被遗忘的往事：海湾，第一场高科技战争系列丛书

# 飙 天 风 暴

刘临川 肖 云 编著

兵器工业出版社

## 内 容 简 介

本书从军事角度深入介绍了海湾战争大量具体战例，力图从军事上形神兼备地描绘出它的全貌，再现那场战争的震撼，同时对双方军事上的得失做出客观的分析点评。本书还深刻发掘了海湾战争里很多鲜为人知的真实内幕，尤其是美国军事指挥层面的一些内情，以此来了解这种新军事思想和实践在美军内的发展历程，并揭示了其中一些深层次矛盾。本书探讨了新式战争的战略战术思想，力争引发人们对军事改革和新军事变革的关注和支持。同时对新式战争里的一些要素，如电子技侦手段、SEAD 作战内容、隐身战机隐身原理、反导技术难点，做了一定的科普。

**图书在版编目（CIP）数据**

飙天风暴/刘临川，肖云编著 . —北京：兵器工业
出版社，2012.1
（被遗忘的往事：海湾，第一场高科技战争系列丛书）
ISBN 978 - 7 - 80248 - 677 - 5

Ⅰ.①飙…　Ⅱ.①刘…②肖…　Ⅲ.①海湾战争
（1991）－空战－史料　Ⅳ.①E195.36

中国版本图书馆 CIP 数据核字（2011）第 245324 号

出版发行：兵器工业出版社　　　　　　　　　责任编辑：林利红
发行电话：010 - 68962596，68962591　　　封面设计：海马书装
邮　　编：100089　　　　　　　　　　　　责任校对：郭　芳
社　　址：北京市海淀区车道沟 10 号　　　 责任印制：王京华
经　　销：各地新华书店　　　　　　　　　 开　本：787×1092　1/16
印　　刷：北京圣夫亚美印刷有限公司　　　 印　张：15.75
版　　次：2012 年 1 月第 1 版第 1 次印刷　字　数：290 千字
　　　　　　　　　　　　　　　　　　　　 定　价：38.00 元

# 前　言

2008 年，俄罗斯《空天防御》（双月刊）第六期刊登了俄联邦军事科学院高级研究员、前总参作战总局局长维克托·巴伦金上将就这一年 8 月爆发的俄格冲突和俄军事改革等问题的专著。巴伦金上将对于俄武装力量在这次冲突中的表现提出了尖锐的批评，并驳斥了俄罗斯某些军事宣传机构所谓"俄军已经彻底摆脱车臣战争阴影"的说法。针对外界批评俄罗斯军队在武器装备和编制体制方面僵化落后，仍然将重点放在使用有生力量和调动大型地面部队的机械化消耗战术上，巴伦金上将指出，俄罗斯武装力量尤其是空军很明显地没有做到与时俱进。

巴伦金上将指出，俄空军在这次冲突中暴露出主战装备陈旧落后（约95% 的航空武器都达到了最大使用年限），而且信息化程度严重不足，缺乏精确制导弹药和现代化的航空技侦装备。不但部队的总体装备水平仍停留在苏联解体时的水平，战术战法和部队编成也依然停留在"冷战"时代。第一近卫强击航空兵师的飞行员们，驾驶着 20 世纪 70 年代制造的苏－25 强击机，在没有得到任何电子压制力量的掩护下冲向格鲁吉亚军队的阵地投掷常规炸弹和火箭弹。这种伟大卫国战争时期的落后战法使俄军的航空兵部队损失惨重，这也是俄罗斯军队战后首次遭遇防空系统比小口径炮和可移动地对空导弹系统强大的敌人。

从进行信息化战争的能力角度来看，俄军显然还没有做好准备，"冷战"时代的烙印依旧存在。这无疑也显示出，部队主官观念落后，前线部队信息化战争能力尚显不足，尚未对制造和大规模使用高精度武器打击敌人的军事和经济设施给予足够重视。

巴伦金上将指出，从苏联解体至今，俄罗斯的军事战略走过了复杂而充满矛盾的发展道路。这一时期的突出特点是，政治、经济、科技、军事，特别是在战略上均发生了急剧而深刻的变化。同样，战略的特点是飞跃与迷惑并存、成功与失利同在。在不懈探索新的和非传统理论的同时，出现了有关武装力量建设以及战争性质、样式和实施方法的两种截然不同的观点和观念之间的尖锐

斗争。

早在 1991 年海湾战争后，武装力量内部曾经就军事改革和如何看待信息化战争等一系列问题展开了激烈的争论。遗憾的是，由于苏联军队领导人和其继任者——后来的俄罗斯军队高层墨守陈规、抱残守缺，俄军一直到 2003 年伊拉克战争结束后才开始真正反省如何打赢未来战争的军事变革问题。

巴伦金上将透露说，海湾战争结束后，在阿尔巴特军区（俄罗斯俏皮话：实际指俄罗斯国防部和总参谋部，位于莫斯科阿尔巴特大街）和空军总司令部之间曾经就这一问题进行过异常激烈的争论。众所周知，伊拉克军队长期装备使用苏制武器装备，军队建设也与苏军类似。苏联军事领导人曾经以为，尽管美军将取得最终的胜利，但也将付出重大代价，甚至有可能超过朝鲜战争时期。在这其中，唯独空军参谋长安德烈·马柳科夫中将提出截然不同的意见。作为前任总参谋长尼古拉·奥加尔科夫元帅所倡导"新军事技术革命"的忠实信徒，马柳科夫将军指出，自越南战争结束以来，美国军队配备了大量的精确制导武器，其空中力量全面换代升级已接近完成。马柳科夫据此推断，美军在这场战争中将会以一种前所未见的模式快速赢得胜利，而其损失将被控制在近乎微不足道的水平。

最终，战争的结果证明了马柳科夫将军的预测是精准的。1991 年 1 月 17 日凌晨开战并持续了 42 天的海湾战争中，主要以美军为首的多国部队空中力量在前 38 天进行的空中进攻战役中，共出动了 10 万架次作战与支援飞机，发射了 288 枚"战斧"型巡航导弹、9300 枚激光制导炸弹、5100 枚"小牛"空地导弹，摧毁了伊军的防空系统，消灭了伊拉克海军，使伊拉克空军失去了作战能力，基本摧毁了伊军的指挥与控制系统，使伊军雷达迷盲、通信中断、指挥失灵和武器失控。伊军参战的 43 个师中共有 38 个师被重创或歼灭，6.2 万人被俘，3847 辆坦克、1450 辆装甲输送车、2917 门火炮被击毁或缴获，324 架飞机被击落、击毁或缴获（包括被伊朗扣留的 109 架）。87% 的海军作战舰艇遭重创或被击毁。持续猛烈的空袭造成伊军伤亡严重、供应不足、逃兵增多和斗志衰退，伊拉克军队已经因为丧失士气而变得不堪一击。所有这一切严重削弱了伊军的战斗力。为多国部队在后来的 100 小时地面作战中能够迅速达成战役目的创造了前提条件。

一开始，战场上发生的一切也的确对苏军的首长们造成了相当巨大的冲击，苏联的将军们无论如何也想不通，为什么经历过 8 年两伊战争磨炼、装备有大量苏制现代化武器的伊拉克军队会被美国人如刺刀穿透黄油般轻易击溃。而多国部队付出的代价，不过是阵亡 382 人（其中美军因作战身亡的有 148

人，非作战身亡的 145 人；英军死亡 47 人，阿拉伯军队死亡 40 人，法军损失 2 人）。未等硝烟散尽，苏联国防部长德米特里·亚佐夫元帅派出一个军事代表团访问巴格达，对这场战争进行实地调查。而问题恰恰就出在这里……

维克托·巴伦金上将指出，第一次海湾战争可以被视为现代战争模式发展方向的一个分水岭。在此之前，苏联武装力量长期以来所持的看法是：现代战争需要依赖诸军兵种联合作战才能取得胜利，必须以陆军为主。而通过这次战争，证明了长期以来被苏军首长们嗤之以鼻的"空中制胜论"已然成为对战争影响明显的现实因素。许多军事专家和战略家纷纷表示忧虑，他们从伊拉克战败的现实中看到的是苏联军事学说的失败，也昭示着苏制武器装备和军事理论的落后。苏联军事理论的实质，是卫国战争实践的总结。直到"冷战"结束，这套理论不仅一直在指导着苏军的训练和作战，而且也在影响着世界上所有采用苏联模式建军的国家。空军参谋长马柳科夫将军再三强调："制空权！对拥有制空权的国家和放弃制空权的国家来说究竟意味着什么，海湾战争提供了一个可以载入教科书的范例。"

但轰轰烈烈追赶世界军事改革潮流的景象并没有出现，除了因为苏联的改革已经进入死胡同，帝国处于崩溃的前夕，无法也无力推行军事变革之外，更主要的原因是来自武装力量内部的强力反对。苏联军事代表团从伊拉克实地考察归来后，得出的结论是：西方夸大了他们在海湾战争中的表现，尤其是美国空中力量和精确制导武器的威力更是被"神化"了。苏联军事代表团发布的报告提出，伊拉克一共击落了联军飞机 167 架，而不是西方公布的几十架。战斧式巡航导弹的威力也并不像美国宣扬的那样大，而且这种导弹非常容易遭到防空火力的拦截。而苏联的防空系统要比伊拉克的防空系统完善得多，也强大得多。伊军的失败完全是因为其官兵的素质低下、武器装备的性能落后和指挥员临战指挥水平太差。而苏联军队在所有重要的方面与美军相比绝不落后。虽然伊军大量装备的是苏制武器，但绝大多数都是专供出口用的简化型，在性能上与苏军自用技术装备相比有较大的差距。苏军所面临的最大问题是缺乏足够的预算，只要国家能够满足军人们的要求，他们有信心应对任何挑战。

在由国防部长亚佐夫主持的国防部部务委员会会议上，不止一位高级将领这样说："海湾战争说明不了任何问题，因为这根本不是一场真正意义上的战争。双方的力量对比过于悬殊，美国陆军压根就没有遇到像样的抵抗。美国的航母编队自始至终没有受到过任何的威胁……如果是我们苏联军队与美国人对阵，形势将会完全不一样。"对于美军在战时使用的高科技武器和先进战法，首长们更是显得不屑一顾："只要给我们足够的资金，我们也能制造出美军使

用的那些高科技武器。就如同过去我们制造出世界一流的核武器、作战飞机和核潜艇，性能一点也不会比美国的差……"

至于美国空中力量在这场战争中的过人表现和所谓的"空中制胜论"，苏联国防部和总参谋部的首长们除了重复上面的理由外，还提出一个观点：海湾战争最终的胜利正是以美国陆军装甲部队为首的联军地面部队进行的 100 小时战斗奠定的。这充分说明了一场大规模的现代化战争中，最终决定胜负的依然是地面部队，尤其是装甲部队的大规模使用。这一点恰恰是苏联军事力量的优势所在。

巴伦金上将证实，这一观点得到了北高加索军区司令，也就是后来的俄军总参谋长阿纳托利·克瓦什宁大将的大力支持。后者在 20 世纪 90 年代主掌总参谋部时期，不但撤销了陆军总司令部并由总参代行其职，使俄军在编制体制上大开历史倒车。从而造成机关编制日趋臃肿庞大，侵占了本应该属于作战部队的资金和编制。还对空海军等技术军种形成了排挤效应，使已经失衡的俄军编制进一步恶化。克瓦什宁大将还利用总参谋长的权势，拼命打压排挤诸如马柳科夫这样具有新思想、新观念的俄军将领。以克瓦什宁为首的"地面部队集团"固执地死抱着 60 年前伟大卫国战争时期的经验不放，用漏洞百出、自欺欺人的理论诠释第一次海湾战争和科索沃战争中美国空天打击力量的表现，对于未来战争将首先面临来自空天方向的重大威胁不屑一顾。坚持在未来与北约或其他邻国发生冲突时，通过实施上万辆坦克参加的大规模地面进攻与防御战役来赢得最终的胜利。"地面部队集团"长期把持俄军总参的结果，不但使总参谋部不再是新军事学说的发动机，更致使俄军的军事改革在过去的十几年间徘徊不前，毫无进展，与美国在这一关键领域的差距越拉越大。

这种论调一直到 2003 年美军全面入侵伊拉克的战斗结束后才有所改变。就在战前和战争期间，俄军首长们再一次放话预测说：在保卫本土的战斗中，伊拉克军队将会依托城市和乡村，尽可能多的给美军制造损失。曾经担任过苏联国防部长的亚佐夫元帅提出：美国人只控制住了伊拉克的沙子。很多俄军将领认为：美国兵多年来是靠电脑打仗，这种打法或许可以使他们在南斯拉夫和阿富汗获得成功，但是他们对真正的地面战，比如攻占一座城市，缺乏充分的准备。在美国的军事史上，还从来没有以 25 万军队征服一个地区强国的经验。他们得出的结论是：美国为了避免地面战，进而避免美军士兵遭受重创，有可能运用战术核武器。一旦战争陷入胶着或给予美军大量杀伤，甚至有可能最终迫使美军放弃军事行动。

残酷的现实使俄军首长们的预言再一次落空，传统、落后、保守的军事理论和战役战法使将军们无法跳出他们自己设置的桎梏。俄军的作战理论的基础是机械化战争，而不是信息化战争，这不仅是因为俄军没有信息化武器装备，更因为俄军没有任何的信息化战争实践和认真的研究。巴伦金上将强调，拒绝新技术革命将会被时代所淘汰。由于高层决策者和广大军人不能正视美军在海湾战争中表现出的强大实力，同时在苏联解体、国家剧变的背景下也不可能对军事变革进行深入的思考，海湾战争并没有使俄军能够及时、准确地把握世界新军事变革的发展趋势并采取相应的措施。目前，俄军队尚未跳出机械化战争的包围圈，新军事变革显得格外陌生，更不用说信息化战争的实践了。

这种情况一直持续到2003年伊拉克战争结束后，俄罗斯国防部长谢尔盖·伊万诺夫在这一年的10月2日召开了一次规模空前的军事工作会议，正式推出了名为《俄联邦武装力量的紧迫任务》白皮书。这本又被称为"伊万诺夫军事学说"的白皮书明确指出，苏联军事学术界长期以来坚持的确保局部制空权的概念已经不符合未来军事斗争的需要。旧有军事学说长期坚持的"制空权意义夸大说"已经被证明是错误的。白皮书还强调，由于航空航天科技和武器装备的高速发展，现代空军的作战威力空前提高。对于俄罗斯空军来说，在未来的高技术局部战争中，制空权概念应建立在夺取战略制空权的基点上。随着战略火箭军和航天兵的加盟进入空军，空军将成为俄联邦三军体制中的第一大打击军种。空天打击和防御应当成为国防战略中的重中之重（尽管如此，"伊万诺夫军事学说"遭到俄军内部的强烈反弹，军事改革在进三步退两步的状态下艰难前进）。

编著者

2011 年 12 月

# 目　　录

# 第一章 全新式战争

## 第一节 战前概况

1990年8月2日，正当所有人都享受着这个难得的和平年代之时，被长期的两伊战争拖得凋败不堪的伊拉克，却为了侵吞富裕的邻国科威特财富、帮自己度过长期穷兵黩武带来的经济困境和实现称霸海湾地区的梦想，不顾国际准则和两伊战争中科威特一直给予自己的支持，以两国存在边界争议和所谓科威特盗采伊拉克境内石油资源为名，悍然入侵邻国科威特。由于富裕的科威特缺乏有效的国防力量，至8月3日，伊军就轻松占领了科威特全境，科威特埃米尔贾比尔王室被迫外逃，誓死不走的亚奥理事会主席法赫德亲王在保卫王宫的最后战斗中战死。至8月6日，进入科威特的伊军已达到约20万人，坦克2000余辆。8月8日，伊拉克总统萨达姆宣布永久吞并科威特，将其划为伊拉克的第19个省，并称科威特"永远是伊拉克不可分割的一部分"。

究竟是什么后盾让萨达姆敢如此冒天下之大不韪？此时伊拉克拥有在阿拉伯国家中最强大的军队，至1991年海湾战争爆发前，总兵力达95万正规军，并动员武装起48万预备役部队，共装备坦克5600辆、装甲车7500辆、火炮3800门、作战飞机770架。此外还有65万人的准军事部队。此外，伊拉克自己号称还可以动员多达800万人的民兵组织参加作战。在1991年1月17日战争最终爆发前，伊拉克在伊南部及科威特战区已经共部署有陆军和共和国卫队总计77个师中的43个，其中包括6个精锐的共和国卫队师，拥有4200辆坦克、2800辆装甲车和3100门火炮。此外伊拉克国土面积在海湾地区也算较大的，总面积44万平方千米，战略纵深也较大。伊拉克人口在海湾地区较多，达2200多万人，伊拉克认为：自己有充分长期以战带拖的资本。

利用侵占科威特后的几个月和平斡旋时间，伊拉克军队在科威特—沙特阿拉伯边境修筑了大量防御阵地，从科威特沿海开始，直到伊沙边境东段的沙漠为止，总长265千米。在其阵地最前方，是由沙墙、反坦克壕、灌满原油战时

1

可以通过电钮控制变成一道火墙的火壕、铁丝网与地雷场组成的障碍带，纵深为 800～6400 米，其后方设置有比较完善的坦克发射点、火力支撑点、高炮、堑壕和单兵掩体。尤其是灌满原油的火壕，只需一按电钮就可变成一道熊熊烈焰的火墙，任何车辆和人员都无法穿越。而源源不断从科威特油田里输送来的原油将使灭火的企图非常困难，在和平年代也几乎是一项不可能完成的任务，何况战时还要在伊拉克炮火的打击下完成灭火。伊拉克称："这是世界上一道不可逾越的障碍"。第一道防线后方 20 千米，才到达伊拉克军队主阵地，由一系列边长 2～3 千米的三角阵地组成，阵地外围布置深壕、雷区、铁丝网，阵地内有炮兵阵地、防空阵地、反坦克火力点、掩蔽部和生活设施等，阵地与阵地之间有堑壕相连。伊拉克在科威特境内和伊拉克南部地区共经营了三道防线，第一、二道防线由 20 个步兵师（这些步兵师实际也具有相当高的机械化程度）防守，层层阻截迟滞和消耗进攻力量。其后面是 9 个精锐的装甲与机械化师，共 1500 辆坦克组成战术与战役预备队，准备待敌费尽力量突破前两道防线后发起反突击。最精锐的共和国卫队 6 个师则担任战略预备队，部署在位于伊拉克南部的第三道防线上。在科威特城海滨与科威特沿海，伊拉克军队布置了大量阵地和雷区，并在一部分地点堆砌了高大沙墙，沙墙后可以埋伏装甲兵力，并设置有大量预设阵地，以此阻止多国部队海军登陆部队顺利进入内陆，准备反击多国部队可能的登陆战。

这样的兵力和火力密度，放在面积并不算大的科威特和伊拉克南部，可以说相当巨大了。伊拉克从军事措施上做好了"长期霸占、以战护吞、以拖求变、最终把吞并科威特变成国际社会不得不接受的既成事实"的准备。

考虑到可能面对以美国为首的多国部队强大的空中优势，伊拉克对防空力量进行了大量整备。早在两伊战争中，伊拉克就在法国的帮助下，耗费巨资在全国建立起当时中东地区最现代化、水平最高的综合一体化战略防空体系。伊拉克空防指挥司令部位于巴格达，具有坚固的深层防空地下室，在地下设有法制大型 KARI 计算机及控制网络，可以控制分布于伊拉克各地的 4 个地区防空作战中心、16 个截击引导中心和 70 余个防空指挥报告中心，可以有效整合引导伊拉克全国所有防空雷达系统、空军飞机、防空导弹和高炮阵地，以及陆军的部分野战防空系统，完成搜索、分析、传达、截击机的地面引导与地空导弹系统控制等任务。位于伊拉克各地的防空雷达体系覆盖了伊拉克全空域，伊拉克多沙漠平原、少山区的地理特点也使其雷达盲区很少，有利于防空作战。防空导弹阵地有序的分布全国各地，共有 254 个防空导弹阵地、1000 多部发射架对准天空，包括苏制萨姆－2、苏制萨姆－3、苏制萨姆－6、苏制萨姆－8、

苏制萨姆 -9、苏制萨姆 -13，法制"罗兰特"、美制"霍克"等型号，基本覆盖了高—中—低、远—中—近所有空域，其中有一部分导弹时代较新，性能较强。此外，伊拉克军队还拥有大约 7000 门高射炮和难以统计的高射机枪，并拥有 6000 多部苏制萨姆 -7、苏制萨姆 -14、苏制萨姆 -16 等肩扛便携式防空导弹发射装置。其战略防空体系之完善、防空火力之强大、防空火力部署密度之高、战斗经验之丰富，可以说在整个中东地区都是首屈一指的。对于总面积只有 44 万平方千米的伊拉克和 1.78 万平方千米的被占科威特来说，这样的防空火力及密度，放在世界范围也属相当靠前的。

伊拉克空军则能力较弱，拥有约 700 架飞机，但老旧型号多，维护保养水平也差，只有大约 33 架米格 -29、28 架米格 -25、100 架左右米格 -23、200 多架米格 21/J -7、大约 40 架幻影 F1 可以投入空战，这是其主要的空战力量。部分飞行员在购买飞机时接受过法国和苏联顾问的训练。不过总体而言，伊拉克空军的训练水平非常有限，是一支与其装备水平严重不相称的空军，其作战思想也十分保守。在两伊战争中，伊拉克空军的表现乏善可陈，做为先发动战争的一方却反而被伊朗空军反击轰炸了伊拉克多个城市。显然，这是伊拉克方面与多国部队方面最大的差距之一。美国国防情报局甚至在战前就预测，只需要 1 个月左右，多国部队空中力量就会使伊拉克空军失去战斗力。为了弥补自己在作战能力上的差距，伊拉克空军在遍布全国的机场上修筑了 598 个加固机堡，有的钢筋混凝土顶板厚达 500 毫米，有的上面还覆有沙土，具有很强的抗弹能力，指望以此保护其飞机，并伺机发动作战。

伊拉克海军力量最弱，由于伊拉克地理位置海岸线很短，总共只有 50 千米海岸线，伊拉克一向不是很重视海军的发展。伊拉克海军主要依靠一些快艇来作战，称不上是一支大规模的军事力量。伊拉克一向认为：鉴于自己的海岸线很短，陆地边界却很广泛，陆地通路多，敌手很难从海上对其制造严重威胁。

而与此同时，对面的另一个阿拉伯大国沙特阿拉伯总共只有 6.5 万人正规军，另有 5.5 万人国民卫队。由此对比，可见伊拉克在本地区军力之强，萨达姆称霸海湾地区的念头来之有因。

伊拉克的侵略行动引起了全世界的极大震惊。1990 年 8 月 2 日，联合国安理会以 14 票赞成，0 票反对，1 票弃权，通过了谴责伊拉克违反《联合国宪章》，要求其撤军的第 660 号决议。但伊拉克丝毫不为所动，显然，两伊战争期间联合国出台的若干份要求双方停战而又毫无实际行动的决议，让伊拉克觉得这次也不过如此，国际社会除了大声议论之外也不会对伊拉克有任何实质军

事压力。8月2日~11月29日，联合国安理会先后通过了12个谴责和制裁伊拉克的决议。但伊拉克始终不予理睬，这种行为使伊拉克在政治、经济、军事和外交等方面处于极端孤立的地位。其中的联合国第678号决议，规定了伊拉克必须撤军的最后期限为1991年1月15日，在最后期限到来之前伊拉克如不撤军，决议授权联合国会员国可以使用"一切必要手段"来执行联合国通过的各项决议。这实际已经为美国组建多国部队动用武力解决海湾危机提供了授权，不过伊拉克显然不以为意。

在"最后期限"到来之前，为了避免一场战争，前往巴格达进行劝说斡旋的各国家领导人络绎不绝，设计出多种调解方案。联合国秘书长德奎利亚尔也亲自抵达巴格达，劝说伊拉克领导人萨达姆。然而这些努力都被萨达姆错误地无视，他错误地判断国际社会仅仅是软弱无力地例行文章表示一下态度，更错误地过高估计了自己的实力，认为没有人会真的冒一场风险巨大的战争风险对伊拉克采取军事行动。在这种情况下，早已跃跃欲试、对外交行动等得不耐烦的美国终于亲自上阵，组成了以自己为核心的38国多国部队。1990年8月7日，美国总统老布什就正式批准了"沙漠盾牌"计划，分两个阶段向海湾地区派遣部队。第一阶段在17周内迅速部署24万人的部队及其装备，使该地区美军和其他出兵国家部队兵力达到同伊军大致抗衡的水平，防止伊军可能在短期内向沙特再发动进攻占领沙特阿拉伯。第二阶段继续增兵，将伊军赶出科威特。

经过几个月紧张的大规模空中和海上远程运输和部署，至1990年11月底，多国部队就已完成了两个阶段的部署。这时，美军在海湾地区总兵力达到43万人，其中陆军26万人，海军5万人，空军4万人，海军陆战队8万人。坦克1200辆，装甲车2000辆，作战飞机1300架，直升机1500架，军舰100余艘。其他国家出动的总兵力达30万人。8月中旬，多国部队成立了作战统一指挥机构，战区内所有多国部队均受阿拉伯联合部队司令哈立德中将和美军中央战区总司令施瓦茨科普夫上将的统一指挥，实际主要受美军中央战区总部指挥控制，进行收复科威特的进攻作战。

海湾战争已不可避免。

## 第二节　开战第一天

从1990年8月2日伊拉克侵占科威特，8月7日美军开赴沙特阿拉伯，到

1991 年 1 月 17 日海湾战争正式爆发之前的几个月里，美军一直在昼夜不停地通过先进的电子侦察手段对伊拉克进行电子侦察。美军在与科威特相邻的沙特阿拉伯和土耳其等地建立了几十个地面无线电侦听站，另外，从波斯湾海上游弋的舰只再到空中的电子侦察机，日夜不停地截获和侦察伊拉克众多电子信号，太空中也有几颗电子侦察卫星在悄无声息地工作着。此时看似风平浪静、毫无战争迹象的无声无形电子战场上已经展开了生死较量。而对电子战缺乏认识、电子战能力也比较低下的伊军却盲目轻信"伊拉克人多兵多，地大力大，掌握着世界命脉资源——石油的相当大一部分，在海湾地区握有举足轻重的地位，开战将对石油价格造成极大的冲击，美军不敢轻易对自己启动战端"，加之电子战技术水平完全不对等，对美军的电子侦察毫无任何反制，始终将自己的电子信号暴露在美军的电子侦察手段面前。美军通过电子侦察技术措施查明了伊拉克各通信电台、雷达站的高频、甚高频和特高频信号的波段频率，并判别了其大致位置，为后面的空中打击奠定了基础。

从 1991 年 1 月 16 日起，多国部队开始根据搜集到的伊军电子信号特征，对伊境内的各种电子信号实施全面电子干扰，这是战争即将开始的最明确征兆。美军出动 EF－111、EA－6B、EC－130 等共 60 余架电子战飞机，一举夺取了战区的制电磁权。伊军多数雷达受到强烈干扰，处于迷盲状态，根本无法对本国提供有效预警，更无法监视多国部队的飞机、为本国防空力量提供指挥，导致伊拉克虽有数量巨大的各型对空导弹，却无法截获空中目标；虽有数量巨大的战机群，却无法在引导下升空拦截，伊拉克防空体系受到了严重的"软杀伤"。

1991 年 1 月 17 日凌晨 2 时 39 分，9 架装备有"地狱火"导弹和"九头蛇"火箭的美国陆军 AH－64"阿帕奇"攻击直升机组成的"诺曼底"特遣队在 3 架美国空军 MH－53J"铺路激光"特种作战直升机的支援下，利用雷达难以准确跟踪的超低空飞行飞临目标，率先摧毁了伊拉克边境上的两座预警雷达站，打响了海湾战争的第一枪。后面的美军非隐身战机编队将从这两个雷达站被击毁造成的盲区里鱼贯突破而入。

而在"阿帕奇"直升机攻击雷达站之前，1 月 17 日凌晨，美第 37 战术战斗机联队的数架 F－117"夜鹰"隐形战斗机已经穿越伊拉克上空，于 2 时 51 分向伊拉克南部加固的纳哈卜防空引导指挥中心投下了"沙漠风暴"行动的第一颗精确制导炸弹，这是伊拉克南部防空区对多国部队战机行动威胁最大的一个防空指挥节点。随后，F－117 又向分别负责伊拉克西部和中部地区防空引导指挥节点的塔里里和萨曼帕防空指挥中心投下了精确制导炸弹。多数炸弹

都精确命中了目标，5分钟内，巴格达的伊拉克空军司令部、空防指挥司令部、总统官邸、电信中心大楼就接连遭到 F－117 攻击命中。伊拉克电信中心大楼被击中后，巴格达与外界的通信联系随即中断。在炸弹落下之前，伊拉克防空体系都未能做出反应，只是在巨大的爆炸声之后才以盲目乱射为隐身战斗机的攻击任务提供了震耳欲聋的"伴奏"。F－117 隐身战斗机在高强度实战中的首次亮相，获得了十分圆满的成功。

紧接着，位于波斯湾的美国海军各海上战舰和潜艇的"战斧"式巡航导弹开始大量集中的发射，袭击巴格达地区的发电设施及指挥控制中心。战斧巡航导弹利用地形规避技术超低空飞行有效避开伊拉克雷达发现，在美空中力量电子战和硬打击摧毁伊拉克雷达站及防空指挥中心的配合下，顺利突入伊拉克境内纵深。F－117 隐身战斗机刚刚空袭巴格达约5分钟后，3点06分至3点11分，伊拉克目标区域遭遇 52 枚战斧导弹落下。其中伊拉克发电厂遭遇 12 枚战斧导弹攻击，伊拉克执政的阿拉伯复兴社会党总部遭遇 6 枚攻击，伊拉克总统萨达姆官邸遭遇 8 枚，巴格达西北的塔基化学武器设施也受到多枚巡航导弹打击。伊拉克首都巴格达彻夜爆炸声不停，由于无法有效跟踪超低空飞行巡航导弹，伊防空火力彻夜的开火仅仅是毫无目标的盲目乱打，对拦截巡航导弹没起多少作用，也没阻止本方目标被巡航导弹击中。事前被认为是"简便便宜、大量部署、可以打防空人民战争，恰好是克制美国超低空巡航导弹的法宝"——高射机枪，虽然布满了巴格达大街小巷数不清的楼顶上，却是对巡航导弹几乎毫发未损，暴露出这种武器在现代化战争条件下严重的局限性。完全依靠人工操控的高射机枪，虽然不受电子干扰和反雷达导弹的影响，看似恰好可以反制美国的两个强项，而且价格低廉可以大量广泛装备，但在实战中却暴露出自身致命的弱点：一是缺少计算机火控系统，一切只能依靠射手目测粗估，不能精确解算目标的速度、高度、距离、弹道下坠和射击提前量，面对超低空高速飞行的小型目标命中率极低；二是不与预警雷达等 $C^3I$ 系统连接，不能及时提前判知巡航导弹的来袭方向和飞临机枪上空时间，面对射程内超低空高速飞行的巡航导弹只有很短的开火时间，常常射手还未来得及盯住目标就已飞出有效射程；三是射程短，控制范围太小，虽然巡航导弹飞得极低，但却未必刚好在高射机枪头上飞过，高射机枪的射程小使它的控制范围很小，自身打击命中率又极低，加之还受到地面建筑物遮挡，所以即使大量的高射机枪散布在巴格达这样一个城市里，防空效率却极低；四是威力太小，表面上看大口径高射机枪的子弹也能穿透十多毫米厚的装甲钢板，似乎威力不小，但实际上高射机枪子弹由于口径限制，通常没有近炸能力，只有在直接命中目标的情况下才能在目标上穿一个洞。然而面对超低空高速小型目标时，无火控系统的高射机枪直接命中是相当困难的，防空火力大多数战绩都是炮弹、导弹在目标附近近炸，弹药爆炸的冲击波和大量破片将目标损坏。高射机枪即使偶尔碰巧千分之一命中了巡航导弹一两发，也通常不能将导弹引爆，更未必能恰巧损坏导弹控制装置，巡航导弹照飞不误。高射机枪没有近炸能力，也就意味着对超低空高速小型目标几乎没有真实的杀伤能力。当然，如果要在高射机枪上解决这四个问题，技术上并不难，但它所谓成本低廉、能够广泛部署的最大优势也就消失了，真实性价比还不如高炮优秀。在巡航导弹第一夜的打击之下，伊拉克国家电网遭到破坏，部分电力供应中断，包括巴格达在内的大片地区停电断电，大量的军事单位只得启动备用电源。

在 F-117 和战斧导弹攻击刚过后，多国部队两个大型 SEAD（空中压制敌方地面防空作战）编队开始向伊拉克腹地飞行，从两个方向攻击巴格达的空防体系。美国空军派出了 14 架携带哈姆反雷达导弹的 F-4G "野鼬鼠"专用飞机，并由 EF-111 电子干扰机伴随掩护和 F-15C 战斗机护航，组成特混编队从巴格达南部方向攻击伊拉克防空体系。为引诱伊拉克雷达和防空导弹火控雷达全部开机，美军先出动了大量 BQM-74 无人驾驶飞机，担当在前面飞行的战术诱饵，以便后面的野鼬鼠飞机进行打击。BQM-74 无人驾驶飞机原本是一种美国空海军使用的无人驾驶靶机，通过根据需要加装角反射器，它可以很好地模拟有人驾驶飞机和巡航导弹的电子信号特征，对敌方的雷达预警系统进行有效的欺骗。它的飞行也可以较好地模拟有人驾驶飞机和巡航导弹，根据需要输入编定的控制程序，良好的模拟有人驾驶飞机和巡航导弹的飞行轨迹。而飞在后面的野鼬鼠飞机则通过装载的特殊电子设备探测到伊拉克雷达的信号，并与哈姆反雷达导弹导引头连接后将目标雷达大致位置锁定，哈姆导弹发射后将一直追寻着地面雷达的信号将其炸毁。美国海军则从航空母舰上派出携带哈姆导弹的 10 架 F/A-18 多用途战斗机、并由 3 架 EA-6B 电子干扰机和 3 架 F-14 战斗机掩护，组成 SEAD 编队，负责攻击巴格达西部方向的伊拉克地面防空体系，并掩护紧随它们的 A-6、A-7 编队及 4 架英国皇家空军的狂风 GR-1 战斗轰炸机攻击巴格达西部的塔克达姆机场。同时，另外还有 4 架 A-6 攻击机伴随负责投放战术空射诱饵，保护己方战机躲避伊军防空导弹攻击。3 时 15 分，大批 BQM-74 无人机飞临伊拉克上空，并向伊拉克纵深飞进，伊拉克的雷达屏幕上布满了目标。伊拉克防空系统认为敌军的大规模空袭波次已到，大量的雷达开机，分配捕捉这些"来袭敌机"，引导防空导弹进入开火前准备。各种电子信号纷纷暴露，立刻被空中后面的野鼬鼠分队捕捉到，

美军野鼬鼠飞机乘机大开杀戒，哈姆反雷达导弹纷纷发射，追随着伊拉克雷达的雷达波，直扑伊拉克各个雷达。南部的 F-4G 编队共发射了 22 枚反雷达导弹，攻击了 10 个雷达目标，这些目标雷达的雷达波随后基本消失。西部的美海军航空兵编队共发射了 45 枚导弹，攻击了数目相近的雷达目标，也收到了接近的效果。在反雷达导弹的纷纷摧毁和破坏下，残存的伊拉克雷达为了减少受到反雷达导弹攻击，只能大幅减少开机数量和时间，伊拉克方面对空情的掌握进一步下降，防空效果进一步恶化。很多防空导弹完全是盲目发射，发射前根本未有效锁定目标，根本无法打中任何空中目标，变成了"飞在空中的电线杆"。

跟随在 F-117 隐身战斗机和 SEAD 攻击之后，美空军 F-15C 与美海军 F-14 战斗机编队开始大胆地深入伊拉克上空，击落一切紧急起飞的伊拉克战斗机。由于防空指挥中心节点被摧毁，伊拉克空军陷入混乱，只起飞了数量很少的战斗机，而且也因失去指挥引导，只能漫无目的地瞎飞乱转自己乱碰目标，根本不知目标从哪里接近，也根本无法抢占有利战位，双方根本不处在相近的作战条件上。伊军毫无悬念地遭到了美空军优势飞机、优势数量、优势信息和优势指挥的四重打击，完全处于毫无还手之力的下风。在西部地区，伊拉克的 1 架米格-23 甚至在穿越己方空域时被自己的另一架米格-29 击落，另一架米格-29 在躲避美军战机攻击时撞地坠毁。而美国战机编队却能不断地收到来自本方空中预警指挥机的空情通报和指挥引导，空中战场处于单向透明的环境。美国空军第 33 联队第 58 中队的 8 架 F-15C 在为 F-117 和 F-15E 提供空中掩护时收到来自 E-3"望楼"预警机的通报：一架伊拉克空军的战机正在接近！美机立刻在预警机指挥引导下向这架孤单的伊拉克战机包抄过去，3 时 10 分，第一编队的 3 号机约翰·B. 柯尔克上尉在 10 千米左右向这架伊拉克米格-29 发射了一枚 AIM-7M 中距导弹，这架伊拉克飞机当即中弹爆炸。之后不久，E-3 预警机再次向 F-15C 编队提供空情通报和引导，第二编队的 F-15C 再次抢占了有利战位，3 时 24 分，第二编队长机罗伯特·E. 格雷特上尉又用 AIM-7M 导弹击落 1 架对自身危险处境毫无获知的伊拉克"幻影"F1 战斗机，这架"幻影"F1 战斗机的同伴在夺路而逃的时候因惊慌过度，自己操纵不当撞地坠毁，为美国空军又奉送了一个战果。不到一小时后，第 1 战术战斗机联队第 71 战斗机中队的 4 架战机编队接到 E-3 预警机通报：有一架疑为伊拉克战机的飞机正在接近！美机编队立刻采取机动，带队长机史蒂文·泰特上尉打开敌我识别器进行识别后，在双方距离约 19 千米处发射了 1 枚 AIM-7M，将这架还不知敌人在哪儿的"幻影"F1 击落。

在 1 月 17 日夜间的第二波攻击中，美国海军"萨拉托加"号的 F/A - 18 战斗机编队也在执行任务途中接到 E - 2 预警机的通报：发现附近有一架伊拉克空军的米格 -21 歼击机飞行。美机编队在预警机指挥引导下向米格 -21 飞近，飞行员马克·福克斯上尉在约 24 千米处向目标发射了一枚 AIM - 7，这架米格 -21 几乎没有采取任何机动应变，很可能还没有察觉敌机在哪儿就拖着烟和火坠落。不过在返回后，美军还是发现"萨拉托加"号上的一架 F/A - 18 失踪。这架飞机一同编队的飞行员报告说在攻击途中曾同伊拉克空军遭遇，并看到空中出现巨大的爆炸。这是多国部队在战争中第一夜损失的唯一一架飞机。伊拉克飞机在自己的上空毫无抵御之力，这一晚的伊拉克天空完全被美国空军主宰。

在 SEAD 编队攻击伊拉克地面防空体系以及战斗机完全夺取了制空权的情况下，多国部队的其他飞机趁势蜂拥而出，按照预定计划分别攻击了各自目标。英国空军的狂风 GR - 1 飞机轰炸了靠近沙特前线的多个伊拉克前沿机场，GR1 低空掠过机场跑道上方，使用 JP233 弹药布撒器对伊军飞行跑道密密麻麻地布撒了地雷和子母弹，使被炸的伊拉克机场在一定时间段内丧失了使用功能。伊拉克的机场防空部队用密集的高射炮开火，但由于丧失空情掌握和没有夜视手段，只能盲目开火乱打，没能击落敌机。第二批和第三批 F - 117 再次轰炸了伊拉克防空网的各个节点，第二批攻击中，F - 117 飞行员自己报告 16 枚炸弹中有 10 枚准确命中目标。而第三批 F117 因为天气转坏，16 枚炸弹中只有 5 枚命中目标。F - 111 则轰炸了伊拉克纵深的萨曼帕机场。

第一夜的空中攻击在各个方面都取得了明显的成功：伊拉克的战略防空体系受到严重打击，伊拉克防空指挥司令部总部受到重磅精确制导炸弹直接命中，另有大量截击控制中心和防空指挥引导中心被激光制导炸弹击中，一部分丧失了正常工作功能，另一些也受到了削弱。大量基层雷达站受到摧毁，或被压制而无法正常开机，在众多节点被摧毁和瘫痪的情况下，伊拉克的 KARI 战略防空体系已经无法再作为一个整体发挥作用，防空体系上出现了部分严重的"大洞"。预警和指挥系统的失效，对伊拉克防空作战产生了立竿见影的影响，防空导弹和高炮失去了空情通报和指挥，盲目乱打，命中率极低，伊拉克空军遭遇一面倒式打击。多国部队除了在第一夜的空中攻击中成功地实现了最主要的目标——压制和削弱伊拉克防空体系，还对伊拉克电力和通信设施进行了大量打击和破坏，导致伊拉克部分地区电力供应中断，重点地区对外通信中断，伊拉克的通信指挥 C$^3$I 能力遭到部分破坏。而多国部队空中力量的损失却是微不足道，事先他们曾经准备承受在第一夜损失 20～25 架飞机，但最后仅仅损

失了美海军 SEAD 编队的 1 架 F/A－18。这使多国部队喜出望外，并使多国部队空中力量的信心和活跃程度进一步增加。

　　1 月 17 日的黎明终于来临，阳光逐渐普照在伊拉克和科威特土地上。但是白天并没有让伊拉克的处境改善多少，随着 1 月 17 日黎明的到来，多国部队第二波大规模空中攻击开始。那些不具备夜视设备、适合白天作战的多国部队飞机加入空袭，更多攻击编队对伊拉克目标进行了轰炸，空袭的规模进一步扩大。在这个白天，美国空军威力十足的 A－10"雷电"攻击机出动了 150 架次，利用伊拉克防空体系已遭到局部破坏和美军强大的电子战优势，广泛袭击科威特战区和伊境内的防空雷达站和阵地，进一步破坏伊军防空体系的各节点。而 F－16 战斗机则重点攻击科威特战区内的塔克达姆机场和地对空导弹阵地，进一步拔除伊军对多国部队空中力量的威胁，4 架 EF－111 电子干扰机、8 架 F－4G 野鼬鼠飞机和 16 架 F－15C 战斗机为这批攻击编队提供掩护。美海军陆战队航空兵出动了百余架次 AV－8B 等攻击机参与攻击伊军浅纵深的泰利勒、谢拜、古尔奈和鲁迈拉等伊空军基地以及桥梁和铁路调度场。

　　当天白天，美国海军继续不断地从波斯湾和红海的战舰和潜艇上向巴格达发射战斧巡航导弹。为了避免有人驾驶飞机的损失，在开战第一天的白天，美军只用巡航导弹攻击伊拉克首都巴格达。1 月 17 日上午 10 时 10 分～17 分，6 枚战斧式巡航导弹如同彩排演练般轻松地依次击中了伊拉克国防部大楼，世界很多电视台的现场直播画面反映了当时的场面：后一枚导弹甚至追寻着前一枚导弹在建筑物上炸开的缺口飞入，在建筑内部爆炸，一次又一次猛烈的爆炸基本摧毁了雄伟的伊拉克国防部大楼，大楼变成了一堆破破烂烂的建筑垃圾，完全丧失了使用功能。在明亮的白天里，人们能清晰地看到一枚又一枚战斧巡航导弹从超低空依次飞入，在巴格达的大街上空飞行。然而疯狂开火的伊拉克防空火力却无法命中它们，因为伊拉克的火控雷达根本就没能锁定这些巡航导弹，当然也就不可能正确地引导高炮和防空导弹命中它们。而人工操纵高炮和高射机枪开火，由于不知导弹从何而至，不知几时而至，还不知往何而来，对于超低空高亚音速目标的局限性，以及难以及时有效开火、受地面建筑物和地貌的遮挡，是相当显著的。这种震惊的眼看着国防部大楼被摧毁，却不能及时击落来袭巡航导弹的经历，严重动摇了伊拉克军人和百姓作战的决心——连戒备森严、神秘不可进入、代表着国家军事机构中心的国防部大楼都在第一天就被摧毁，而且是在大白天和众目睽睽之下，伊拉克人对伊拉克防空体系能力的信心怎能不发生根本的动摇！与海军的巡航导弹几乎同时，凌晨 3 时许从美国路易斯安那的巴克斯代尔空军基地起飞的 B－52 战略轰炸机经过 11 小时长距离飞行，也抵达伊拉克战区，从空中发射了 35 枚常规巡航导弹，加入了对伊拉克通信中心、发电厂和输电设施的打击。在巴格达附近的世界各电视台也拍到了空射战斧巡航导弹先准确炸毁发电厂围墙，随后后续导弹准确进入摧毁发电厂主体的过程。这座承担巴格达地区发电任务的重要发电厂在战争第一个白天就变成了一堆歪七扭八的残破建筑。原来战斧式巡航导弹未经实战考验，曾经被世界其他地方一些军事专家轻蔑地描述为"美国畏惧人员伤亡、梦想以此制造出一种可以让人员不接触而进行战争的一副高科技玩具"，这时在全世界面前验证了它的强大威力和有效突防能力。

当天傍晚，7 架 B-52 重型轰炸机携带数十吨炸弹，第一次攻击了共和国卫队精锐的塔瓦卡尔那师驻地。但其使用的并非精确制导炸弹，而是采取命中率较低的高空水平投弹轰炸，轰炸的效果暂时也无法评估。而 F-111F 战斗轰炸机编队在 EF-111 电子干扰机掩护下，使用重磅炸弹炸毁了萨达姆在其家乡提克里特的官邸，毫不掩饰地宣示：

——如果萨达姆和伊拉克政府和军队高级官员敢在已知的任何他们官邸里休息，就会遭到美军空中力量的人身消灭！

下午，美国海军的飞机也活跃起来，再次攻击了伊拉克东部和西部的防空系统。整个白天，伊拉克继续承受着高强度的空袭。

1 月 17 日夜幕降临后，第三波空中攻击开始了。多国部队的 F-111 和 A-6E 攻击机再次袭击了伊拉克机场。晚上 22 时，美国海军的 18 架 F-18、10 架 A-6 和 4 架英国空军的狂风 GR-1 轰炸了伊拉克南部重要城市巴士拉地区的机场、桥梁和石油设施。9 架美国 A-6 和 8 架英国狂风 GR-1 战机分头攻击了科威特地区的机场。另一个美国海军飞机编队和由 16 架 F-15E 组成的美国空军编队也攻击了伊拉克南部巴士拉地区的目标。伊拉克出口石油重要的基础设施哈拜尼亚石油中转储运站遭到严重轰炸，多国部队空中打击的目标不但直指伊拉克军事力量，而且伊拉克国民经济的命脉也受到了严重打击。在每一次空中攻击中，都会有独立的 SEAD 编队提供空中压制防空作战掩护，并受到美国空中优势战斗机的空中掩护。通常每个独立的 SEAD 编队是由 4 架电子干扰机和 6 架携带反雷达导弹的野鼬鼠飞机组成。从 1 月 18 日凌晨 4 时到 5 时 30 分，多国部队出动 80 多架具有夜战能力的飞机，如 F-117A、F-111、A-6 以及英国空军与意大利空军的狂风 GR-1 飞机，袭击了伊拉克防空系统、核生化设施、领导指挥机构以及机场等目标。

仅在最初的 24 小时内，多国部队就从部署在波斯湾和红海上的 7 艘战舰共发射了 116 枚"战斧"式巡航导弹，袭击了巴格达及附近 16 个严密设防的

目标，从伊拉克防空雷达站、C³I指挥控制中心、政府和军队大楼、再到发电厂，均在其打击目标之内。

除了美国空军的飞机，美国海军的飞机也从位于波斯湾的多艘航母以及波斯湾周围的基地起飞，对巴格达附近以及伊拉克西南部、东南部的"飞毛腿"导弹发射场、机场和防空系统目标进行了攻击。英国皇家空军、沙特皇家空军以及退驻沙特东部的科威特空军，也从中路参与袭击伊拉克南部和中部地区的固定目标。在整个空袭过程中，美军出动了 EF－111、EA－6B、EC－130等共60余架电子战飞机，以及 F－4G 等反雷达飞机24架，对伊拉克防空雷达系统实施全面的软硬杀伤。伊拉克的防空雷达不但受到强烈的电子干扰和诱骗，而且许多处于开机状态的雷达被哈姆反雷达导弹摧毁，没有被摧毁的伊拉克雷达也不敢长时间开机，造成伊拉克方面空情掌握更加雪上加霜。从地面上和电视镜头里看，伊拉克防空火力似乎很猛烈，一轮又一轮猛烈的弹雨射击甚至能照亮城市的夜晚轮廓，火力炽盛得令人心生寒意。然而其实际作战效果却很差，由于失去了空情掌握，很多伊拉克防空部队处在盲射乱打的地步，效果很差。虽然来袭敌机和导弹纷纷而至，然而伊拉克防空部队的开火却不能阻止对本方目标的空袭，拦截战果十分有限。这种失去了制电磁权和信息权之后，看似火力炽烈、气势逼人的防空开火，实际上仅相当于一种昂贵而意义很小的"焰火表演"。虽然给空中飞机的飞行员制造了一些心理紧张和负担，但其真实防空效果实在很差。

在第一攻击波里，美国的隐身战斗机占据了重要的地位，大约30架 F－117隐形战斗机参加了第一波的攻击。它们负责在其他机型开始空袭之前率先到达战区上空，对巴格达防卫最严密、地位最重要的约20个防空系统、C³I、电力和领导机构的目标进行攻击。而这些 F－117 隐形战斗机在空袭最初的5分钟内就对巴格达约20个防空系统、C³I、电力和领导机构进行了准确攻击。隐形战斗机攻击的目标并非最多的，但其目标防卫严密程度、攻击难度却是最高的，起到了瘫痪伊军关键指挥节点、"直接斩首"的作用，为其他机种和武器后续攻击创造了有利条件。证明了雷达和红外隐身技术在战争中确有显著的实际效果，绝非昂贵而无用的高技术堆砌。

到第一天傍晚，伊拉克军队的 C³I 网络、防空系统以及主要的领导机关、指挥设施都遭到了多国部队空军的猛烈空袭，购买了大量外国先进装备、曾经号称固若金汤的伊拉克战略防空系统，在具有强大电子战能力的美军面前暴露出毫无还手之力。而伊空军对于制空权几乎无所作为。刚刚进行到第一天空袭，伊拉克防空系统就遭受了严重的打击。在某些区域，对空防御甚至已经失效，多国部队飞机可以自由地进出。不但整个伊拉克防空系统陷入混乱和瘫痪，而且伊拉克国家的战略设施也受到严重的打击。这一天，伊拉克飞机共出动了 120 架次，但由于丧失了空情保障和指挥引导，许多架次根本没有取得任何空战接触，而变成了无效的空中乱碰乱转。甚至有一部分伊拉克飞行员产生了强烈的恐惧感，只是在机场附近乱转悠，尽力躲避空战，对多国部队空中力量的行动基本毫无影响。第一天的空战中伊拉克损失了 3 架米格－29、3 架幻影 F－1 和 2 架米格－21。令人费解的是，老旧的米格－21/J－7 好歹也是尽力出战了，而更好一点的米格－23 在第一天甚至没有接近多国部队空中编队的行动。令人怀疑伊拉克空军的部分部队的作战意志上已经出现了严重的畏缩，出现了消极避战的苗头。

1 月 17 日的白天，英国空军损失了 1 架 GR－1，科威特空军损失了 1 架 A－4 攻击机，均是被防空导弹击落。17 日晚上，多国部队损失了另外 3 架飞机，1 架 F－15E 和英国空军的 1 架 GR－1 被高炮击落，美国海军的 1 架 A－6E 被地空导弹击落。整个 1 月 17 日全天的行动，多国部队共损失 6 架飞机，另有 13 架飞机被击伤安全返回。对比起空中攻击行动的力度，第一天多国部队空中力量就出动 1500 多架次，被击落率仅为 0.4%，这点损失可以说非常轻微。

# 第三节　战争第二天

1 月 18 日，多国部队的空中力量继续对伊拉克境内及科威特战区的战略目标发起了全方位打击。第二天空袭的重点仍然是伊拉克的防空系统和 $C^3I$ 系统，但空袭打击的目标开始扩大到伊拉克地面部队和海军设施。不过这一天伊拉克部分地区的天气不良，能见度下降，给多国部队空中力量的行动带来了一些影响。

凌晨 2～3 时，F－117 隐身战斗机再次一马当先拉开了攻击的序幕，按照计划攻击了伊拉克剩余的一体化防空系统的地区指挥中心和截击引导中心。同时还对第一夜没能准确摧毁的生化武器设施进行了补充攻击。美国一些媒体曾号称这一夜 F－117 在 19 次攻击中，有 13 次命中了目标，隐身突防可以对防御严密的高价值目标进行从容自如的高精度攻击，再次体现出来。其他飞机的攻击编队也在 SEAD 编队和战斗机编队掩护下纷纷攻击了伊拉克全境的机场与飞毛腿导弹阵地。当然不会缺席的还有大量战斧式巡航导弹。伊拉克再次度过

了一个不眠之夜。多国部队的 F－111F 和狂风 GR1 战斗轰炸机则继续轰炸了拜莱德、塔克达姆、贾里巴等地的伊拉克空军基地，进一步打击伊拉克空军的作战能力。伊拉克军队在夜间防空作战中，像前一天一样再次限于被动挨打，只有这一天部分地区的不良天气成了他们稍稍的保护伞。

天亮后，多国部队空袭的力度进一步加大。上午 9 时 30 分，一个由美国海军 10 架 A－7 攻击机、16 架 F－/A18 战斗机、18 架 F－14 战斗机和 4 架英国狂风 GR－1 战斗轰炸机组成的编队对伊军阿萨德机场及其周边防空导弹和雷达阵地进行了大规模空袭，力图对阿萨德机场给予毁灭性打击。但机场所在地区的恶劣天气使攻击未达到预期目标，机场仍可继续使用。

整个第二天的全天，多国部队继续使用大量战斧式巡航导弹对伊拉克首都巴格达及周边重要目标进行打击。战斧巡航导弹先后对巴格达及周边的伊拉克政府及军队各办公大楼、备用通信中心、发电及输电设施、生化研究设施进行了打击。正如战争第一天中显现出来的，伊拉克军队对超低空目标发现和摧毁能力不足，伊拉克防空力量对这些超低空突防的巡航导弹依然缺乏办法。战斧巡航导弹依然肆无忌惮地穿越在巴格达上空，直至最后击中目标。继伊拉克国防部和阿拉伯复兴社会党总部之后，伊拉克内政部、警察总局、政府各部大楼、伊拉克国家电力公司大楼也纷纷被击中。目标被击中冒出的火焰和黑烟，让整个城市上空都弥漫着一层阴影。这种阴影，也同样笼罩在了事先对美国空中打击威力盲目轻视、没有做好充分准备的伊拉克人心头上。在战争爆发前，伊拉克国家电视台和宣传媒体曾大量报道："空中武器效果十分有限，空袭并不可怕，空中打击根本不能解决战争"，宣传伊拉克防空力量是先进强大的，可以对付一切来袭之敌，将在萨达姆总统领导下坚决击落一切来犯之敌。大多数伊拉克老百姓都没有想象到美国空袭的强大威力，以为仅仅是像两伊战争期间那样低强度的水平。这种盲目乐观，以及轻视防空袭准备、觉得"就算扛两下空袭，也没什么大不了"的心态，使伊拉克人民没有做好应对美国空中打击的心理准备和物质准备。当面对多国部队空中打击的高强度威力时，尤其是看到美国的各种高技术战机和武器几乎通行无阻地穿行在自己国家的上空，戒备森严的伊拉克国防部、内政部、警察总局、政府大楼纷纷被摧毁，伊拉克人民反而突然感到宣传与现实的巨大落差，陷入了惊慌和震动、恐惧。如果伊拉克方面在战前能够冷静分析遭受空袭可能的困难局面，事先部署好应对措施，通过做好充足的准备来提高国民的作战决心，效果可能会更好一些。

而伊拉克政府在另一个方面也犯了严重错误：

战前由于以为美国的空袭会像越南战争那样精度低下、滥杀无辜，所以伊拉克政府专门允许美国 CNN 等多家西方媒体留在巴格达进行报道，准备拍摄多国部队空中力量狂轰滥炸、杀害平民的新闻，以掌握政治和宣传上的主动。但他们没有想到的是，多国部队对巴格达的空中打击是高技术、高精度、精确打击的，在战争前两天就摧毁了巴格达大量高价值重要目标。留在巴格达的 CNN 等西方媒体反而成了美国高技术战争的报道员，对多国部队的战果进行了极大的渲染，使多国部队阵营士气大振。而看到这些报道的伊拉克人却大为震惊和气馁，一时间不知所措。伊拉克政府在这方面犯了决策错误。其实，美国空军和整个多国部队空中力量在这场战争里使用的精确制导武器也是有限的，主要还是使用常规非精确武器，战争结束后美国国防部的报告里也承认了这一点。美国空军和整个多国部队空中力量，在西方媒体云集、影响广泛的伊拉克首都巴格达较多使用了精确制导武器，而在没有西方记者的首都之外地区则更多使用了非精确武器。造成一部分伊拉克平民伤亡是客观存在的情况。而伊拉克的舆论注意力在战前过度关注首都巴格达，对外地出现的一些平民伤亡事件反而不能及时报道。这样，就形成了美国希望的对美国高技术战争的报道，及时有效、大为震撼；而伊拉克希望的对多国部队空中力量造成伊拉克平民伤亡和民用目标严重破坏的报道，既不及时也不详尽。伊拉克在宣传战和士气战里又先输了一招。

到 1 月 18 日 24 时，美国海军已经为支援空袭共发射了 216 枚"战斧"巡航导弹，占整个"沙漠风暴"行动期间发射总数的 64%。在空中进攻行动中，美军的战斧式巡航导弹不是按日期平均分配发射，而是在空中进攻战役初期大量集中使用，并且这些巡航导弹集中先攻击某一部分重点区域。根本不忌讳在几天之内已经用完巡航导弹保有总量的百分之多少。巡航导弹配合隐身战机、其他兵器和电子战系统作战，给对手制造极大防御困难和震撼，力争开战之初就直接将对手打成瘫痪。这种做法，实际是一种"集中优势火力、抢先击破敌手要点、最终瘫痪敌手全局"的战术。美军充分发挥巡航导弹不会造成本方飞行员伤亡的特长，优先攻击风险较大、难度较大的目标；利用巡航导弹的超低空突防能力，打击敌方深远纵深战略目标；利用巡航导弹的高突防能力和高命中精度，先攻击对手防御体系中的重要节点，破坏对手作战体系，为有人驾驶飞机和其他兵器创造更有利的作战环境；利用巡航导弹的高技术，给敌方制造最大破坏和最大震撼。这一战术在海湾战争中体现得十分明确。

1 月 18 日上午 10 时，美国空军再次出动 2 个大型编队，分别从西、南两个方向攻击巴格达附近的目标。一个由 40 架 F-16 战斗机组成的大型编队攻击了巴格达西面的弹药库、飞毛腿导弹与伊拉克军工生产设施。另一个由 44

架 F-16 组成的大型编队轰炸了巴格达东面的与飞毛腿导弹相关的工厂和其他军事设施。每次攻击依然配有 4 架 EF-111 电子干扰机、8 架 F-4G 野鼬鼠飞机的 SEAD 编队提供压制地面防空作战支援。此外，美国空军 24 架与沙特空军 4 架 F-15C 战斗机提供空中掩护。考虑到战争刚进行到第二天，伊拉克首都巴格达周边地区可能还保留有较强防空能力，美军空中编队在攻击中故技重演，再次使用了大量 BQM-74 无人驾驶靶机冒充攻击机在前面飞行，引诱伊拉克雷达开机，然后由后面的野鼬鼠分队进行打击，最后才是真正的攻击编队发起攻击。在这一战术下，多国部队攻击编队均顺利地抵达了目标上空，进行了攻击。

在波斯湾海上，虽然伊拉克海军的规模十分弱小，但在近海，多国部队海军依然十分忌惮它的小艇不断布设水雷和发动快艇反舰导弹袭击。美海军十分重视对伊拉克布设水雷的船艇进行打击，确保消除对多国部队海军行动的威胁和限制。伊拉克海军虽然加紧使用各种船艇布设水雷，但因为沿海制空权完全丧失，船艇一出海就受到美海军航空兵力量监视和打击，活动陷入了很大困难，每一次出海都伴随着很大风险。多国部队海军的飞机还出动多批架次袭击了伊拉克军港乌姆盖斯尔、法奥半岛的伊拉克海军设施，力图从根本上破坏伊拉克海军快艇部队的出击能力，并摧毁了伊拉克南部和科威特沿海地区谢拜和艾哈迈德杰拜尔机场跑道和机库以及停机坪。

从 1 月 18 日天亮以后，多国部队空中力量就开始把一部分打击重心转移分配到伊拉克的战略预备队——共和国卫队和伊军前沿阵地部分无线电通信中心上来。天刚一亮，美国空军的 A-10 攻击机立即开始出动，对沙、科、伊三国交界地区及伊拉克西部的伊军进行了猛烈空袭。这一天，A-10 主要是根据战前美军电子侦察手段确定的伊军电台信号位置，对伊军电台发报活动频繁、怀疑是伊军前沿师、团级指挥所的地点进行了重点空袭。从这一个白天到黄昏为止，A-10 攻击机共出动了约 150 架次，平均每架出动了 2 次以上，使用"幼畜"等空对地导弹和炸弹对伊军阵地工事进行了猛烈的打击。这种相貌丑陋、性能指标不高、没有太多高科技亮点的攻击机，最初仅仅因为陷入"美国陆军曾谋取将空中近距支援任务甚至攻击机全部划入陆军航空兵，而引发美国空军强烈不满和争论"的军种之争传言，才引起人们稍稍注意。美国空军给它起的官方外号是"雷电"，不过美空军内部给它的外号却十分难听——"疣猪"。丝毫听不出有什么凶猛强大、寄予厚望的意思。不过此时 A-10 却因其稳定的低空飞行性能、坚固皮实的机体、强大的挂载能力和适当的武器配备、低廉的价格和使用成本，非常胜任近距支援作战，成为空中近距支援中表现最出色的型号。由于空中近距支援作战的特点，并不需要很高级的飞机，也不需要很高的速度和机动性，所以价格更高的多用途战斗机并不是干这些活的最合适之选。在海湾战争和其他战争中看，攻击机的出勤率和使用成本明显优于昂贵而"娇气"的攻击型武装直升机，到达战场的速度、作战半径、带弹量也都明显优于攻击型武装直升机。它和攻击型武装直升机是一个互补的关系，而非被攻击型武装直升机取代的关系。然而像任何一种武器装备一样，攻击机也不可避免地有自己的缺点：飞行速度慢，机动性差，如果遇上敌歼击机，则生存力差。必须在本方充分掌握制空权的前提下才能发挥威力。

所以，美国空军在争论中曾经指出：固定翼攻击机这个机种和攻击航空兵，必须服从于整个空军的空中作战整体形势，并需要空军的其他兵种——空军空中航管进行飞航管理和航路规划、空中预警机和地面雷达提供指挥引导、战斗机提供战场制空权和护航、电子干扰机进行电子战掩护、SEAD飞机对敌方防空系统进行压制来给予配合。对纵深内的地面目标进行打击时，还必须紧密根据整个空军的作战部署来行动，根据空军电子战和SEAD作战的部署，在规定的时间和空间进入空军航管划定的"安全走廊"窗口，并在空军航管计划规定的时间内退出。显然，攻击机这个机种以及兵种还是放在空军内部更为合理，指挥关系更为顺畅。

空袭第二天，空中打击的重点之一就开始落到了伊拉克最精锐的共和国卫队头上。多国部队从两伊战争的旧事观察出：伊拉克共和国卫队是萨达姆最忠心、最可靠、最顽固、最有战斗力的骨干部队，甚至对伊拉克普通陆军部队起着监视的作用。萨达姆一直把它单列在陆军之外给予重点发展，是萨达姆的私人嫡系。而伊拉克共和国卫队也以高于普通部队的士气和热情，以及更精良的装备，更饱满充实的人力配备，成为战场上伊拉克最倚重的嫡系部队。

1月18日上午9时30分，来自美国海军的24架F/A－18多用途战斗机满挂炸弹，向防空伞已残破大开的伊拉克共和国卫队3个最精锐重型师之一的汉漠拉比师和塔瓦卡尔那师阵地发动攻击。4架EA－6B电子干扰机、8架F－18战斗机和4架来自美国空军的F－15C战斗机为这波对地攻击行动提供掩护。从上午一直到下午，美海军陆战队航空兵也出动数十架AV－8B飞机，在美海军航空兵电子干扰机和战斗机掩护下，对巴士拉以西、共和国卫队另一个精锐重型师——麦地那师发动高强度空袭。由于完全掌握了战场制空权，也完全压制了伊军地面防空火力，美军飞机肆意地盘旋在伊拉克共和国卫队头顶，将一吨又一吨炸弹扔到置于不对称作战环境下的伊拉克共和国卫队头上。

紧随着上午的美机，中午11时45分，30架挂满炸弹的美国空军F－16

战斗机在 F−15C 战斗机和 EF−111 电子干扰机掩护下腾空而起，再次对伊拉克共和国卫队塔瓦卡尔那师发起了高强度空袭。塔瓦卡尔那师阵地上硝烟冲天。

下午 16 时 10 分，由美国空军 16 架 F−16 组成的攻击编队再次对塔瓦卡尔那师进行了当天的第 3 次轰炸。16 时 25 分，美空军另外 30 架 F−16 组成的强大攻击编队又轰炸了伊拉克共和国卫队麦地那师。整个白天，伊拉克共和国卫队 3 个主力师始终处在高强度轰炸中。其受损程度当时暂无法评估，但饱受压力是毫无疑问的。

在打击伊拉克共和国卫队的同时，下午 16 时 20 分左右，由 20 架左右 F−16 组成的美国空军攻击编队再次对伊拉克南部重要的机场——鲁迈拉基地等地进行了高强度空袭，鲁迈拉机场在一定时间里丧失了使用功能，南部战线伊拉克空军再次毫无还手之力。

经历了开战后第二个漫长而难熬的白天，伊拉克军队终于等来了第二个黑夜。然而入夜并没有为伊拉克带来片刻的空中安宁和保护，对于装有前视红外装置和对地成像能力雷达的多国部队飞机来说，黑夜里发现和瞄准目标如同白昼一样轻松。然而在失去了雷达的有效性之后，伊拉克防空体系更暴露出其他夜视手段的不足。黑夜反而成了缺乏夜视能力的伊拉克军队的敌人，而成了拥有高技术夜视手段的多国部队空中力量的盟友。美军抓紧夜晚时机，出动多架次战机袭击了伊拉克共和国卫队后方的伊拉克最大两条河流——幼发拉底河和底格里斯河上的多座桥梁，试图切断伊拉克共和国卫队与后方的后勤补给，割裂伊拉克南部和科威特战区与伊拉克首都方向的联系。其中 8 架具有夜视装置的 F−111F 按照 2 架一个编队攻击一座桥梁的方式，携带精确制导炸弹，分别轰炸了位于共和国卫队后方幼发拉底河上的几座桥梁。不过这天晚上伊拉克幼发拉底河和底格里斯河流域部分地区天气开始恶劣起来，给焦头烂额的伊拉克军队送去了一点儿"及时迷雾"和"及时雨"，所以一部分桥梁并没有被成功摧毁。多国部队空中力量还需要在后面的作战中继续动脑子攻击这些桥梁。

驻扎在土耳其因契尔利克空军基地的美联合特遣队的 F−16 飞机在 EC−130、KC−135 和 EF−111A 等支援飞机和 F−15 战斗机的掩护下，首次从北路攻击了伊拉克北部的摩苏尔、基尔库克、提克里特、盖雅拉和埃尔比勒等地区的目标。由于土耳其位于伊拉克北方，对于空袭伊拉克北部的地区目标至关重要。位于巴格达以北约 300 千米的基尔库克，是伊拉克北部塔米姆省省会，也是伊拉克北部最重要的石油中心，是伊拉克第一个开发利用的油田所在地。其石油储量达 22 亿吨，是伊拉克全国最大的石油开采中心之一，所产石油由

5 条输油管道从这里输往国外地中海港口，每年为伊拉克获取巨额外汇财富。而且基尔库克还有伊拉克最主要的现代化炼油厂之一，是伊拉克北部第一大原油加工中心。同时还有现代化大型发电厂，是整个伊拉克北部地区的电力中心，堪称是伊拉克北部的经济命脉。

位于巴格达以北 360 千米的摩苏尔，不但是尼尼微省省会，更是伊拉克北部头号重镇，伊拉克第三大城市。这里有高速公路同叙利亚、土耳其和伊朗相通，也有铁路与周边国家相连，战略位置十分重要。全长 520 千米的摩苏尔 - 阿勒颇铁路不仅把伊拉克与叙利亚连接在一起，而且也是伊拉克通往欧洲的重要通道。摩苏尔机场则是伊拉克北方最大的航空基地，也是伊拉克空军重要的机场。伊拉克北部的石油出口管道也经过这里。地理位置的便利使摩苏尔成为了伊拉克北方最重要的交通枢纽、电信中心和物资储备中心。而且值得一提的是，摩苏尔附近还有伊拉克的核研究设施和生化武器生产研究中心，以及其他常规武器生产厂家，整个摩苏尔地区堪称伊拉克的国内军工业中心之一。

提克里特则是伊拉克强人总统萨达姆的家乡，萨拉赫丁省省会，位于巴格达西北约 140 千米。萨达姆上台后，从自己家乡提拔了大量亲戚朋友担任重要职务，并对自己的普通同乡大力提拔，提克里特成为了伊拉克政要集中层出的地方。提克里特人民对自己家乡出的这些大人物有着狂热的自豪和爱戴，而这些提克里特出身的高官也通过实际行动为提克里特的发展提供了巨大便利，所以提克里特地区是萨达姆和阿拉伯复兴社会党最坚定的支持者地区，连萨达姆最精锐、最忠诚的共和国卫队也优先招收提克里特的年轻人，提克里特人们以此为自豪。每当萨达姆和阿拉伯复兴社会党遇到挫折，这些高官都经常会回到家乡，在这里躲避一时的不利和战祸，在这里享受宁静温馨的田园生活。萨达姆和许多提克里特出身的伊拉克高官都在家乡修有富丽堂皇的官邸，所以这里也就成为多国部队空袭的重点之一。

同样位于伊拉克北部的盖雅拉，则是除了基尔库克之外伊北部第二大产油中心，也有着伊拉克北部第二大的炼油厂，也有着比较重要的经济地位。

埃尔比勒则是埃尔比勒省省会，位于摩苏尔以东约 80 千米，有公路通往叙利亚、土耳其和伊朗，也有铁路通往巴格达，其位置处在从土耳其往南进入伊拉克的门户，也是一个重要的交通枢纽。而且还有一点值得额外一提，埃尔比勒毗邻着伊拉克境内一直谋求独立的库尔德人地区。萨达姆为了镇压库尔德人，在这座城市驻有重兵。海湾战争打响后，为了利用一切可以利用的力量在背后捅萨达姆一刀，美国毫不犹豫地选择了库尔德人。为了支援库尔德人，轰炸埃尔比勒、削弱驻扎在库尔德地区的伊拉克军队，也就成了非常有必要

的事。

也正因为上述原因，打击伊拉克北部的这些地区目标成为多国部队空中力量非常重要的作战目标。从土耳其因契尔利克空军基地出发，不但可以使原本远离海洋、远离沙特阿拉伯方向的伊拉克北部目标门户大开，暴露在美国空军的直接打击之下，而且极大地缩短了对伊拉克北部目标的攻击距离，减少了美国空军攻击编队暴露在伊拉克防空火力下的时间。如果要是从波斯湾或沙特阿拉伯起飞，前去轰炸这些北部目标，那么单程距离就要多出约 800 千米。一来一回，不但将极大增加航程上的困难，而且还将大大增加空中加油的压力，迫使笨重的美军空中加油机进入伊拉克境内为攻击编队加油，极大增加空中战役的难度和风险。所以，如果不在伊拉克北部邻国获得使用领空和基地的权利，对伊拉克北部目标的打击一时就很难进行，伊拉克就有可能在北部地区获得一个安全的不受空袭威胁的大后方。萨达姆也正有这种考量，他把大量战略和战备物资转运储备在摩苏尔等地，也正是想依托北部地区，进行长期持久"拖战"。

伊拉克北部地区有三个主要邻国，其中位于地中海和伊拉克西北部之间的邻国叙利亚，在多次中东战争里与以色列发生过多次激烈交战，叙利亚的戈兰高地等领土长期被以色列侵占，对以色列仇恨极深。多次中东战争中，美国极力支持以色列，所以叙利亚对美国芥蒂极深。在海湾战争中，叙利亚虽然站在沙特阿拉伯一边，派出相当数量的地面部队参加了多国部队，但在参加多国部队之初就已明确表态，叙利亚出兵参战是为了保护阿拉伯国家的整体利益，维护阿拉伯国家内部的道义，叙利亚参战部队只服从沙特阿拉伯司令部的命令，不听从美国中央战区总司令部指挥。在向美国空军开放领空和空军基地的问题上，任凭美国如何劝说和利诱，叙利亚始终不予理睬，不同意美国战机使用叙利亚领空和空军基地。

与伊拉克东北部有直接接壤的邻国伊朗，虽然因两伊战争而与伊拉克结下血海深仇，做梦都想干掉萨达姆，但是出于宗教信仰和两伊战争美国支持伊拉克的怀恨，对美国也同样极为敌视。尤其是美国在两伊战争中始终强力支持伊拉克的表现，让伊朗记忆犹新。对于这场美国和伊拉克交战的海湾战争，伊朗认为是"大撒旦"和"三撒旦"之间的战争，抱着"坐在看台上看热闹"的心情在旁围观，对美国和多国部队任何有关使用伊朗领空和空军基地进攻伊拉克的试探都是不予理睬，一心要看伊拉克和美国以最猛烈的烈度互相打得头破血流。

伊拉克西部还有接壤地段很窄的第四个邻国——约旦。但是约旦是海湾战争里不多的几个同情和支持伊拉克的国家之一。由于约旦经济贫困，又不产石油，萨达姆一直向约旦提供巨额石油援助，两国经济往来极深。1990 年 8 月 2 日伊拉克入侵科威特后，约旦虽然也感到伊拉克侵略科威特不妥，但又深受萨达姆入侵科威特后为了转移视线焦点、争取同情者而提出的"中东地区的石油是真主对整个穆斯林的馈赠，而怎么能属于拥有油田的少数几个阿拉伯国家？中东产油国的石油财富，应该作为伊斯兰世界的整体财富平均分配给各国穆斯林"蛊惑，对军事打击伊拉克而恢复科威特独立态度暧昧。所以海湾战争爆发后，约旦成了仅有的几个同情和支持伊拉克的国家之一，更不可能允许多国部队使用自己的空军基地和领空。

　　这样一来，位于地中海和伊拉克北部之间的邻国土耳其就成为多国部队从北部打击伊拉克目标的唯一潜在基地。土耳其与美国同为北约成员国，土耳其因契尔利克空军基地等地长期驻有包括美国空军在内的北约军队。但是，土耳其与伊拉克有着很深的经济联系，不产石油的土耳其对于伊拉克的石油也有很深的依赖。而且在战争爆发前，为了改善伊拉克的极度孤立状态，萨达姆分头派遣密使前往周边国家，许诺以远低于国际市场的价格向这些国家提供原油和石油产品。同时表示愿意付出高额经济报酬，换取这些国家对伊拉克进行台面下的经济走私活动，帮助伊拉克进口急需的各种物资和食品，并将伊拉克的石油走私出去换回伊拉克需要的外汇财富，从而打破联合国对伊拉克的经济制裁和严格的禁运措施。土耳其—伊拉克边境的走私活动迅速兴旺起来，引起了西方世界的广泛注意。在这种情况下，土耳其的态度始终存在很大的不确定性。土耳其很早就表示谴责伊拉克侵略科威特，表示愿意派出军队保卫沙特阿拉伯，但却在使用自己的领土对伊拉克作战上持反对和不配合态度，避免在自己领土开辟战线对伊拉克采取实际行动。美国老布什政府为此对土耳其开展了大量外交和私下利益交换，恩威并用，诱使土耳其准许美军使用土耳其的基地对伊拉克开展军事打击。而萨达姆也看到问题严重，同样派遣密使到土耳其活动，大力游说许诺，许以重利。直到海湾战争爆发前的 1990 年 12 月底，土耳其仍没有准许多国部队使用自己的空军基地和领空对伊拉克作战。美国对土耳其的外交工作和压力达到了白热化的地步。直到海湾战争开战前几天，美国才终于确定土耳其同意使用自己的空军基地和领空对伊拉克作战。为此，美国中央司令部空中力量指挥部紧急调整了空中作战方案，重新调整了对伊拉克北部目标的攻击线路，北线的美国空军联合特遣部队也驻扎在土耳其因契尔利克空军基地，做好了从北线进攻的准备。

　　黑夜的降临也没有给伊拉克共和国卫队带来多少安全和放松。当天晚上

21时整，3架从美国本土飞来的B－52重型轰炸机携带着数十吨炸弹对伊拉克共和国卫队塔瓦卡尔那师进行了这一天里的第四次轰炸。仅仅一个半小时后，第二批从美国本土起飞的4架B－52重型轰炸机就携带着数十吨炸弹，对伊拉克共和国卫队塔瓦卡尔那师、汉漠拉比师、麦地那师再次进行了卷地毯式高空轰炸。B－52带来沉重的爆炸激起的烟尘在沙漠地区高达数公里，远在目标十几公里外都可以感受到地面的震撼和摇晃。

午夜前，总计12架F－117隐形战斗机再次分成多批次、分头突入巴格达，轰炸了伊拉克的C³I系统、领导指挥机构和防空设施，其中包括巴格达市内的伊拉克政府、军事情报局和内务部大楼。在第二个夜晚，伊拉克防空雷达体系对隐身战斗机仍然无法做出及时反应。这说明第一天伊拉克防空雷达对F－117无法做出及时反应并非偶然现象，美国投资重金发展多年的雷达隐身技术确实到了成熟实用的地步。F－117如同出入无人之境，在没有战斗机护航的情况下，肆意地深入伊拉克纵深攻击战略目标。从此刻起，对隐身战机的破解和作战，已经成为任何一个有可能面对美国军事干涉的国家必须攻坚的课题。

18日晚间，从红海的美军航空母舰上起飞的美国海军F－18战斗机和A－6攻击机编队在电子干扰机和战斗机掩护下，从西边深入伊拉克纵深，轰炸了伊拉克西部重要的发电枢纽哈迪特汉发电厂与伊拉克电视台大楼，打击目标开始扩展到电视台在内的伊拉克传媒设施上。伊拉克再次在剧烈的爆炸声中度过了一晚。自从战争爆发第一天以来，伊拉克电视台一直竭尽全力进行各种鼓舞士气的宣传报道，播放防空拦截作战的最新战果，拍摄多国部队飞机和导弹造成伊拉克平民伤亡的画面，报道伊拉克总统萨达姆等人最新的活动和讲话内容，鼓励伊拉克人民与"邪恶"的美国血战到底，并播放着雄壮威武的各种战歌，回顾着两伊战争中的艰苦岁月和"最终胜利"，以此稳定己方的民心士气，凝聚己方的作战意志。美国方面显然对伊拉克电视台的宣传报道十分恼火，认为它似乎损害了多国部队空中打击的效果。为了让伊拉克电视台闭嘴，美军不惜对国际公约中规定"不属于军事目标"的对方民用电视台和广播电台进行军事打击。通过打击对方电视台和广播电台等传媒设施，破坏对手的宣传和发布新闻能力，造成己方单方面控制对方国家人民获知信息权利，散播对己方有利的新闻和评论，从而动摇和破坏对手国家人民作战的决心和意志，作为新式战争的一种手段，已经初步登上了舞台。在以后一些天中，美军还多次使用了这一手段。

到战争的第二天结束时，多国部队的空中攻击进一步削弱了伊拉克的空军和防空能力，并开始大规模攻击共和国卫队。根据多国部队自己的战报：伊军的防空单位在第二天仍然正常运作的下降到只有第一天的 1/3，防空作战有效性进一步下降。第二天多国部队空中力量总共有 3 架飞机损失，只有第一天损失的一半，分别是 1 架美国海军的 EA－6B，1 架美国海军陆战队的 OV－10和 1 架意大利的狂风 GR－1，全部是被高射炮火击落。

从这一点看，第二天伊拉克防空系统的有效性的确进一步下降，全部击落战绩均由高炮取得，说明伊拉克防空雷达体系和防空导弹体系在这一天由于受制于美军强大的电子战和 SEAD 作战威力，已经接近于失效。反而只有可以根据目视人工操作的高炮取得了一点儿战绩。不过相比起多国部队高强度的大规模空袭，这样微弱的防空作战战绩对于战局和反空袭的态势几乎没有起什么作用，防空作战局势基本上是任人宰割了。

## 第四节　侦察无处不在

1 月 19 日，多国部队空中力量继续打击伊拉克 $C^3I$ 通信及指挥中心，不过这一天此类任务已经下降到了 24 个，数量只是战争第一天此类任务的 40%。这反映出第一天对伊拉克 $C^3I$ 通信及指挥中心进行斩首式的精确打击收到了充分的成效，伊拉克仍在运作中的 $C^3I$ 通信及指挥中心数量不断下降。战争开始的前三天多国部队空中力量的辉煌战果，不但反映了多国部队作战飞机部队的强大战斗力，而且也首先来自于战前大量而准确的情报收集，为空中力量了解伊拉克军事部署、防空体系构成、防空雷达和导弹阵地位置、$C^3I$ 通信和指挥中心所在位置，从而进行打击，提供了清晰而翔实的指导。可以毫不夸张地说，多国部队的侦察系统是这场威风夺目的空中进攻战役里默默无声的幕后推手，起到了关键性的作用。

1990 年 8 月 2 日伊拉克侵占科威特后，美国空军就紧急调集了大量侦察机型迅速飞到海湾战区，一些侦察机部队到来的时间甚至比很多战斗机部队还早，反映出美国中央战区总部空中力量指挥部对侦察业务的极度重视。大量具有先进侦察手段和强大侦察功能的侦察机云集海湾，从 1990 年 8 月 7 日起就开始对伊拉克和科威特执行大量侦察任务。这其中，擅长不进入目标国境内就能够实施侦察行动的 RC－135 电子侦察机就是重要一员。

RC－135 是美国空军最先进的战略电子侦察机之一。主要执行通信侦察和雷达侦察使命。RC－135 的雷达侦察使命是利用机上装载的各种大型雷达侦察接收机，在平时侦收潜在威胁雷达的电磁辐射信号，查明其技术参数，如雷达

频率、波段和方位等，搜集到的敌方雷达的频率、波段等技术参数进行存盘、分析，以供本方针对性研究电子战手段，也可作为存储信号输入本方电子战设备，以备战时开展识别和干扰之用。在战时则要查明敌方各种电子设备的类型、数量、配置、部署及其变动情况，通过威胁识别作出告警，并引导本方野鼬鼠飞机对敌方的雷达实施毁灭性打击。RC－135 电子侦察机实际是在波音707 机体平台改装发展而来的，机体平台的性能非常成熟，也与美国空军大量装备的 C－135 运输机和 KC－135 空中加油机平台同源，这样美国空军可以获得高度通用的大型运载平台和维护以及备件保障体系，有效地降低单件装备的价格和使用成本。并可充分利用空军拥有的大量现成同一型机体平台，灵活改装部署，延长已经稍显过时、但机体寿命仍很长的 C－135 和 KC－135 的使用寿命，做到物尽其用。RC－135 外形基本与波音707 相近，但是其头部鲜明的"猪鼻"形整流罩使它与波音707 客机清楚地区别开，在这个巨大的黑色整流罩内装有大量电子天线，可配合机内众多的电子侦察设备，对广泛频段的无线电信号进行识别和监听。机上通信信号侦察系统可侦察音频、视频、电传、电报等信号，在 10000 米高度可侦测到最远达 600～800 千米距离范围内的电台，并可对其进行定位。尤其是可以对敌军经常使用无线电联络手段的 $C^3I$ 通信指挥中心进行准确的发现和定位，可以发现一些伪装隐藏良好、通过拍照侦察手段不易发现的 $C^3I$ 目标。所侦测到的电子信号自动存录，并通过压缩打包发送传给地面站或返回基地降落后进行处理。对一部分可以破译密码的信息情报，它还可以通过监听手段直接掌握，并及时报告给地面指挥官。正因为 RC－135 具有独特的电子侦察设备，所以它最大的好处就是在执行侦察任务时无须进入敌国领空或者过于贴近敌国领空活动，不易提前走火，更可以在双方尚未开战的时候方便隐蔽地对敌方开展战略侦察活动。

RC－135 与民用波音707 客机同源，还带来了一个好处，其在雷达反射信号上和外观上更接近普通民航客机。而不像战斗机那样从外形上就具备鲜明的军事色彩，从而在表面上降低了对尚未开战的敌手的敌意。如果敌方对其不太了解，RC－135 就可以频繁地贴近敌方领空进行侦察，这就为 RC－135 的侦察活动带来了巨大便利。电子侦察机的出现，使空中侦察活动的面貌发生了根本改观，由于其根本无须进入敌国领空就能有效侦察，也就意味着在未开战情况下敌方也不便于直接在领空外将其击落。而且电子侦察机本身无武装，不直接从事空袭活动，所以飞到其他国家周边时表面上敌意较低，对方也确实不便于将其在领空外击落、首开战端。电子侦察机利用这一点，可以和平年代在他国领空边上进行有效的侦察。电子侦察技术的发展，带来了全新的空中侦察局面，它时效性强、针对性强，可以弥补卫星侦察的不足，不但可以战时使用，在和平年代更可派上大用场——美国电子侦察机的惯用伎俩就是在他国领海线附近打"擦边球"，大肆盗取他国军事机密。美国常到中国领海附近进行侦察的 EP-3C 就是另一种著名的电子侦察机。美国电子侦察机有时甚至故意侵入他国领空，做出充满敌意的挑逗活动，挑衅他国主权，以诱使他国防空系统作出反应（例如平时隐蔽不开机以避免发出电子信号被对手侦察的战备雷达和防空导弹火控雷达开机甚至锁定电子侦察机），然后乘机窃取他国雷达的频率、功率、防空反应时间等重要军事情报。如果是战时，火控雷达开机锁定电子侦察机，就很可能击落电子侦察机，电子侦察机一方来不及分析对方电子信号、找出针对性的电子战措施。然而在未开战时期，对方不能真的在自己领空以外开火击落电子侦察机，电子侦察机就能以身作诱饵，用"苦肉计"厚着脸皮骗取对方电子信号，回去后供己方分析研究之用。这使得电子侦察机在和平年代成了威胁最大的侦察类型。应对电子侦察机的威胁，已经成为新的技术条件下重要的反侦察内容。

在海湾战争之前战争中，美军共向伊拉克周边部署了 9 架 RC-135 侦察机，每天不间断地平均保持同时有 2 架在伊拉克周边飞行。每架飞机一次侦察时间为 12 小时，对伊拉克进行不间断的侦察监视。在海湾战争开战前，就对伊拉克 C³I 通信指挥中心、战略防空体系中的雷达和防空导弹阵地进行了准确而详尽的定位和信号搜集，为开战后准确的打击和有针对性的电子干扰，打下了坚实的基础。除了在战前进行情报收集，在战斗进行中 RC-135 还可以向 E-3 预警指挥机和 E-8 联合监视指挥机提供情报支持，以便空中指挥决策。

除了 RC-135 电子侦察机以外，美国还在沙特阿拉伯和土耳其等地建立了 39 个地面无线电侦听站，调集了 8 个地面电子侦察营，外加 5 个地面电子侦察连，对伊拉克众多电子信号进行日夜不停的截获和侦察。另外波斯湾海上游弋的美军一部分舰只也具有一定的电子侦察能力，形成了一个从太空、空中、海上、地面结合的立体化电子侦察网络，为空袭前搜集情报。不过比起地面无线电侦听站，RC-135 具有一个独特的优势：RC-135 电子侦察机可以在伊拉克领空边界线附近肆意打"擦边球"，有时故意做出侵入伊拉克领空的举动和其他充满敌意的挑逗活动，以此诱使伊拉克防空系统作出反应，乘机窃取伊拉克电子信号的秘密。这一点，固定的地面无线电侦听站是做不到的。

正鉴于电子侦察机在美军作战行动中的极端重要性，美国空军 RC-135 电子侦察机部队的标徽上都自豪地写有这样的口号："侦察是我的生活，危险是我的业务。"也正从海湾战争之后，美国国防部国防空中侦察办公室的内部

文件就对电子侦察机的地位和任务做了如下定位:"《孙子兵法》曰:'知己知彼,百战不殆'。美国空军要想为美军21世纪联合部队指挥官们提供全球和战区的战场空中、空间、陆地、水面和水下情报,那么光是凭天上的侦察卫星、空中的无人驾驶侦察机以及敌后的间谍是远远不够的,RC-135是弥补这一不足,整合各种侦察系统的重要手段。"

除了9架RC-135之外,美国空军还从1990年8月开始,在海湾地区投入了包括6架U-2、4架TR-1、18架RF-4G侦察机在内的完备的侦察机部队。从伊拉克入侵科威特后的1990年8月7日到多国部队对伊拉克发起打击前的1991年1月15日,RC-135、U-2、TR-1侦察机对伊拉克执行战略侦察任务共达688架次,平均每天进行侦察达4.3架次以上。RF-4G侦察机对伊拉克执行战术侦察任务共达718架次,平均每天达4.5架次以上。而伊拉克始终浑浑噩噩,加上伊拉克空军能力较差,始终未采取任何清晰有效的制约措施。

这正是伊拉克方面反电子侦察能力低下的表现。海湾战争爆发前,面对将近5个月的美国电子侦察活动,伊拉克方面始终雷达照常开机,无线电台照常通信,不注意隐蔽各级指挥所电子信号,保密语音通信系统欠缺,无线电密码更换也不机警。最主要的问题是伊方处于原来两伊战争等低技术战争的认识水平,既不认识电子侦察的危害严重性,也根本不了解电子侦察机的技术性能,甚至经常根本不掌握电子侦察机的行踪。伊拉克军队自身的做法,正是被美国电子侦察机反复得手、最后摸底摸到透彻的原因。实际上,美国的电子侦察手段虽然先进,但是对抗方法还是有的。即使对于伊拉克这样反侦察设备陈旧、技术落后的一方来说,也还是有行之有效的反电子侦察监视手段的。这就是必须从控制信息源,干扰敌信息探测入手。

## 一、控制信息源

针对敌电子侦察机的性能、特点、活动规律,可采取"定"、"控"、"避"的控制方法。

(1)"定",即:加强无线电管理,制定统一的反侦察联络文件,规定在什么时间使用,使用多长时间,什么时间返回原频;对电信沟通时机、时长和功率进行规定;对雷达开机时间、使用频宽和天线方向进行规定;对本方产生电子信号的次数、延续时间、使用频谱、传送方向和功率大小进行规定,以降低信息源被发现的概率。

(2)"控",即:严格控制无线电发射,尽可能保持无线静默,确需发信时，要尽量使用小功率电台，采用条密和短报方法，减少发射功率和无线电信号在空中的滞留时间，减少给敌探测收集的机会。

（3）"避"，即：电子侦察机飞临附近区域时，力求保持无线静默。当敌电子侦察机飞出附近区域时，本方又开始工作；当敌进入本方电磁辐射区时，本方应及时关机，当敌离开我电磁辐射区后又开机工作，与敌打"磨菇"战，使敌难以详细、清晰捕捉侦测到我方信号。

## 二、屏蔽信息源

计算机、雷达、电台、通信站（台）、自动化指挥中心，在工作时要向外发射大量的电磁信号，这些信号有的易被敌侦察接收，被敌破译导致失密泄密。为此，应采取"转"、"罩"、"遮"的方法进行屏蔽。

（1）"转"，即：在不限制己方使用自由的前提下，在极短的时间内将电信号转化成热能、电能、电磁能及其他形式的能量，使其不至于被侦察捕捉，以实现对信号的屏蔽。

（2）"罩"，即：在工作的重要电子设备周围建立电磁屏蔽手段或密集铁丝网，将这些信号"罩"在其中，达到电磁屏蔽的目的。

（3）"遮"，即：在敌电子侦察机探测的主要方向，利用地形、地物遮断电磁辐射，防敌机、雷达、卫星对本方的侦察监视，以保证我方电磁安全；或在本方雷达、指挥所、机场、导弹阵地、舰艇配置地域布撒干扰，设置角反射器、偶极离子云团等电磁屏障，遮断敌侦察监视，使敌无法对我实施有效侦察。

## 三、改变信息源

主要采取频率捷变技术和加密技术，使敌电子侦察机难以捕捉信息源发出的信号，或收到信号也难以从中获得稳定的信息。当察觉敌进行电子侦察时，应采用增减发射功率，启用隐蔽网，保持无线静默，改变通信手法和电信号特征，防止敌机侦听和窃取及记录信号特征。采取"分"、"变"、"增"等战技术手段，改变信息源。

（1）"分"，即：分散配置通信要素，分散配置电磁源，将大网改小网，小网改专向，分散敌电子侦察力量，增大其侦收分辨难度。

（2）"变"，即：充分发挥本方有线通信的效能，变无线通信为有线通信、专向通信、密语通信及简易通信，使敌电子侦察无处可寻；对重点部位采用多部不同程式电台组成多个不同信道，传输同一信号，以多程式、多信道防敌侦

察监视，达到保护我电磁安全的目的。

（3）"增"，即：针对电信号在介质中传播时，其能量随着传输距离增加越来越低特点，增大本方发射源至敌侦察机的距离，增大我电信号的衰减程度，使敌方的探测效果下降。

### 四、干扰敌方的接收设备

通过各种侦察手段，获取敌电子侦察机电信侦察的种类、频率、手段及相关的技术参数，采取多种制假手段干扰欺骗迷惑敌人。

（1）发射假信息。即：利用与敌信息载体相同或相近的频率信号，将大量虚假的电子信号传送给敌侦察机以迷惑敌人；或利用专用设备模拟军用电台、网站、指挥所的电磁频率欺骗敌机，使其真假难辨，无法获取有用的电子信息。

（2）组织电磁伴动。即：构建假雷达，施放假电子信号，设置电子诡计，实施电子技术伪装，组织电磁伴动，欺骗敌侦察。

（3）进行抵近干扰。这是反电子侦察中最关键的举措。即：由本方战机携带干扰设备贴近跟踪敌机，集中若干电磁波束，电磁脉冲，大功率信号对敌实施抵近干扰，覆盖其频率，阻塞其信道，扰乱其工作，使敌方难以接收到清晰可辨的信号，从而使电子侦察任务失败。

然而，在海湾战争中，基本看不到伊拉克军队采取了任何一种像样的反电子侦察手段。伊拉克军队在海湾战争中的惨败教训，充分说明了一支军队必须不断研究新军事技术和装备、了解敌我双方最新军事技术的发展、来保证自己不断改进新战术、有效应对。一支不真正关心最新军事技术和装备的发展、不能根据武器技术发展来不断采取新战术的军队，是无法打赢现代化条件下的战争的！

# 第五节　攻击核生化目标

1月19日全天，多国部队继续向伊拉克发动空袭。经过战争前两天多国部队空中力量对伊拉克 $C^3I$ 通信和指挥中心、战略防空体系进行打击，此时伊拉克战略防空体系已经不能正常运转，体系完整性严重下降，出现多个敌方战机可自由出入的"敞口走廊"。在这种情况下，多国部队战机和巡航导弹深入伊拉克境内纵深、重点打击伊拉克核生化设施的条件已经具备。

美国两大对外情报机关——中央情报局和国防情报局在 1990 年 9 月就向美国总统提交了关于伊拉克核武器、生物武器、化学武器生产研制能力的评估报告。两个情报部门都认定，伊拉克已经具有相当规模的生物武器和化学武器生产能力，并已经形成了一部分实际作战能力。毫无疑问，伊拉克已经在此前的两伊战争里对伊朗军队大量使用了化学武器，展现了成熟的化学战能力和残忍地使用化学武器的精神。美国中央情报局和国防情报局估计伊拉克每年可以制造 600～1000 吨化学毒剂，包括剧毒致死性的沙林、塔崩、维克斯和糜烂性毒气芥子气，其主要生产能力集中在费卢杰、萨马拉和摩苏尔附近的所谓化学制剂工厂。伊拉克已经掌握了将化学毒剂放入炮弹和弹道导弹弹头投放的技术。在具体估计伊拉克每年能制造多少吨化学毒剂上，美国中央情报局和国防情报局的情报略有分歧，美国国防情报局的估计较低，而美国中央情报局的估计较高。美国国防情报局的情报认定，伊拉克的化学武器储备中心主要在四个地区，分别是伊拉克中部的萨马拉、哈拜尼亚、伊拉克南部的巴士拉和北部的摩苏尔，其他还有多个较小的化学武器仓库分散在全国各个地区。尤其是与科威特战区直接相邻的巴士拉附近储备的化学武器，对多国部队造成了极大的威胁。美国情报部门认为，伊拉克可能共储备 5000～10000 吨化学毒剂，这些毒剂足够杀死数十万人，并让整个海湾地区陷入生态灾难。美国中央情报局和国防情报局的报告认为，萨达姆是一个真正的战争狂人，他小时候失去父亲和家庭温暖，使其极端残忍和不惜与世界共同毁灭。他们认为，萨达姆是一个疯子，在战局不利的情况下一定会使用化学武器进行报复。并且从长远来看，摧毁伊拉克的化学武器和生物武器制造能力不但是这场战争必须达到的军事目标，而且完全符合美国的长期战略利益。自从与萨达姆反目成仇后，美国极其不希望这个处于世界石油中心的夙敌拥有大规模杀伤性武器，这样才能保证海湾地区在美国领导下的地区秩序，减弱伊拉克和萨达姆对产油中心海湾地区的安全威胁和影响。

伊拉克对生物武器的追求和研制，可以追溯到 20 世纪 70 年代。美国中央情报局准确地知道伊拉克已经能大量培养炭疽热孢子和肉毒杆菌毒素，而且还在研制培养其他恶性病毒的活性制剂。伊拉克已经在几个地方建立起了与生物武器有关的研究设施和生产设施。位于伊拉克中西部纵深的所谓萨曼帕微生物研究所和塔基实验中心其实就是生物武器研究设施，而拉迪菲亚和阿布古莱亚两地的所谓医药制剂工厂实际就是生物武器制造厂。此外，伊拉克全国不同地区还有 18 个特殊的冷藏仓库，这些仓库从一开始就秉持着特殊的设计要求，建筑布局和设备设施有很多特殊之处——那就是保存生物武器所用的特殊仓

库。这样，萨达姆一旦需要使用生物武器的时候，就不必冒着空袭和泄漏的双重巨大危险而临时长距离把生物毒剂从拉迪菲亚和阿布古莱亚两地运输过来，而可以在附近的 18 个仓库之一就近取用。对这一点，美国中央情报局掌握的情报很可能是准确度非常高的——因为连美国的著名大报《纽约时报》和《华盛顿邮报》都报道了伊拉克发展生物武器与美国某些秘密机构之间的关系。

对于伊拉克的核武器研究设施和研究达到的水平，美国中央情报局和国防情报局的情报都不是很详尽，并且存在一些分歧。战前美国只能确定两个与核有关的伊拉克设施和地点，对伊拉克的核武器发展到何种程度更不够清楚。其中，最有名的当然就是位于巴格达市区的伊拉克原子能委员会。美国情报部门已知其包括 PC3 工程总部（实际用途是核武器研制的监督管理）、拉西迪亚工程设计中心（实际用途是离心分离机工厂）、国家计算中心（实际用途是核武器和其他尖端武器的计算支援和研制）、地质勘测研究所（实际用途是负责伊拉克境内的铀矿开采和提炼）。这无疑是一个重要目标。然而，更引起美国国防情报局注意的是伊拉克神秘的图韦莎研究中心。图韦莎研究中心位于伊拉克首都巴格达郊区附近，它由一个庞大而保安森严的建筑群组成。战前美国侦察卫星已经反复对图韦莎中心实施了照相侦察和地理测绘。在图韦莎中心高大的围墙内，共大约有 90 座不同用途的建筑物，其中一部分建筑物显然有特殊的用途。图韦莎中心内部的建筑物之间有宽阔的道路联系，某些建筑物之间显然有生产流程上的联系。守卫严密的大门前站岗的士兵都来自伊拉克秘密警察而非普通的保安或警察，都说明图韦莎中心负有不希望外人窥伺的神秘使命。通过各种情报渠道，美国国防情报局的专家初步判定，图韦莎中心的 80 号、85 号建筑是同位素分离车间，63 号、65 号建筑是离心分离机车间，90 号建筑是黄饼浓缩车间，5 号、9 号、10 号、15 号建筑是裂变工厂。美国国防情报局判断，位于巴格达市区的伊拉克原子能委员会实际是核武器开发监督管理机构所在地，和一部分相关工厂和设计支援所在地，实际以行政功能为主。而图韦莎中心更有可能是真正的生产中心和试验中心，主要的科研机构也在这里。美国中央情报局还从几个叛逃的自称是伊拉克核武器计划参加人员那里得知，"图韦莎中心的确是伊拉克核工业和核研究的真正中心，那里的规模和神秘程度远超外人想象，那里工作的都是伊拉克国宝级核物理科学家和工程师。萨达姆对他们给予极高的待遇，收入和住房接近伊拉克副部级官员，投入科研经费十分惊人，要求他们必须在 1990 年 9 月之后的 4～6 个月内拿出伊拉克的原子弹来，而且他们的工作成果也已经极度接近原子弹起爆"。美国中央情报局信誓旦旦地声称，伊拉克已经聚集了足够的浓缩铀以开始生产第一颗原子弹，伊拉克的核野心早已暴露无遗，紧迫的时间处在让多国部队和伊拉克赛跑的阶段。根据中央情报局来自那几个叛逃的所谓伊拉克科研人员的说法，图韦莎中心的科研人员受到萨达姆政权严密的监视，他们的家人实际被扣作人质，在科研工作中的稍有失误就有可能受到枪毙。所以图韦莎中心的科研人员都会非常卖命地工作，伊拉克核武器的研制进程绝对会非常快。不过美国国防情报局对中央情报局那些骇人听闻、震人心魄的报告颇不以为然，认为那只不过是伊拉克叛逃人员为了提高自己身价而胡乱瞎编、邀功请赏的做法，而中央情报局一向最喜欢这种哗众取宠的东西。美国国防情报局认为，伊拉克的核武器研究离原子弹起爆还有很远的距离。不过不论怎么说，这个目标都必须被消灭。美国中央战区总司令部从战前就把图韦莎中心列为最需要打击的重点目标之一，目标编号 C11。

　　1 月 19 日，多国部队空中力量加强了对图韦莎中心、原子能委员会、萨曼帕和塔基生物武器研究中心、拉迪菲亚和阿布古莱亚两地的生物武器制造厂、18 个生物武器冷藏仓库、费卢杰、萨马拉和摩苏尔附近被怀疑的化学制剂工厂和被怀疑化学武器仓库的打击。执行相关任务的多国部队飞行员们在领受任务时，被告知这些任务的重要性，被告知他们所将要做的事情将挽救几十万人的生命。这使得飞行员们执行任务时都带着强烈的使命感和战斗精神。这一天，多国部队空中力量实际执行的对上述目标的空袭任务达到了 78 个，是第一天此类空袭任务的 2 倍，是第二天此类空袭任务的 5 倍，掀起了第一个打击伊拉克核生化目标的高潮。

# 第六节　电力战

　　从海湾战争爆发的第一天起，多国部队就把伊拉克电力设施作为空中打击的最重要目标之一。战前，伊拉克的电力供应状况达到很高的水平。与第三世界大量国家经常出现电力不足的情况相反，盛产石油的伊拉克的电力系统不但供电充足，而且存在相当大的富余。海湾战争爆发前，伊拉克全国共有 25 个主要发电厂，由分布式变压设备和交换站以及遍布全国的 140 多个变电站共同接入国家输电网。伊拉克的电力设备大多从西方国家进口，25 个主要发电厂里到处可见美国 GE 等世界一流大品牌的新式涡轮发电机，设施完备，条件良好，表现相当优良。1990 年，伊拉克全国发电装机容量达到 9500 兆瓦，而伊

拉克平时正常运转只需5000兆瓦左右，电价十分低廉。由于丰富的石油储量和发达的电力供应，伊拉克的城市地区生活相当富足，居民家庭的电器化程度很高，各种日本进口家用电器应有尽有。

战争爆发的第一天，多国部队就对伊拉克电力设施发动了78次强力的空中攻击，战争第二天又对伊拉克电力设施发动了62次空中攻击。开战前两天就有11个伊拉克发电厂遭到多国部队空中力量的严重打击，被迫关闭。此外还有7个变电输送中心受到空袭摧毁，出现大面积停电。电力是一切现代化工作和大量军事活动必需的，伊拉克的国计民生都受到重大影响。国家电网的大面积瘫痪，迫使伊拉克军事部门只有纷纷打开各自的备用柴油发电机。然而备用的柴油发电机冒出黑烟滚滚，很容易暴露它们所接近的军事目标位置，从而让多国部队空中力量知道一些他们原来不知道的伊军事目标位置。美国情报部门认为，像伊拉克这样的专制国家，在战争中出现大面积停电时，第一时间投入工作的备用发电机很少是给民用准备的，供电对象不是军事设施，就是达官显贵的住宅区。实际上，很多伊拉克军事部门的备用发电机确实就放置在它们所服务的军事设施地下室或周边独立发电房里。尤其是当备用发电机组也受到空中打击而失效后，不顾损失、在附近迅速再次启动第二组备用发电机的地区里通常一定具有重要的军事设施。而且备用发电机发出的电力、电压不如大型发电机那样稳定，有时会出现掉闸和电压跌宕的情况。而每一次掉闸和电压跌宕都会带来精密军事装备的效能受损，甚至有可能在防空作战最关键的时刻突然掉链子。多国部队的空中情报人员每天都把一些不断受到空袭打击而停电、却不断在当天恢复供电的地区作为重点搜索区域，不断画出和缩小伊拉克军事目标定位。

伊拉克全国发电装机容量比其平时正常运转所需超出90%左右，这理论上使得多国部队空中力量必须花费更多力气用于破坏伊拉克的电力系统。然而，发电能力的富余反映在发电机组的不充分运转上，当这些发电厂自身受到严重破坏时，原来富余的发电机组能力也随着一并受到了摧毁。1月19日，多国部队再次出动空中力量，对伊拉克剩余可正常工作的发电厂和电力设施发起打击，并加强了对伊拉克备用发电设施的打击。到1月19日夜晚，伊拉克全国的供电能力已经从开战前的水平急剧下降到了原来的30%，全国的电力危机已经无法掩盖。其中战争第一天的重点打击，就使伊拉克的供电能力剧降到开战前的45%，战争第二天再降到开战前的39%，战争第三天更是已经降到开战前的30%。虽然伊拉克打开大量备用发电机发电，但供电下降的局面仍不可遏止，全国大部分地区的商业用电和工业用电已经被切断。伊拉克大片地区夜间开始陷入一片黑暗。只有在伊拉克北部地区例外，在那里，伊拉克城镇夜间仍具有灯火通明的情景。驻扎在土耳其因契尔利克基地的、多国部队原认为精锐的混合特遣部队，打击伊拉克北部电力设施任务完成得比较糟糕。其原因将在后面逐渐提及。

对伊拉克电力设施进行重点打击，造成大面积停电，不但有利于多国部队打击伊拉克军事力量，还可以沉重打击伊拉克国民经济，而且在伊拉克平民中逐渐散布了巨大的恐慌意识。伊拉克当局通过自己的宣传媒体报道防空作战取得所谓巨大战果，鼓励伊拉克平民的意志，不让伊拉克人感觉到战局的不利，但无法让伊拉克平民感觉不到严重的大面积停电，无法让伊拉克平民从本国电力设施被摧毁和大面积停电中感到战局的严重不顺。——如果防空作战局面真的像宣传中说的那样有力，怎么可能出现电力设施大量被击毁、各地区大面积停电的现象呢？一些伊拉克人开始质疑伊拉克宣传媒体里说的话。大量电力设施被摧毁，使伊拉克人民生活陷入了严重不便，不但处于经常没有电灯、需要摸黑、没有电视、没有外出用餐聚会、没有娱乐、甚至时常波及停水的生活不便中，同时也让一切需要电力的现代社会生产陷入困顿，使伊拉克国民经济加倍陷入绝境。多国部队空中力量仍将多日连续不停地对伊拉克电力设施进行打击，使伊拉克方面抢修的成果化为乌有，使这种停电的阴云不是苦撑一天半月就能度过的，而是一天又一天，不知尽头。随着时间一天天推移，恐慌心理和各种谣言开始蔓延开来。高强度空袭下艰苦的战时生活，消磨着许多伊拉克老百姓对战争的意志，逐渐蚕食了他们对自己国家的信心。

# 第七节　隐身战机和巡航导弹

在海湾战争中，F－117隐身战斗机大显神通，开创了世界历史上雷达隐身战机第一次在大规模战争中的使用和战绩纪录。这种号称对雷达隐身的战机，到底是忽悠？还是确有奇效？是媒体的夸大宣传？还是低水平敌手的衬托？是无知者一窝蜂的吹捧盲从？还是失败者自我安慰的嘴硬诋毁？我们不妨稍加分析。

自从雷达从第二次世界大战中投入使用并大显神威后，就极大地压缩了飞机的突击力。为了与雷达进行对抗，电子对抗技术开始应运而生，以谋求压制雷达的功效。而雷达的反干扰能力也随着各种反干扰技术而不断提高，尽力削弱电子干扰的作用，保证雷达有效工作，形成了"魔高一尺，道高一丈"的

斗法局面。电子对抗技术仅仅是通过干扰雷达波来降低雷达的效能，它毕竟不能完全令雷达的功效作废，那么，能不能发明一种技术让原有的雷达技术彻底失效呢？

1964年，苏联科学家彼得·乌菲莫切夫在《莫斯科学院无线电工程学报》上发表了一篇颇有创意的论文——《物理衍射理论中的边缘波行为》。在这篇文章中，乌菲莫切夫提出，物体对雷达电磁波的反射强度和物体的尺寸大小无关，而和边缘形状有比例关系。乌菲莫切夫尝试推导出如何计算飞机表面和边缘的雷达反射面面积的公式，从而为量化飞机被雷达发现的概率打下基础。乌菲莫切夫的理论可以得出一个结论——即使一个很大的飞机，仍然可以被设计成雷达反射面积很小的。这并不取决于这个飞机的大小尺寸，而取决于它的外形形状和独特的细部处理。为了减小对雷达波的反射，需要降低的不是飞机的面积，而是飞机的雷达波反射面积。然而，满足充分的"雷达反射面积最小化"设计的飞机当时在空气动力特性上是难以做到静稳定的，其气动特性相当差，飞行控制很困难。在20世纪60年代，计算机科学还不够发达，还不能够设计出既隐身又能实际飞行的飞机。因而，乌菲莫切夫的论文在苏联只停留在论文阶段，没有引起多少注意。

然而，在另一个大国——美国，洛克希德飞机制造公司的工程师们却注意着其他科技大国的科学文献，他们认为乌菲莫切夫的论文很有价值，并在此方面展开了大量研究和试验。尤其到20世纪70年代时，计算机软硬件技术获得了很大发展，研究一种既能在雷达波面前隐身又能实际飞行的飞机，条件已经成熟。

1975年，美国国防部高级研究计划局（DARPA）提出了一个称之为"轻型隐身战斗机验证机"的研究计划，要求研制一种大幅度降低被雷达探测到的概率的新型战机，并把雷达隐身技术领域作为美国空军下一代重点发展技术之一。最初有几家飞机制造公司受邀参加了这个项目，但其中并不包括洛克希德飞机公司。原因是美国国防部当时认为该公司缺少研制现代战斗机的经验。洛克希德是一个老牌的飞机制造公司，创始于1916年，它先后研制出 P－38、F－80、F－104 战斗机和 C－130 运输机和 SR－71 侦察机等一系列优秀军用飞机，但到20世纪70年代中期，洛克希德公司确实已经多年没有再从事战斗机的研制。但由于洛克希德公司已经自行提前在隐身技术上进行了大量研究，他们主动提交了投标方案，提出了自己的"拥蓝"（HAVE BLUE）方案，挤进了隐身战机项目。经过对比，洛克希德公司的"拥蓝"方案最终黑马崛起，于1976年战胜了其他对手中标。

1978 年，第一架原型机由洛克希德公司著名的、号称美国最神秘的飞机诞生地——臭鼬工厂（位于加利福尼亚州伯班克）制造出来。新飞机有着奇特的外形，完全没有圆弧的表面，整个机体全部由不同朝向、不同尺寸的平面组合构成，有人甚至说：看起来像一堆不规则的工业垃圾插上了飞机的翅膀。事实上，它跟后来投产的 F－117 十分相近。"拥蓝"不能携带任何武器，它只是一架实验用飞机，专门用来测试这样怪异形状的飞机是否真的可以飞行，以及雷达对它的探测能力。为了充分测试它对雷达波的散射作用是否够强，"拥蓝"的机体表面并没有涂上以后 F－117 会有的可吸收雷达波的特殊涂料。这种由不同朝向、不同尺寸的平面组合构成怪异的外形设计的依据，主要来源于一个计算飞机雷达反射截面积（RCS）的数学模型。其实这并不意味着要想在雷达面前隐身就必须使用这种怪异的平面组合体、而不能使用圆滑的圆弧过渡体——而是因为当时掌握计算雷达反射截面积的计算方法里，平面外形比曲面外形要容易计算许多。所以它的外形就真的做成了这种在空气动力特性上非常不利的多面体形状。这是第一代隐身战机的技术所能达到的限度。

"拥蓝"的飞行测试成功了，电传飞控系统让它飞得很好，这堆"不规则的插上了飞机的翅膀的工业垃圾"真的可以飞行。而在雷达实际测试中，防空雷达只能在很近的距离才侦测到它，而且即使被侦测到也无法及时地进行锁定攻击。这样的测试结果完全达到了美国空军的要求，证明雷达面前的隐身是有可能实现的。经过反复的测试，得知"拥蓝"在机首正对雷达波发射源时有最小的雷达反射面积。也就是将机首正对雷达波发射来源，是最安全的方法。

"拥蓝"的试验并非一帆风顺，总共制造了 6 架原型机，其中两架原型机先后因降落中失事、发动机及液压系统线路失火等意外而坠毁。但"拥蓝"已经证明了它的确可以大幅度降低敌方雷达侦测的功效，并可以做到稳定的飞行。由于"拥蓝"的成功，1978 年美国空军制订了代号"大趋势"的研制计划，开始研制实用的隐身战机，并正式给予了"F－117"战机编号。实际上 F－117 始终是一种对地攻击战机，按照美国空军 1962 年后的命名规则，"F－"是指战斗机，"B－"是指轰炸机，"A－"是指攻击机。按照用途，F－117 似乎应该使用"A－117"这个名字，但却使用了代表战斗机的"F－"系列飞机编号。F－117 是 20 世纪 70 年代以后唯一没有使用新命名规则的新式飞机。有人猜测，这是为了保密需要，用一个错误的编号使对手对它的真实用途产生错误认识。不过在其解密后，一部专题电视纪录片里，F－117 研究团队的一位研究人员说，空军以 F 命名 F－117，是因为美国空军高层对于战斗机的喜

爱和重视远优于对地战机，对地攻击机经常被嘲讽为"运泥土的"。官员们认为这一款非常重要的新飞机被称为"战斗机"比轰炸机或攻击机更能获得政治和军事上的支持。而且顶尖的飞行员们也更愿意登上新型战斗机，起名"F-117"，有利于激发起飞行员们的积极性，促使他们更愿意在这一重要的新型飞机上服役。

1981年6月15日，预生产型F-117A飞机在绝对秘密的情况下试飞成功。在随后的试飞中，F-117A先后有两架原型机坠毁，反映出第一种隐身战机研制上的难度，但总体而言F-117A各项性能达到了美国空军的要求。美国空军随即下达订单，1982年8月23日，洛克希德公司向美国空军交付了第一架生产型F-117A。1983年10月，批量交付的F-117A开始进入美国空军托诺帕试飞基地的第4450战术大队服役（1989年，第4450战术大队整编进入第37战术战斗机联队）。F-117A共生产装备美国空军59架，其中36架作为美国空军快速反应部队一部分，处于随时备战状态，可在规定的时间内迅速部署到世界各个角落。其余主要作为国内训练用机等。F-117A服役后一直处于高度保密之中，直到1988年11月10日，美国空军才首次公布了该机的模糊照片，1989年4月，F-117A在美国内华达州的内利斯空军基地公开向新闻界展示。

在F-117的设计中，首先考虑的就是对雷达隐身，增加雷达探测到其的难度。除了采用各种吸波（或透波）材料和表面涂料，更主要的是依靠整个外形对雷达波的减小反射面积和通过散射减少雷达接收到的回波强度。F-117为此采用了独特的多面体外形，一般来说，战机突防时，敌方地面雷达和机载雷达的探测角大都处于飞机轴平面的±30°范围之内，所以洛克希德的设计师们把F-117大部分表面的倾角都设计成大于30°，将雷达波偏转散射出去，从而难以被发出辐射信号的那部雷达收到。独特的多面体外形，对雷达波的散射作用很强，而使发射雷达波的敌方雷达收到回波的概率却大为减小，敌方雷达收不到回波也就无法发现F-117，从而实现了对雷达隐身。F-117的外形已不是常规飞机的从气动力角度来考虑，而是把气动力与对雷达隐身联系起来，气动方面服从于隐身需要，气动力方面做了大量妥协。设计师还把F-117机身表面和转折处设计成使反射波集中于水平面内的几个窄波束，而不是全向散射。这样就能使F-117反射出的两波束之间的"微弱信号"与背景噪声信号难以区别。这种反射波束很窄，以至于雷达不能够得到足够连续的回波信号，而难以确定是飞机目标，还是瞬变噪声信号，因而忽略掉F-117的真实信号。在一些细节的设计上，F-117也做了周密考虑。如座舱盖接缝、起落架舱门和发动机维修舱门，以及机头处的激光照射器边缘都设计成了锯齿状嵌板，并让这些锯齿边缘与上述某窄波束方向垂直，这样其反射波就不会形成另外的波束，而与该窄波束方向一致。为了减少进气道对雷达波的反射，设计人员除对发动机进行了专门处理外，重点对进气道进行了非常特殊的设计，采用了创新性的"网状格栅隐蔽"式进气道。在进气口设置间距1.5厘米的吸波复合材料格栅，屏蔽进气道，以防止雷达波直接照射到具有极强反射特性的发动机风扇叶片上。这种进气道有效地降低了雷达反射面积，但降低了进气效率，气流通过网状格栅时会产生压降，因此发动机效率有较大损失。但洛克希德公司表示，"网状格栅隐蔽"式进气道在迎角和侧滑飞行的情况下，可以为发动机提供均匀稳定的气流。同时为F－117在两侧设置了辅助进气口，必要时开启，以增大发动机效率。不过，辅助进气口的打开会增加雷达反射面积，因此只在己方机场上起飞和复飞时使用。

F－117的进气口高约0.6米，宽1.5米左右，远大于一般战斗机的进气口尺寸。这样的设计，一是为发动机提供进气；二是源于增加了一个新的功能——为发动机尾喷口提供冷却空气。冷却空气从旁路分流通过，在尾喷口处与发动机的排气混合，然后排出。F－117的尾喷口也采用了创新性的沿展向的"开缝"式喷口，长1.65米，高0.10米，下唇口较长，下边缘有向后上方翘起的斜板，减弱了机尾后方的雷达反射，对于向后下方红外辐射也有一定遮挡作用。这样的设计，和发动机排气与冷却空气混合，可大大降低发功机的排气温度，减少F－117的红外特征。让它令红外线装置也难以发现。美国方面宣称，通过上述措施，F－117的尾喷口排气温度仅有66℃，几乎不能被红外线装置捕捉到。此外，F－117还采用了V形尾翼、埋入式武器舱、可伸缩的天线等，这一切措施都是为了减小飞机的雷达反射面积（RCS），达到隐身的目的。此外，F－117埋入式涡扇发动机和特殊的进/排气装置，使发动机噪音大为降低，降低了敌方通过声音发现它的几率。美国方面自己宣传说，F－117飞机的RCS值只有0.001～0.01平方米，比一个飞行员头盔的RCS值还要小，几乎不能被雷达发现。不过，事实上，这么夸张的数据只是一种宣传而已。

到1990年为止，F－117项目共耗资65.6亿美元，这样平均每架飞机耗资1.11亿美元。其中20亿美元用于研究发展阶段，42.7亿美元用于采购，2.965亿美元用于修建基础设施，飞机的平均单机出厂价为4260万美元（1990年币值）。

F－117采用双梁式下单翼，由下表面和上表面的三个平面构成，机翼下

表面前部与前机身融合。后掠角 67.5°，菱形翼剖面。这样大的机翼后掠角度主要为超音速飞机采用，远大于只能做亚音速飞行的 F－117 所要求的。之所以采用这样大的后掠角，主要是为了将前方的雷达波反射到这部雷达接收不到的侧方。机翼有两块副翼，与全动尾翼一起来操纵稳定。尾翼呈 V 字形，彼此夹角 85°，后掠角 65°，可减小雷达波角反射效应。装两台 F404—GE—FID2 涡扇发动机，无加力燃烧室，单台推力 48 千牛。F－117 可进行空中加油，可伸缩式加油口位于机身背部。全机干净利索，除了机头的 4 个多功能大气数据探头以外，就连天线也设计成可伸缩的，以减少雷达反射面积。为了平时在国内训练时让自己的地面雷达探测到自己的信息，F－117 平时加装有可拆卸的雷达反射增强器。F－117 机长 20.08 米，机高 3.78 米，翼展 13.20 米，机翼面积 84.8 平方米，展弦比 2.05；空重 13381 千克，内部武器载荷约 2300 千克，最大起飞质量 23814 千克；最大平飞速度 1040 千米/小时，最大使用速度 0.9 马赫；作战半径（无空中加油，带 2268 千克武器）1056 千米，限制过载 +5g；机员：1 人。

　　F－117 的单座座舱玻璃分成 5 块，倾斜方向各自不同，这是为了满足其尽可能将雷达波散射向不同方向的外形要求。不过这也带来了 F－117 的座舱视野极差的问题，飞行员在里面的视野被分割得支离破碎。所有玻璃均镀上一层很薄的透明金膜，以防止雷达波照射入座舱内部形成空洞反射效应从而扩大雷达反射信号。F－117 的座舱装有 ACESII 零—零弹射座椅，怪异的座舱形状并不影响飞行员紧急情况的弹射跳伞。F－117 装有 GEC 公司的四余度电传操纵系统，由机头的四个全方位空速管获得数据，使这款外形极其怪异的飞机仍能像普通战机一样可靠的驾驭和飞行。F－117 的所有武器均携带在内部武器舱内，而不采取外挂方式，以减少雷达反射面积。内部武器舱长 4.7 米，宽 1.75 米，被两个绞接在中心线上的舱门沿纵向分开。可携带 2 枚 908 千克级 BLU－109 型激光制导炸弹或战术战斗机使用的其他各种对地攻击武器，如 AGM－88A 高速反辐射导弹、AGM－65 "幼畜" 空对地导弹、GBU－10/24/ 27/109 激光制导炸弹、GBU－15 模式滑翔炸弹（光电制导）等，甚至包括 B61 核炸弹。炸弹由安装在机头座舱前下部的可控激光照射器提供指示。内部武器舱最大载荷能力约为 2300 千克，虽然载弹量并不算大，但 F－117 所携带的大部分是精确制导炸弹，命中精度很高，打击威力很高。

　　为了降低风险和降低成本，F－117 的研制中采用了许多成熟的技术、部件和设备。它的 4 余度电传操纵系统和火控计算机与 F－16 战斗机上的同源；它的平视显示器和多功能显示器以及 F404 发动机，与 F/A－18 战斗机上的同源；它的惯性导航系统、环控系统、通信及导航设备与 B – 52 轰炸机最新改进型上的同源；弹射座椅与 F – 15、F – 16 上的同源；起落架则与 A – 10 上的同源。只在隐身技术上采用冒较大风险的新技术，而在次要环节上尽可能采用成熟技术，使项目总风险和难度在可控范围内。这种做法极大地降低了 F – 117 的研制风险和成本，加快了研制进度。洛克希德公司这种思路，应该说是成功的。

为了避免机载雷达对外辐射电子信号从而暴露自己的位置，所以 F – 117 没有装火控雷达。它的火力投射和观测瞄准主要靠位于风挡玻璃下面的双视场前视红外传感器进行。该传感器窗口同样覆盖有细小格栅，起到屏蔽雷达波进入窗口内部的作用。座舱内装有 AN/AVQ – 28 平视显示器，大屏幕前视红外下视显示器，两侧布置着两个多功能显示器。其他电子设备还包括霍尼韦尔公司的无线电高度表、H – 423/E 环形激光陀螺仪惯性导航装置、大气数据计算机，IBM 公司的 AP – 102 中央任务计算机，GEC 公司的飞控计算机/导航接口和自动驾驶计算机（NIAC）系统；扩展数据传输系统和高度/方向参考系统；数字式活动地图等，火控航电设备的综合化水平也达到了较高的地步，飞行员操作的负担较轻。可收放的红外下视和激光指示仪位于前机身下前起落架舱右侧。机身下面主起落架舱前的机身骨架上有可收放无线电通信天线。

在美国空军作战条令上，F – 117 允许在敌方设防空间的任何高度飞行，不必进行地形跟随飞行、也不必有电子干扰机紧密陪伴来躲避敌方雷达的探测。由于它对雷达的隐身能力，所以它不像常规战斗机那样在对地攻击时采取以先躲避敌方地面火力为主、攻击为辅的战术，飞行员可以把主要精力用于比较从容地投弹和引导炸弹命中目标上，而不用分心三用。因而它比常规战斗机攻击地面目标时精度更高。为了减少敌方高射炮胡乱开火"瞎猫碰上死耗子"的机会，F – 117 一般在 7600 米高度接近目标，这个高度已经超出了绝大多数高射炮的有效射高。个别射高可以达到此高度的高射炮开火也只是胡乱蒙而已，高度越高，凑巧打中的可能性越小。本来防空导弹在这个高度杀伤效果更好，但是 F – 117 的对雷达隐身能力使防空导弹的效能也大幅下降。仅在实施攻击的瞬间，为保证投弹精度，F – 117 需要下降到至少 1000 米的高度（一般高度在 600～900 米）。投放武器时一般是水平飞行动作，而无须像常规飞机那样由低空地形跟踪飞行转为跃升脱离的投弹方式。较高的高度能使飞行员了解全面情况，提高目视探测能力；平飞投弹动作减少了对投弹的干扰，可以从容瞄准；隐身的特点让 F – 117 可以投弹后从容地用激光指示器照射目标，引导投下的炸弹命中目标。常规战斗机虽然也有这种照射引导激光制导炸弹能力，

但因为无隐身特性，必须注意躲避雷达和导弹，投弹后还需采取大机动脱离动作保证自己安全。当机动动作大、地形地物变化快时，引导激光制导炸弹相当困难。适当较高的高度投弹，不但可提高投放精度，而且还可以利用高度势能大大加强武器的穿透能力，尤其是提高了对坚固地下目标的打击能力。

F－117 战斗机起飞前，机务军官先用数据传输软件把目标坐标装入中央任务计算机火控系统，中央任务计算机将和惯导系统交联。当接近目标时，F－117 的红外线前视和下视装置会自动地对准目标区域，其图像将在飞行员面前的显示器上显示出来。飞行员选择目标和瞄准点，操纵飞机进入投弹航线。一旦截获和锁定目标，系统就自动地稳定跟踪目标，同时激光装置开始对目标进行测距。当飞机接近目标后，系统把目标从前视红外装置（FLIR）移交给下视红外装置（DLIR）。在中空、直线水平飞行时可以精确地投放武器，必要时系统也能进行上仰和拉起轰炸。据美国方面自己报道，F－117 在演习中对目标的投弹攻击精度可达到 1 米左右，基本达到了指哪儿打哪儿的地步。F－117 的红外装置有探测空中和海上目标的能力，不过其反舰和空战能力很弱，尤其是因为气动外形为了隐身做了大量牺牲，升力特性不佳，加上发动机考虑隐身需要后，效率降低了 30%，又无加力燃烧室，所以 F－117 速度慢，不能超音速飞行，亚音速机动性也很差。如果遇上敌机，就只有逃跑的份，实际上美国空军甚至没有给 F－117 配备过任何空对空导弹，F－117 也没有验证过能使用哪一种空对空导弹，因为美国空军认为，F－117 最大的生存力保证就是它的隐身特性。因为 F－117 没有火控雷达，缺少与反舰导弹匹配的手段，所以反舰能力很弱。

在整个空中进攻战役中，美国空军对 F－117 的使用，通常是发挥其隐身特长和精确打击能力，不随行配备电子干扰机和战斗机护航，以黑虎掏心的方式，突然而至，直击要害，直接对敌方防卫最严密、地位最重要的防空体系重要节点和 C$^3$I 指挥通信中心进行打击，起到瘫痪敌方关键指挥节点、对敌方统帅机关"直接斩首"的作用。其他机型在 F－117 得手之后进行后续攻击，利用 F－117 创造的敌方短暂混乱，进一步摧毁敌军的作战能力，从而控制整个制空权和主动权。这一战术思想被美国方面形象地称为："隐身战机先把敌方防御大门踢破，其他战机和导弹跟着蜂拥涌入敌方的房屋，最终共同把房屋摧毁"。美国不但对 F－117 的使用思想如此，对所有美制隐身战机的使用思想无不如此。

F－117 参加过 1989 年美国对巴拿马的入侵行动，没有遭到地面防空火力任何威胁。美国军方曾据此说"隐身战机已经经过了实战考验"，但是人们对

F－117 那次所谓战绩大多不屑一顾。因为巴拿马实在谈不上有什么像样的军事力量，即使是一架没有护航的 B－52 飞到巴拿马上空，他们也未必能击落。不过在终于面对一个像样对手的海湾战争中，F－117 打破了人们对它的怀疑，在一场高强度战争里成功地完成了自己的任务，声名大噪。它在"沙漠风暴"期间执行高危险性的任务达 1271 次，成功摧毁了多个高价值战略目标，而自身无一受损。在多国部队多种参战飞机中，唯有 F－117 始终承担了攻击巴格达市区目标的任务。F－117 的出动次数也很高，按照小队的任务计划，飞机需要 24 小时值班，飞行员每天休息 8～12 小时。每个飞行员每夜只飞一次任务，但一架 F－117 往往每夜要出击两次。据统计，在整个战争期间，F－117 承担了攻击战略目标总数的 40%，投弹命中率为 80% 左右。当然 F－117 也有攻击不得手甚至失误的情况，但主要原因是天气、烟尘和有关目标的情报错误所造成的。

1980 年，美国空军在内利斯空军基地组建了第 4450 战术大队，即 F－117 隐身战斗机大队。为新飞机征招飞行员和地勤人员几乎全是从战术战斗机部队招来的，在现有战斗机上飞行过 1000 小时。在最初几年的飞行训练中，因为新型飞机的性能不够可靠，以及飞行员和地勤人员对它也要有一个熟悉过程，F－117 的飞行员每月飞行训练不到 10 小时。由于 F－117 隐身战机主要是在夜间利用黑暗使用，所以 F－117 部队的训练大部分也都在夜间进行。在 1988 年 11 月之前，F－117 的飞行训练甚至几乎完全是在夜间进行。为了严格地保密，他们只有在天色完全变黑 30 分钟后才能打开机库门，飞机出库飞行还要更晚一些。机库门在打开之前，所有的灯都必需关掉，仅留下地面工作必需的跑道灯。为了训练需要，F－117 的飞行员需把生物钟后拨成黑白颠倒。如果在夏季，晚上 9 点以后才能启动飞机，在第 2 天清晨 3 点半结束训练，早晨 5 点左右才能休息。处于战备状态的飞行员约 65% 的飞行要在夜间出动，每月还要进行 2～3 次空中加油训练。这种长期黑白颠倒的夜间训练，带来了一些问题。尤其是飞行员们在飞行日需要后拨自己的生物钟，而假期却要和家人一起度过，需要将自己的生物钟拨回正常。这种快速的调整是一种相当困难的过程。作为快速反应部队的 F－117 飞行员来说，还要经常到海外进行训练和演习，这种时差加剧了生物钟被打乱的苦恼。即使是平日假期中，不当班的飞行员也可能突然因为快速反应任务到来而结束休假回到备战状态，重新再一次调整自己的生物钟。这使得飞行员在 F－117 上比较容易出错。F－117 自从 1983 年装备以后，到 1991 年海湾战争爆发前已经因事故坠毁了 3 架。1986 年 7 月 11 日发生在贝克斯菲尔德机场附近机毁人亡的事故，罗斯·马尔赫少校的飞

机直接撞到山腰上。1987 年 10 月 14 日的一等事故是迈克尔·斯图尔德少校驾机直接撞在了沙漠上。出事时都没有发出遇险信号，并且事故调查没有发现机械方面的原因，两人都是优秀的飞行员，事故最后结论是由于飞行员疲劳和夜间视觉错觉而引发的事故。两次严重事故都引发了 F－117 飞行员对过度打乱生物钟造成疲劳的强烈质疑，然而美国空军没有因为事故而停止夜间训练，他们依然坚持高标准、从实战出发的训练。他们的训练最终在战争里得到了最好的回报。

F－117 作为第一代隐形战机，其隐身技术并不是很成熟。由于主要靠棱角外形散射雷达波，使前方的雷达收不到回波来达到隐身，所以在进攻前都要预先侦察好敌方雷达的方向位置，依据敌方雷达位置制定进攻飞行路线和角度，使自己机头始终尽量正对敌方雷达。一旦敌方雷达位置情报有所错误，或敌方临时灵活改变雷达位置，F－117 就有可能不处于雷达隐身效果最好的角度，隐形就有可能宣告失效。如果防御方有完善的雷达组网，F－117 散射的雷达信号虽然回不到原发出的雷达，但却能被其他雷达收到，隐身效果就将大幅下降。

F－117 空战能力很弱。如果遇上敌机，处在毫无还手之力的地步。然而为了不让非隐身的战斗机和隐身的 F－117 一起飞行从而暴露 F－117 的位置，美国空军又规定 F－117 行动不用战斗机护航，一直是单打独斗。

此外，F－117 并不是完全不会被雷达发现，在有些情况下隐身效果达不到那么理想。因此美军在使用 F－117 时，同时还是要派电子干扰飞机与之配合。只不过电子干扰机不与 F－117 直接伴随，而离 F－117 有较大一段距离，其电子干扰手段可以保护到 F－117，而其雷达信号又不至于暴露 F－117 的位置。

F－117 作为第一种雷达和红外隐身战机，长期保持着高度的保密。这使得在它第一次参加大规模实战以前，其他国家很难具体地了解其雷达和红外隐身的原理和效果，因此普遍对其有效性存在怀疑。甚至有一些人把它作为"美国忽悠出来恐吓军事对手的骗局"，认为它"忽悠价值大于作战价值"，"有没有这种所谓高技术，敌人都是只能吓唬吓唬软弱者的纸老虎"。然而，海湾战争的实战，F－117 的高效表现完全震惊了这些对新军事技术不以为然、毫不关注的人，让他们看到了高科技新军事技术的巨大威力。什么叫纸老虎？只有自身有办法反制它、打击它，它才是不堪一击的纸老虎。如果自身没有办法反制它、打击它，相反，完全是被动挨打，甚至被敌人打得无还手之力，那"纸老虎"就是可以吃人的！如果在军事上不认真研究新出现的高技术，不拿出军事上行之有效的对抗之道，一味地说敌方的高技术都是"纸老虎"，"高科技不能决定战争胜负""不管你什么高科技，老子自有不怕死扛着，就能扛过去"，必然沦为吹牛、说大话、空谈豪言壮语的笑柄。

战斧式巡航导弹，是美国研制的一种从敌防御火力圈外发射的纵深打击武器。1972 年开始研制，1983 年装备部队，是美国当时最先进的全天候、亚音速、多用途巡航导弹，可以从水面舰只和潜艇、飞机以及地面上发射，主要用于打击海上和陆上重要目标，是美军实施防区外火力打击的骨干装备之一。

该导弹采用地形匹配加惯性导航装置制导，改进型号还采用了数字景像末制导匹配，可以在海面、平坦陆地 60 米高度或山地 150 米高度超低空飞行，借助地球的曲面效应和地面海面雷达反射杂波效应来躲避防空雷达发现和跟踪，具有很强的突防能力。该弹突防的法宝不但是超低空飞行，导弹的体积也较小，雷达反射面积较低，表面还涂有吸收雷达波的涂层，增加了防空雷达探测到它的难度。战斧式巡航导弹的命中精度很高，理论上可以达到 10 米以内，远远超过以往的对地导弹和弹道导弹所能达到的精度，一旦对手未能成功拦截，该导弹的精度已经基本可以确保摧毁目标。所以战斧式巡航导弹出现后，美军就把它作为执行"外科手术式"精确打击的重要武器。该弹全长 5.56 米，翼展 2.65 米，直径 0.527 米，弹重 1200 千克，依靠一台小型涡轮风扇动机和一台火箭助推器推进，巡航速度 0.72 马赫（约合 800 多千米/小时），海湾战争中使用的战斧式巡航导弹大部分是 BGM－109C 型，最大射程约 1300 千米。

战斧式巡航导弹出现后，最初并没有引起对立阵营军事力量的多大重视。相反，很多军事力量抓住其性能数据上的一些缺陷来说战斧导弹并不多么可怕，而只是"畏惧自己人员伤亡的美国，幻想发展一种可以进行非接触作战的高科技战争玩具。人不行，就靠导弹补"。他们一面倒地指出，战斧式巡航导弹有几个非常严重的毛病：

（1）飞行速度低，飞行高度也低，很容易被拦截。不论地对空导弹还是高炮，都很容易对付它。

（2）受弹体原始设计限制，可携带的弹头小，通常只有 150 千克左右的战斗部，威力太小，并不可怕。

（3）造价昂贵，花费上百万美元的造价却只为投放一个 150 千克左右的"炸弹"，效费比太低。作战效费比还不如激光制导炸弹，有人甚至指责它还不如常规炸弹效费比高。

（4）技术复杂，配套支持复杂。战斧式巡航导弹的地形匹配制导，以及

数字景像末制导匹配，都需要侦察卫星事先对目标区域和飞行线路上的区域进行精确测绘，做出电子地图，工程量极其浩大，需要的高技术保障支持手段极多，价格昂贵。在实战中限制很多，好用不好用还不可知。

（5）由于战斧式巡航导弹的制导技术特点决定了它只能以事先规划好的线路飞行，所以线路固定呆板，更容易被拦截。而且对于突发出现的活动目标，更是无能为力。

（6）技术越复杂的东西，配套越麻烦，越不可靠。打仗是要讲实用的，光高科技不实用是没有用的，在实战中未必表现怎样。

（7）战斧式巡航导弹及其配套系统价格如此昂贵，一个敌人目标才多少钱，对自己国力消耗比对敌人目标打击造成消耗还大。战争如果都像美国这么打，是不可行的。

然而，战斧式巡航导弹在海湾战争里第一次在高强度战争中的应用，充分显示了它的威力和作用。在实战中，战斧式巡航导弹原来被人诟病的几个弱点却并没有成为"很容易击败它的命门"。巡航导弹虽然飞行速度低，飞行高度也低，但是由于地球曲面和地面反射雷达杂波的效应，防空雷达对它的发现截获距离却很短，因此常规的雷达网在巡航导弹面前盲区和漏洞就很多。防空雷达不能及时有效地发现巡航导弹，那么不论地对空导弹还是高炮都做不到有效拦截。仅说它飞得慢飞得低，如果不知道它在哪儿，又有什么用？地对空导弹和高炮反巡航导弹，更出现了一个现实的问题：即使及时有效地发现了它，由于巡航导弹飞行高度贴地飞行，受地球曲面影响，地对空导弹和高炮对它的开火拦截有效距离都不会很高，通常都最多在十几千米甚至几千米。每个地对空导弹连或高炮连有效防御的空域都很小。这样一来，对于任何一个国土面积不小于 1 万平方千米的国家来说，对巡航导弹的完全防御都是很大的麻烦。巡航导弹的弹头虽小，但它打得很准，常常能直接命中目标。这样的 150 千克弹头破坏效果远远好于落在目标周围 60 米外的 900 千克炸弹。战斧式巡航导弹的战斗部如果更重一些，打击效果会更好，但小战斗部的巡航导弹也能造成很大的破坏。

巡航导弹虽技术复杂，配套支持复杂，但海湾战争的实战证明：它不但可以有效地作战，而且在一定程度上改变了空袭的方式。技术复杂，配套复杂，并没有影响战斧式巡航导弹的可靠性。在整个海湾战争中，战斧式巡航导弹共发射了 288 枚，其中有 258 枚命中目标，只有 12 枚出现故障，18 枚被伊军拦截，命中率接近 90%，可靠率达到 95% 以上。

关于巡航导弹造价贵的问题，巡航导弹虽然贵，但是打得很准，无制导的常规炸弹虽然很便宜，但精度很差，一枚巡航导弹能摧毁的目标需要耗费上百枚常规炸弹。指责巡航导弹效费比还不如常规炸弹，纯属无稽之谈。比起同样打得很准的激光制导炸弹，激光制导炸弹仍需要有人驾驶的战机飞行到目标上空或附近投弹，当空袭防卫严密的高风险目标，需要冒战机被击落的风险。一架战机被击落就是上千万美元的损失，远超过巡航导弹的价格，还要搭上一名很难培养的飞行员。在打击这种目标时，巡航导弹有它独特的优势。巡航导弹及其配套系统的价格虽贵，但它率先摧毁敌方防御体系中的重要节点，导致敌方体系出现无法继续作战的漏洞、并使己方后续战机和兵器可以从容对敌方造成巨大破坏，这是一个体系的作用。巡航导弹在这个体系中起到的作用，和这个空袭体系最后给敌方造成的巨大破坏、对敌方国力消耗之大、甚至迫使敌方战略失败，其收益远远超出巡航导弹自身的价格。拿一发巡航导弹的价格与一个敌目标价格去对比，是只见一叶、不见森林的做法。战争里的算经济账，根本不是这样算的。更不应以巡航导弹反恐怖分子营地的特殊例子去说巡航导弹收获还比不上对自己的消耗，一个大国不可能没有重要高价值固定目标，不可能都只像游击队的帐篷一样可以随意放弃、任敌方随便炸。

但是，正如人们事先指出的，由于战斧式巡航导弹的制导技术特点，决定了它只能以事先规划好的线路飞行，所以线路固定呆板，而且无法对付突发出现的活动目标。不过，巡航导弹可以在攻击固定目标方面取得重大成果，而且敌方 $C^3I$ 系统、指挥和通信中心、电力和能源设施、大型基础设施、交通线路重要节点、后勤补给中心也绝大多数是固定目标。因此，没有理由把一个武器的一个弱点放大到全盘否定的地步。战斧式巡航导弹在海湾战争中的表现告诉我们：对别人（甚至有可能是对我们有潜在敌意的国家）的武器装备，必须客观看待。不要因为我们暂时还没掌握，而随意放大其弱点，贬低其效用，仿佛不值一提、根本无须担心。实事求是地看待别人的武器装备、认真研究其使用方式和特点，是我们自身也奋起直追、找到应对之策的基础。在研究对付军事武器装备的时候，不要轻易把民族情绪掺杂进去，更不能把一切情况都一相情愿地设想为对我们有利、很容易对付的。

正是因为在海湾战争中的优异表现，以及体现了空袭变化新特征，打击敌方巡航导弹和发展本方巡航导弹成了各军事强国大力抓紧的研究任务。全世界范围都承认对巡航导弹的探测和打击是一个广泛的难题，而不再仅仅抓着它纸面上几个缺陷而随意夸口说它很容易对付了。这正是实事求是地看待新式武器装备、认真研究其使用方式和特点所应有的态度。即使以一个中等城市为例，假如知道敌方要向这里发射巡航导弹，可是一个地对空导弹连或高炮连有效防

御的空域也是远远小于一个中等城市面积。敌人有可能用巡航导弹打城西的发电厂，也有可能打城东的自来水厂，还有可能打城北的电视广播接收中心，还有可能打城南的火车站枢纽，还有可能突入市中心打政府机关和居民楼。即使城市四面都放上地对空导弹连和高炮连，巡航导弹也可以通过卫星事先侦察对方防御阵地部署来采取迂回路线，不断绕过防空火力有效射程，钻进目标区域。这样一来，需要多少地对空导弹连和高炮连才能完全无缝覆盖整个城市？现在新式地对空导弹和高炮都不便宜，这需要巨大的国防经费。如果把一个防空连直接放在重要目标边上，固然可以保证不论敌巡航导弹从哪边来都能有效防御。但是，又如何保证敌巡航导弹只打这个目标，而不去打这个防空阵地保护范围之外的目标？以一个中等城市为例，就可以清晰地说明防御巡航导弹的麻烦。如果单纯立足于传统的国土防空思路防巡航导弹，将造成防御方非常大的国防经费消耗，并且这种消耗所获得的是只能守株待兔傻等、很低的收益。只有自己也拥有足够的攻击能力和反击手段，并采用积极夺取空中优势的做法，打击敌巡航导弹的发射载体，或迫使敌方巡航导弹载体尽量远离己方国界、己方在敌巡航导弹尚未进入国土防空区域的外海上空就用飞机拦截，利用巡航导弹只会按照事先编好的飞行线路飞行、不会躲避战斗机的特性，将其有效拦截。这才是最好的防御巡航导弹的战术手段。

从战斧式巡航导弹这一件新式武器就可以看出，新式武器装备的发展，在一定程度上带来了战争形态和方式的改变。如果漠视这种武器装备的发展，就必然会对战争形态和方式的变化缺乏把握，就会在未来保卫祖国的战争中犯下错误。

# 第二章　霹雳天空

## 第一节　两场迥异的空战

从 1 月 19 日起，伊拉克战区天气骤然变坏，出现了气象学上称为"锋面"的不良天气，对空中力量的行动产生了严重的不利影响。在气象学上，冷暖气流相遇所形成的狭窄过渡带称做锋，冷暖性质不同的气流相遇的交界面称为锋面。锋面的长度可达几百千米，垂直范围由几千米到 20 千米。在锋面天气系统中，无论冷锋还是暖锋，锋面上方的暖气团都是沿锋面抬升，形成有云和降水的天气，即锋面雨。当和气旋系统结合在一起形成锋面气旋后，将复合成更强烈的上升气流，天气变化将更为剧烈，往往会产生大量云、雨甚至暴雨、雷电、大风天气。即使没有雨和雷的地区，也会因云层很厚而大大降低空中的能见度。在这一天里，许多原定的空袭任务被迫取消或修改攻击目标，还有一些飞机虽然到达了目标区上空却因恶劣的天气而未能命中目标。多国部队空中力量全天被迫取消的攻击架次达 456 架次，全天出动飞机攻击伊拉克架次仅 1000 余架次，空中打击的压力受到明显影响。

不过，这一天，美国空军的 F－15"鹰"战斗机却获得了大量机会，成为其大出风头的一天。争夺制空权是现代战争中最基本的要素之一，是战争获胜的基本保障之一。纵览整个海湾战争期间的空战详情之后，本书精选了最具代表性的这一天空战，以供读者共同分析现代空战的特点和发展趋势。

当天，美空军第 33 战术联队 58 中队照常在伊拉克西部巡航，耳机里传来了 E－3 空中预警指挥机的空情通报："有一批伊拉克战斗机正在前往拦截美海军的攻击机群！"E－3 预警机通报了伊拉克战斗机的方位和速度，命令第 58 中队这批 F－15C 战斗机编队立即转向拦截！

F－15 机群立即转向指定空域，一场空战就在眼前！可是还没等到机载雷达可发现对手的距离，E－3 预警机就通报他们："那些伊拉克飞机还没等靠近美海军的攻击机群，就已经调头离开。"——由于丧失了空情保障（大型雷达

对空中情况的发现和掌握），伊拉克战机的行动往往带有很大盲目性，时常毫无规律地乱转。有时在距离目标很近的时候却因不掌握空情而离去，有时又盲目地向毫无目标的空域飞行，所以这种无法形成空战的情况比较常见。另外一个重要的因素是，经过前两天的空中战役，曾经一心想扩大空战战绩、续写第二次世界大战空战辉煌篇章的美国空军飞行员和指挥官们发现：在这场战争里，自己很难获得第二次世界大战时期前辈那样辉煌的空战战绩，这场战争不会有第二次世界大战空战那样的大规模空中战斗。因为对手伊拉克的作战思想非常过时和保守——他们几乎是自己主动放弃了整个战区的制空权，根本不打算自己的空军在空中有所作为，而把主要希望放在将飞机存放在坚固的加固机堡里或者东躲西藏转移，以此躲避多国部队空中力量的打击，以保存实力作为胜利的指标。在伊拉克这种作战思想的帮助下，多国部队空中力量在伊拉克天空中自由活动，而伊拉克空军反而更像是伊拉克天空的陌生者。伊拉克空军完全缺乏作战主动性，不但在拦截作战中表现乏力，更毫无反击和牵制对手的勇气和精神。在前两天的战争中，伊拉克空军连组织一次空中反击作战的意图都没有，多国部队几乎根本不用担心伊拉克空军的反击。伊拉克空军的拦截作战也组织得相当低下，指挥失措，畏缩不前，面对来袭的拥有强大数量和战机性能优势的美国空军，竟然只分头出动少数几架战机应战，保存实力的指导思想非常明显。伊拉克空军所想的，似乎并不是全力以赴消灭来袭敌机或破坏敌手的空中行动，而是只少量出动几架应战，就算被敌人击落了，损失程度也在可接受范围。这种保守而低效的作战思想无法达成任何战役最低目标，明显体现着伊拉克军事决策者轻视制空权的作用的落后观念。

同时，伊拉克空军的技战术水平也相当低下，伊拉克飞行员们缺乏主动作战的热情与策略，行为呆板，在通信指挥被干扰的情况下更是不知所措。在空情保障和指挥通信被美国电子干扰切断的情况下，一部分伊拉克飞行员如同断了线的风筝，完全不知所措，没头没脑的乱碰，被美军战机轻松地绕到背后，如教科书般锁定击落。尤其是在紧张的局面中，伊拉克空军更是屡屡出现严重错误，自己击落同伴和撞地爆炸等低级失误不断出现。第一天他们就为此赠送给了美军至少两个战果。

面对这样的敌手，美国空军几乎没有感到压力。这时，看样子今天的战绩又没指望了。正当美军第58中队的飞行员们从高度紧张转为大为扫兴之时，E－3预警指挥机传来了一个最新空情："发现低空的2组高速运动目标！第一组目标距离58中队约60英里（1英里＝1609米，下同），方向一点半钟，高度15000英尺（1英尺＝0.3048米，下同）！第二组方向两点钟，距离稍远，高度也是 15000 英尺，两组均在向美 F－15 机群接近。"预警机当时判别两组目标均为伊拉克空军新式的米格－29 战机。

　　带队长机理查德·特里尼上尉飞快地分析着敌情，他感觉这可能像是一个诱饵战术，如果 F－15 机群去拦截第一组目标，第二组伊拉克战机就可以趁机包抄到 F－15 后方进行偷袭。但是，这个诱饵战术因美军 E－3 预警指挥机掌握着全面空情而从一开始就被识破。4 架 F－15C 立刻分成高低两层空域，高空 2 架编队负责警戒，另外 2 架攻击编队则下降高度，在预警机指挥引导下向伊拉克飞机飞去，准备对第一组伊拉克战机进行隐蔽接近和打击。第一组伊拉克战机立刻转向巴格达西北的阿萨德和塔克达姆空军基地，开始全力奔逃。F－15 编队知道第二组敌机就在第一组身后 30 英里，所以他们没有追赶第一组目标，而是及时转向了第二组目标。原本准备浑水摸鱼从背后漂亮急袭干掉美机的这两架伊拉克战机遇上了优势数量的美机。F－15 开始用雷达搜索对方，第二组敌机立刻做出了反应——马上朝西转，似乎是准备逃跑，但是，不可思议的是，当美机飞行员认为应该去追赶他们的时候，这两架米格机却突然做了一个漂亮的大机动转向，向 F－15 飞来！双方距离已到 30 英里，两架伊拉克战机前后相距 3～5 英里，成疏开队形，看样子也在争取进入攻击！这一切娴熟的技战术，都与前两天的伊拉克空军完全判若两军，大大出乎了 F－15C 飞行员的意料！通过 1 月 17 日和 1 月 18 日两天的空战，美国空军已经完全看到了伊拉克空军技战术水平都相当缺乏，战斗意志更是十分胆怯，从 1 月 18 日起，许多伊拉克空军飞行员遭遇美机时第一念头就是立刻逃跑，根本不顾自己的任务。眼前这两架伊拉克战机不但做出了标准的转守为攻动作，而且居然有勇气向美机编队发起攻击！这一切都让美国空军第 58 中队的飞行员颇感有些意外。

　　F－15C 编队决心在视距外用 AIM－7M"麻雀"中距空对空导弹结果敌手。F－15C 的雷达很快锁定了敌机，美机中罗兰斯·E. 皮茨上尉、特里尼上尉和柯尔克上尉 3 人均已锁定敌机，皮茨和特里尼已经准备发射导弹！不料就在这时，米格机十分及时地做出了一套切向机动并开始改变高度，美机皮茨、特里尼和柯尔克 3 人的机载雷达均告脱锁！这一意外情况让每一个人在这瞬间都不禁出了一身冷汗，特里尼上尉忍不住在无线电通话里大喊："我找不到他们了！"

　　编队里另一位最优秀的老牌飞行员皮茨上尉心里也是一紧，他此时也同样对目标完全失去了踪影。整个编队均在米格机的切向机动后丢失了目标方位。F－15C 紧张地搜索着敌机，猜想到敌机会在离自己很近的地方再次出现，而

这正是敌机攻击的最好机会！时间如同凝固了一样，带队长机特里尼上尉从编队的左边飞到右边，来回搜寻着目标，他焦急地猛推着油门，速度已经加到接近音速，领先了编队前方 5 英里。如同定格般难熬的若干秒钟后，编队最左边的马克·威廉姆斯第一个发现米格机，他大喊一句："发现敌机！在左面！"米格机如同一道闪电从左面掠过了 58 中队的飞机，然而此时米格机也没有处在攻击阵位上，因此未能攻击 F－15。威廉姆斯拉出了一个高达 11G 瞬时过载的转弯（F－15 通常可承受最大过载是 9G）、使得 F－15C 的结构都受了一定程度损伤，但是伊拉克战机的机动速度还是超出了威廉姆斯的攻击范围，雷达锁定它只有一刹那，它已经又飞出了威廉姆斯座机的雷达锁定范围！威廉姆斯不由心中一惊，恐怕自己再也找不到那个敌手了——因为空战中丢失对手，就可能意味着自己被击落！

此时，处在最有利位置上的皮茨急忙行动起来，咬住这架米格机！他再次发现目标并用雷达自动截获模式将它锁定，然而这架米格机竟然又做了一个防御性切向机动，再次摆脱了雷达锁定！米格机剧烈的变化着方向，不断更改着飞行轨迹。当他由西转向北时，皮茨的导弹终于到了发射条件满足！正当皮茨的手迫不及待地准备按下发射键的时候，高速运动的米格机已经开始了一个急转弯！皮茨的飞机一下子冲过了发射战位，切入了米格机转弯的内侧！皮茨急促地呼叫"我已接敌！"，特里尼也赶紧飞过来支援。皮茨操纵着战机，牢牢地追踪着那架米格机，终于咬住了那架米格机的尾部！现在皮茨上尉就在那个家伙 9000 英尺后面，并且在慢慢地不断接近。他选择了最适合这个咬尾攻击方式的 AIM－9M "响尾蛇" 近距格斗导弹，耳机里传来了响尾蛇导弹锁定目标发出的 "兹兹" 提示声，皮茨飞快的打开武器保险，耳机里的锁定声依旧强烈，他毫不迟疑地发射了一枚响尾蛇导弹！但是那架米格机却及时地抛出一串红外诱饵弹，同时不停地做着大机动规避，皮茨眼睁睁的看着第一发 "响尾蛇" 导弹的引导头从米格机发动机尾喷管上转移开、错误地追踪了红外诱饵。

此时米格机已经摆平了机身，转向正北方，开始加速摆脱。紧追不放的皮茨上尉依然紧追在后，又发射了一枚 AIM－7M "麻雀" 中距空对空导弹！随着一声沉重的巨响和金属摩擦声，皮茨看到自己的 "麻雀" 导弹已经点火、并超越载机、朝目标飞去！皮茨紧紧地用雷达锁定对手，为中距导弹提供制导，期盼着那火光四射的一刹那！然而那架米格机却在顽强地大机动左右规避，同时投放了干扰丝，最后 "麻雀" 导弹几乎擦着它的座舱上方飞过、却终究未能击中爆炸！

皮茨的肾上腺激素此时已经分泌到了极点，他一边咒骂着没有命中的导弹，一边飞快地操纵着飞机和武器按键，再次咬定了目标的尾部。此刻距离已经拉近到了 6000 英尺，皮茨牢牢地黏在目标的正后方。皮茨上尉再次选择了"响尾蛇"导弹，耳机里提示响尾蛇已经锁定目标的兹兹声仍旧很强烈，皮茨再次打开保险准备发射，可就在这时，那架米格机扔出了更多的红外诱饵弹，在发射之前就扰乱了导弹引导头的锁定！皮茨咬牙在雷达上通过交联还没有发射出去的"响尾蛇"导弹重新调整锁定目标，再次听见了锁定的兹兹声！但是那个米格机上的家伙又扔出一连串红外诱饵弹，使"响尾蛇"导弹再次锁定混乱。这个伊拉克飞行员真的够顽强，皮茨上尉后来说，他当时已经在想"如果这些导弹都不起作用，我就冲上去用机炮轰死他！"趁着米格机忙于摆脱"响尾蛇"导弹的机会，早已猜到"响尾蛇"将再次落空的皮茨上尉选择了另外一枚 AIM-7M"麻雀"空对空导弹，发射！这一次，就在皮茨上尉火一样的注视中，导弹直直的飞向目标，直达米格机的尾部附近，然后爆炸成一团明亮的火球！稍微几秒后，赶上来帮忙的特里尼上尉也发射的一枚"响尾蛇"导弹随后也击中了这架米格机。被两枚导弹命中的飞机迅速成为整个一团火球。

　　58 中队的飞行员清晰地看到，那架米格机上的飞行员弹射跳伞了，他的弹射座椅从皮茨座舱的右边划过，近到皮茨担心将撞上自己的飞机！美军飞行员们在无线电里收到了米格机飞行员最后发出的紧急求救信号。

　　终于击落了这架顽强的米格机后，皮茨左转拉起爬升，就在他这么做的时候，他终于十分清楚地近距离看见了第二架米格机——他们与之交战了这么久的敌手，根本不是预警机原来判断的米格-29，原来是神秘的米格-25"狐蝠"战机！皮茨大声呼叫："2 号目标！好像是米格-25，在我正前方 5 英里处！"特里尼简短地回答"收到！"，就立即扑过去。在赶过去帮皮茨对付第一架米格机之前，他曾经长时间与第二架米格机追逐，同时保护着攻击敌机的皮茨。

　　当皮茨攻击第一架米格机时，特里尼始终在和第二架米格机展开一场追逐。在皮茨的整个攻击动作中，特里尼都一直紧紧追逐着米格机的僚机，让他无法过去支援。当皮茨完成前几次攻击后那架米格机仍未被击落，双方还在激烈缠斗，特里尼也终于左转向东南方向加入他们的战团，在米格机从西转向东北时切入它的转弯内侧。这时皮茨开始又朝那架米格机发射导弹，最后特里尼终于找到机会，帮忙发射了一枚导弹，但这枚导弹比皮茨命中米格机那枚晚发射了几秒，在皮茨先击中的米格机飞行员已经跳伞后才击中米格机。这时，第

二架米格机已经从北边回转，重新回到战斗中。然而皮茨和特里尼的注意力都正忙于对付第一架米格机，第一时间都没有发现第二架米格机。正是 E－3 预警指挥机及时发现了情况，通报了他们注意第二架米格机正在接近！F－15 才及时转向。

特里尼上尉的雷达上出现了第二架米格机的身影，然而此时，空战出现了一些混乱，编队长机特里尼突然发现自己编队里柯尔克和威廉姆斯两架战机找不到了，见鬼，这是怎么回事！但这个时候已经顾不得更多了，特里尼驾 F－15C 一个漂亮的机动绕到这架米格机后侧，从米格机后方的视线和机载雷达死角里逐步接近了它。正当特里尼打开敌我识别器的那一刻，敌我识别器却返回了闪烁的友机信号。这令特里尼十分迷惑，他知道按照这一天的攻击行动，这个时段将有一个美海军的攻击编队从附近空域通过。难道这已经不是刚才与自己编队激烈交战的那架米格－25，而是混战中把一架同样具有双垂尾的友机误看成敌机了？这绝非儿戏，特里尼没有毛毛躁躁的攻击，而是一直隐蔽地从米格机后方的视线和机载雷达死角里偷偷跟随着它，进行了长时间的观察。那架飞机似乎也已经丢失了自己的目标，由于伊拉克方面制信息权完全丧失，伊拉克地面雷达和指挥所无力对己方空中战机进行像样的空情保障和指挥引导，所以他始终没有发现自己背后的 F－15C。米格机仅仅是无目的地做着一些机动，偶尔改变一下原来的航向，以防范可能来自背后的偷袭……F－15C 在他身后一前一后地机动着，继续隐蔽地跟随着……

特里尼上尉的战机距离前面的飞机已经越来越近，他清楚地看到这是一架有着双发动机和双垂尾的战机，不过米格－25 和 F－14 或 F－15、F－18 同样都是双发双垂尾，从后面这个角度上看去有几分相像。可为了不让目标发现自己，特里尼又不能飞到目标旁边去看飞机的侧轮廓和机徽，他只能耐心地继续跟踪。

其实这真的是一架伊拉克空军的米格－25 战机，就是刚才参加了空战又返回来寻找同伴的那架！米格－25 的飞行员终于决定返航，特里尼已经不能再迟疑，他现在注意到前面战机那两个巨大的发动机尾焰——发动机打开了加力状态。特里尼上尉立刻通过无线电询问，附近空域本方飞机有谁在开加力飞行？无线电里迅速传来了一些回复。特里尼通知所有人立刻都把加力关掉，如果前面的战机是多国部队中的一员，他也会照做。然而前面战机那打开加力状态的两个发动机巨大尾焰依然存在！现在特里尼知道了：那确实是一架米格－25！

特里尼上尉用最快的速度操作着武器面板和操纵杆，准备发射第一枚 AIM－7

"麻雀"空对空导弹！然而那架刚才开加力直飞的米格－25也恰在此时开始了一个大过载转弯，可能是F－15C的雷达电子信号导致了米格－25雷达告警器的报警！F－15C发射第一枚导弹时已经和他尾部的夹角大致呈20°～30°。特里尼按下发射钮，却没看见导弹发射的踪影，倒霉！竟然赶上了一枚坏弹！导弹发动机未能正常点火！（整个战争期间的AIM－7都有时会出现不可靠问题，累计有一大批坏弹带回地面查找故障）。特里尼只有手忙脚乱地改为信任AIM－9"响尾蛇"红外空对空格斗导弹，正当他切换成发射"响尾蛇"时，前面那架米格－25开始急剧抛出红外诱饵弹并开始大过载机动——由于看见了之前皮茨上尉使用"响尾蛇"的表现，特里尼知道这发"响尾蛇"是打不中对手的！他不等结果立刻再次切换回使用"麻雀"导弹，用雷达锁定前面的目标！果然，"响尾蛇"受到了红外诱饵弹的迷惑，射偏到了一堆红外诱饵的高热烟焰里。这时，特里尼发射了第二枚AIM－7"麻雀"导弹。他用机载雷达牢牢地照射着目标，像红了眼的猎狗一样紧紧追踪着它，就像是过去了好几分钟一样漫长，他终于看见导弹追着目标飞近了"狐蝠"的腹部，一阵剧烈爆炸之后，将那架狐蝠炸成了碎片！美军飞行员都未观察到米格－25飞行员跳伞逃生。

返航的过程中，特里尼上尉从预警指挥机那里得知了自己编队的柯尔克和威廉姆斯两架战机安全无恙，他们原来是被E－3预警机调遣到北方去防范原本当诱饵的第一个伊拉克编队回马一枪了。当时E－3预警机发现第一组那两架米格机在调头向战场空域接近，为防止全部精力正用于攻击的皮茨和特里尼编队受到偷袭，预警机当即调遣编队里的三、四号机（即柯尔克和威廉姆斯两架F－15C）脱离原编队前去迎击。然而伊拉克米格机发现美机调头向自己飞来之后，马上头也不回地转头开加力逃跑，根本不顾仍在与美机激战的米格－25。柯尔克和威廉姆斯没有获得任何空战的机会，当然也没能获得战绩。特里尼上尉和皮茨上尉都处在一种高度的兴奋中——他们清楚地知道：自己击落的是一架米格－25战机！在此之前，美军还从来没有在实战中遇到过米格－25，双2.5（即超过最大飞行速度2.5马赫，最大飞行高度2.5千米）性能和苏联铁幕保密所造成的种种神秘的传说让这种战机极富神秘性，美军对这种战机也十分忌惮。这次空战是美军在历次战争中首次击落米格－25，也是米格－25在各次战争里有迹可查的第一次被击落，皮茨和特里尼打开了一个新的纪录。战争进行到第三天，美国空军F－15已经击落过伊拉克空军的所有主力战斗机型号，从米格－29、到米格－23、幻影F1、米格－21，以及米格－25，均成功地有所斩获，丰富了自己的战绩。而一向自诩飞行员素质高于美国空军

的美国海军航空兵和他们的 F–14 战绩却大为逊色，直到 1 月 19 日还没有击落记录。在与美国海军航空兵竞争了多年的美国空军看来，这真是一件大快人心的事情。自从流传甚广的所谓"美国海军的 F–14 以 20：0 成绩在模拟对抗中大胜美国空军的 F–15"传闻后，人们纷纷议论："美国海军航空兵的飞行员和飞机技术水平看来都大大优于美国空军，毕竟要上航母的飞行员和飞机都是最精英的"，美国空军一直如鲠在喉，恼火不已。今天在真刀实枪的战场上，美国空军终于证明了自己就是美国空中力量的老大，出了一口"恶气"。

回到地面后，参加了这场空战的 4 名美军飞行员均表示了自己的看法，他们对这个敌手娴熟的技战术动作感到非常诧异。通过前两天的空战，58 中队已经对伊拉克空军的技战术水平已经相当摸底，但这两架米格机的飞行员真的让他们感到非常诧异。皮茨上尉是一名参加过多次红旗军演的老牌飞行员，在和平时期的演习中他发射的每一枚导弹几乎都可以击落一个战果，然而这一次居然用了 5 枚导弹才击落了第一架"狐蝠"。那架"狐蝠"飞行员的表现让他高度称赞，认为这是整个战争期间伊拉克空军中都极为少有的优异表现。而且这场空战是整个海湾战争里极为罕见的有攻有守的空战，海湾战争里绝大多数状态下的空战模式都是美军攻、伊军逃。如果不是因为苏制战机的雷达电子设备操作烦琐、自动化程度低、反应慢问题，其实米格–25 在第一次漂亮的转向反攻里本来甚至有先敌开火的机会。但是后来进入近距缠斗后，机动性不佳的米格–25 就只能忙于应付，再无开火的良机了。另一位从始至终参加了这场空战的老牌飞行员特里尼上尉更是直言不讳的表示："看他们战斗的方式，他们是全伊拉克空军里最优秀的飞行员。我认为，他们根本就不是伊拉克的飞行员。伊拉克人在这种交火状态下绝不可能活下来——我们的战术、武器和训练就可以证明这一点，但是这两个家伙在交战前和交战时的技战术令我印象极为深刻，我时常这么怀疑：他们根本就不是伊拉克的飞行员！"

同一编队的 4 名飞行员都赞同特里尼的说法：那两个驾驶米格–25 与美国 F–15 激烈周旋了这么久的家伙，从技战术水平到战斗意志，都与伊拉克空军完全大相径庭。这两架米格–25 面对 4 架 F–15C 还敢采取攻击动作的战斗意志，和第一组两架"米格–29"匆忙比画了一下不成功的诱敌动作后就一溜烟逃离战场的作风，从各方面看也完全格格不入。而且那两架"米格–29"后来稍微做了一下返回战场的姿态，还没与美机真正接触就掉头北逃，也十分清楚地体现了伊拉克空军整体的作战意志和精神风貌。这两架米格–25 的飞行员绝对与一般伊拉克飞行员不同。特里尼上尉甚至明确推断：这两架米格–25 的飞行员很可能就是留在伊拉克空军中负责带教训练米格–25 战机飞行员的苏联教官，因为见伊拉克空军技战术素质太低了，所以只有亲自上阵。除了苏联教官，伊拉克空军里根本不可能有技术这么出色、斗志如此强烈、胆量如此大、以2架米格敢于挑战4架美机、近乎鲁莽无畏的飞行员。

当然，回顾这场空战，两架米格－25在战术上还是有不完美之处的。米格－25的速度非常高，快来快走、快打快撤是它的特长。而它的机动性远谈不上突出，在三代机F－15面前是处于明显下风的。两架米格－25没有及时脱离，而与F－15进入了缠斗，这是很难占得便宜的。但是，2架米格－25对阵4架F－15C，数量上的劣势让米格－25很难得心应手地按照自己希望的战术来战斗。所以这一点也不应苛责米格－25的飞行员。当第一架米格－25被击落后，只剩下孤身一人的第二架米格－25重返险地，他也许是收到了同伴跳伞的求救信号，也许是为搜索同伴分了心，被F－15C长时间跟踪而没有发现。但是，在F－15C长时间从背后的雷达和视觉死角里跟踪米格－25的时候，伊拉克地面雷达站和指挥中心竟然始终不能有效指挥和提示自己的米格－25。这样低劣的空情保障和指挥水平，如果换了美国飞行员驾驶的F－15，也同样无法获得空战的胜利。

如果在演习场上，这样优秀的对手足以引起双方相互的佩服和惺惺相惜。然而在无情的战场上，却注定只能以一方丧生作为最好的结局。

虽然这两架米格－25的飞行员真实身份可能已经成为了一个永远的谜，但他们的表现赢得了来自对手的尊重。虽然没有任何明确的证据直接证明1月17日美国海军被击落的一架F/A－18是被米格－25击落的，只是有编队后面一名飞行员表示他看见编队后方有米格－25掠过，并且表示好像发生过空战，但美国中央战区司令部最后仍将那架被击落的F/A－18标注为"很可能是被米格－25击落"。这不能不说是这场惊心动魄的激烈空战给美军带来的影响。

北线的空中战役也在激烈地进行着。1月19日上午，北线的美国空军联合特遣部队的F－15开始执行他们在战争第三天的首次任务。两支F－15C四机编队——"兰博"和"野蛮人科南"为攻击基尔库克机场的16架F－16和一小队F－4G护航，他们在巴格达北部的基尔库克上空巡逻，负责击落一切起飞迎战的伊拉克战机。第三支F－15四机编队"大灰狼"则在后方提供支援。

"兰博"编队由史蒂夫·丁吉担任1号机，2号机是拉里·路德维格，3号机和4号机分别是戴维·普拉特和戴维·斯文登。"兰博"和"野蛮人科南"编队在F－16前方展开，前往任务目标地区，高度20000英尺，速度0.9马赫。编队每架飞机之间间距2英里，距离友邻"野蛮人科南"编队5英里，

他们在"兰博"编队东边。

F–15编队的机载雷达并没有探测到任何伊拉克飞机在活动,但这时,E–3A预警机及时地传来了最新空情:两架敌机出现在齐亚拉赫基地东北方15英里处,基尔库克以西!

F–15编队开始转向那里,发现了预警机说的那两架敌机,两架伊拉克战机也进行了转向,看样子是准备逃离。他们在F–15的雷达显示屏上慢慢地移动到右边。带队1号机丁吉决定将"兰博"四机编队转向这两架敌机,消灭他们。鉴于目标威胁不大,"野蛮人科南"编队继续保持原航向护航,"兰博"编队单独前去攻击。"兰博"编队做了几次剧烈的转弯,完成了占位。那两架敌机在雷达上从一个大斑点分成了两个小斑点,似乎开始分道而行,而且趋势越来越明显。4号机戴维·斯文登率先将伊拉克战机锁定,并使用敌我识别器开始识别。但是F–15上的敌我识别器再一次出现了不可靠的情况,它没有判断出这两架飞机的敌我属性,索性就没有做出结论。斯文登一直在操作敌我识别器验证目标身份,但始终没有得到答复。其他F–15上的敌我识别器信号判别也结果迥异,四架F–15的敌我识别器居然得出了三种结论:友机,敌机,未知一方。恼火的F–15飞行员只好自己面对是否会击落友机的风险,这让他们无法马上对目标发起攻击。但是这一天此时段在这里应该没有其他友机部队,F–16和"野蛮人科南"编队又刚刚和自己分离,不可能分身出现在这里。E–3A预警机再一次及时插手,呼叫说这两个目标就是敌机,敦促F–15马上展开超视距攻击。

在距目标22英里处,F–15开始扔掉副油箱,1号机和3号机开始率先超越编队,采取机动,准备攻击!3号机戴维·普拉特呼叫:"兰博3在距离20英里处向侧面脱离。"然后1号机丁吉回答:"兰博1也一样。"3号机回复:"兰博3,方向一致,高度7000英尺。"1号机回复:"兰博1,一样,高度9000英尺。"整个编队迅速分配好目标,迎击各自的目标!

按照分配的任务,4号机斯文登放掉南边的那架伊拉克战机,锁定北边的那架。1号机丁吉在转向机动中动作过大,失去了最佳的攻击位置,而斯文登处在最好的攻击位置上。距离拉近的时候,F–15还在迟疑,1号机丁吉还在不停地问预警机"敌机身份能否确认?"预警机上的家伙显然也已心急火燎,因为他已经回答"确定是敌机"不下4次了!当双方距离已经15英里的时候,敌机的机头都直指斯文登,他也变得越来越焦虑:现在伊拉克战机可能已经即将动手了!随时可能会有一枚导弹飞来!他紧盯着自己的雷达告警接收器,随时准备采取大机动脱离和施放电子干扰,但是什么事情都没有发生。对方那架战机连攻击程序都没有做出。

　　什么事情都没有，就这样异常的平静，仿佛这根本就不是一场决定生死的空战。双方继续接近直到距离小于 12 英里。斯文登早已锁定了对方，F－15 的雷达早已把对方锁定得死死的，然而对方却没有任何像样的反应，难道那家伙的雷达警告接收器不报警吗?! 难道他的座舱里现在不应该是红光闪烁、警报一片吗?! 他为什么不打开电子战设备、采用大机动规避呢!? 如果他不采取这些动作，那他为什么也没有任何进攻动作啊? ——这实在太愚蠢了，难道这家伙已经吓傻了吗? 还是他根本就不知道自己该干什么?

　　见鬼去吧! 斯文登早已锁定了对手，而且预警机已经三番五次说那就是敌机，再不攻击，他的神经也早已绷不住了! 他立刻按下发射钮，打出了第一枚导弹! AIM－7 导弹呼啸而出! 随后 F－15 编队的 1 号机也发射了一枚导弹。斯文登的目标终于看起来很像在机动躲避导弹了，但他跑得不够好，斯文登又获得了第二次开火的机会——敌机距离只有 4 英里，斯文登又从容地发射了第二枚 AIM－7。就在他发射完第二枚导弹过后 3 秒，第一枚导弹已经命中了目标，把那架伊拉克战机的整个尾巴都炸掉了! 在返航时，斯文登第一次看清了自己的目标——一架没有尾巴的幻影 F1 战机，正直接朝地面砸去!

　　在此之前，普拉特也对另一个目标发起了攻击，也顺利命中了目标。返航时重新完成编队后，斯文登发现普拉特机翼下已经少了 3 枚 AIM－7。回到地面后才得知，普拉特的第一枚 AIM－7 在他按下发射键后却向右"愚蠢地飞跑了"（故障弹），普拉特随后在距离目标 7～8 英里远时又发射了两枚导弹，没费什么力气就把对手干掉了。

　　战后，在核实这个战斗过程的时候，才了解到更多的详情。当时美国电子侦察机 RC－135 始终监听着伊拉克幻影 F.1EQ 与地面的通信频道。这支伊拉克战机编队无线电呼号"狮子"，驾驶长机的是一名少校，僚机是一名上尉。在地面指挥几乎放弃了自己的职责之后，这两名伊拉克飞行员只能一切依靠自己，他们始终在啰啰嗦嗦地争论，占用着通信频道。RC－135 回到地面后解读阿拉伯语对话录音，他们居然是在争论是否去迎击 F－15 还是应该逃跑。那名少校在北边飞行，他不管三七二十一准备逃跑，而另一名勇敢的上尉却强调对国家的使命，决心以命相搏。那名少校二话不说就开始逃离战场，却连逃跑的技术都很糟糕，被普拉特的两枚 AIM－7 击落，当场死亡。而那名勇敢的伊拉克上尉看到了他长机的坠毁，向地面控制拦截中心报告了"狮子 1 号被击落"! 这时他已看到美机向自己发射了导弹，他试图做出摆脱导弹的机动，曾经向上猛拉了 2～3 英里的高度，但依然被斯文登发射的 AIM－7 炸掉了飞机

的尾巴，两架幻影的飞行员都没能成功跳伞。

其实，从海湾战争的第一天起，多国部队的指挥官和战斗机飞行员们就非常诧异一件事：在1月17日凌晨的空战行动中，美国空军诧异地发现伊拉克空军起飞迎战的战斗机居然很多都看不出有什么战术配合，连最基本的空战双机编队、互相配合、互相掩护的空战常识都不符合。还有的情况，虽然同一区域天空中有两架伊拉克战机，但其间距拉得极远，甚至相距几十英里，根本无法进行战术配合和呼应。一旦进入空战，两者更是各行其是，根本看不出有什么战术协同的意图。

美国空军把这种现象出现的原因猜想为：伊拉克空军训练水平特别差，他们缺乏在夜间编队飞行空战的技术水平。一些伊拉克战斗机部队的飞行员训练水平甚至可能不足以支撑夜间双机编队出动。还有一些伊拉克飞行员对与美国空军作战充满恐惧，竭尽一切努力只想避免卷入战斗，自顾自逃跑，所以根本也就见不到他们有什么像样的战术协同动作。

美军这个猜测，在这场空战里美国RC－135电子侦察机监听录音的两架伊拉克幻影F1的空中通话里得到了证实。伊拉克空军一些飞行员真的是毫无最基本的战斗意志和战场纪律，一遇见敌手，第一想法就是逃跑。至于怎样编队协同进行战术行动，根本就不曾认真思考过。

这是海湾战争多国部队的第11和第12个空战战果。战斗的轻松过程，和伊拉克飞行员表现的糟糕以及斗志上的动摇混乱，与前面那一场被怀疑是"苏联飞行员教官"亲自上阵的战斗都形成了非常鲜明的对比。的确，这两者相差太悬殊了，根本不像是同一支空军的成员。这更让美国空军坚信前面那一场有攻有防的空战一定是苏联教官所为。

## 第二节　胜负分秒之间

1月19日，同样来自第33战术战斗机联队58中队的克莱格·安德希尔和凯撒·罗德里格斯带着一支4机编队在上午10：00起飞，前去为E－3和KC－10执行6小时的护航任务。然而，他们在空中临时收到命令，改为一支由36－38架F－16和F－4G组成的攻击编队执行护航任务，扫清指定空域里构成威胁的伊拉克战机。然而命令下达时，编队的3号和4号机正在空中加油机那里加油，安德希尔和罗德里格斯只有以双机编队自己直接先动身，加速飞往指定空域。

他们加快速度赶上并超过攻击编队不久，罗德里格斯在目标区的东北方向捕捉到了一个单独的信号。随后安德希尔又在目标区西北方又发现了飞机信号。当罗德里格斯把情况向预警机汇报和求助后，预警机确认西北方的那对信号是两架在巡逻中的美国海军F－14，而东北方向的目标是伊拉克空军的米格－29，这是一场2对2的战斗。安德希尔和罗德里格斯迅速将两机转向东边的目标，目标信号果然由一个分成了两个，这应该是一个密集编队突然打开的米格－29双机编队。F－15C迅速迎击过去，力争用雷达锁定对手，从视距外先敌开火。然而这两架伊拉克战机适时做出了一个正确的切向机动，造成F－15C的雷达脱锁，使AIM－7导弹无法发射。安德希尔和罗德里格斯早已从无线电通信里得知，可能有苏联飞行员教官在驾驶伊拉克战机参与战斗，这时候他们更加警惕起来。在他们看来，这两架米格－29一看就是可能由那些苏联教官驾驶的，或者是经过苏联教官培训、比较像样一些的伊拉克种子飞行员，因为那两家伙面对危险的时候能临危不惧、知道自己应该做些什么！

然而这两架米格－29却并没有急于进攻，而是拖着F－15C编队追赶自己，罗德里格斯和安德希尔很快就明白米格－29的真实用意了——他们的雷达告警器很快就狂闪起来：伊拉克地对空导弹阵地的雷达正在锁定他们！他们已经进入了巴格达附近的一个地对空导弹火力网！好在此时最后一支攻击编队也已完成投弹正在离开目标区，罗德里格斯和安德希尔连忙以最快速度从地对空导弹火力网里逃离出来，心头咒骂着今天差点大意失荆州。这时预警机通知他们：在右边13英里处发现敌机！情况变得越来越紧张，F－15再次改变自己的航向。然而很快就弄清楚了——这股"敌机"原来是美国海军的F－14。

然而就在这时，真正的敌人降临了，E－3预警机突然紧急呼叫：F－15编队背后出现真正敌机，距离已经相当近！就是那两架米格－29真正敌机回来了！罗德里格斯和安德希尔别无选择，只有立即转向背后，扔掉副油箱，以最快速度用雷达搜索到目标。罗德里格斯在相距8英里时终于搜索到了来袭敌机并开始敌我识别问答，然而这时他的雷达警告器已经狂响起来，通知他已被一架米格－29战机的雷达先锁定、即将受到攻击！罗德里格斯只得先放弃攻击，马上开始脱锁机动，同时没有忘记马上将信息通过无线电告诉安德希尔："目标高度8000英尺，就在我正前方！"机动后，罗德里格斯的速度降到了580节，高度降到了5000英尺以下，他决定继续保持这种姿态飞行以利用地面杂波对雷达下视下射的干扰保护自己，同时打开电子对抗设备、并抛出大量干扰箔条！雷达告警器依然不断地闪烁着可怕的红光，罗德里格斯充耳可闻的依然是令人神经接近崩溃的尖锐的嘟嘟告警声！说明米格－29此时依然保持

着对罗德里格斯的锁定！罗德里格斯一面不停地左躲右闪做着大机动规避，一面不断地施放着电子干扰，一面不住地观察有无米格机发射的导弹向自己飞来！令他毛骨悚然的是，他依然看到米格－29牢牢地咬住他的行迹，但是让他感到万分幸运的是，始终没有看见向自己追来的空对空导弹烟迹！罗德里格斯断定这是他飞机上的电子对抗设备还有扔出的干扰箔条以及不断的大机动规避使得米格－29飞行员暂时无法朝他发射导弹。但这紧张的一刻还是让人神经极度紧绷！安德希尔急忙赶来支援，在激烈的追逐中，这架米格－29急于攻击罗德里格斯而忽视了自己背后的危险，安德希尔抓住这个机会向米格－29发射了一枚AIM－7M！导弹急剧地加速着向目标飞去，几秒钟后导弹火箭发动机燃料耗尽，安德希尔紧盯着导弹的尾烟，看见导弹坚决地飞向靠近米格－29的左翼，终于撞了上去、几乎直接击中米格－29！一阵爆炸的火焰和硝烟过后，天空里那个位置什么都没剩下。

这时，刚摆脱了惊魂时刻的罗德里格斯迅速定下心神，一面感谢了自己的战友安德希尔，两机一面重新编队，继续朝南飞搜索第二架敌机。此时安德希尔和罗德里格斯都不知道第二架米格－29其实就在他长机后方12英里远处。刚才美机的脱锁机动让这架米格－29也丢失了敌机方位，所以当他依靠自己重新找回来的时候，自己的同伴已经被敌机击落。不过此时他有着报仇的机会——两架F－15都正把机尾雷达盲区暴露给他！然而这时F－15又及时收到了来自西面预警机的指示："第二架敌机，在北边，15英里！"安德希尔和罗德里格斯连忙调头转向北方，来搜寻那个目标。果然，罗德里格斯在比F－15高的高度上发现了一个雷达信号，几乎是在同时，安德希尔的雷达也锁定了它！安德希尔的雷达锁定触发了米格－29的雷达告警接收器，米格－29开始大过载转弯！罗德里格斯和安德希尔一边迅速追击着对手，一边继续打开雷达对敌手进行锁定，然而此时在整个战争期间都经常工作很不可靠的敌我识别器再次出现了情况：两架F－15上的敌我识别返回信号均显示是"友机"，这实在是见鬼了。任凭罗德里格斯和安德希尔几次重新锁定和重新识别，敌我识别信号仍显示是"友机"。而第二架米格－29没有像第一架那样先锁定过F－15C，所以也确实很难断然说它一定是伊拉克战机。如果击落了一架本方战机，那后果可是够麻烦的。恼火的罗德里格斯和安德希尔只有通过目视去确认了，安德希尔在5英里外追踪并保持锁定着敌机，罗德里格斯决定追上去用肉眼看看。他一直追到距离4英里再次观察，这架飞机的轮廓看起来确实像是F－15，这使罗德里格斯一度也对自己刚才的判断产生了疑惑。可是这架"F－15"为什么遇到情况后却一直往北飞呢？要知道那边可是伊拉克的机场。

罗德里格斯决定追近一点观察，他干脆从那架飞机左边靠上去看个清楚，就在两机擦肩而过的时候，罗德里格斯看见了机身上的棕色和绿色迷彩以及伊拉克空军机徽——那确实是一架伊拉克的米格－29！

空战随即再次开始。罗德里格斯呼叫同伴："敌机，米格－29！"此时米格－29也看到了追踪而来的F－15，开始急剧左转，F－15C紧追不放，也向左急转，一场典型的缠斗就此展开。不过这名米格－29飞行员的动作不如第一位米格－29飞行员泼辣，罗德里格斯的F－15C一个凶猛的滚转加半压坡度机动切入了转弯内侧掌握了主动权，两架飞机展开了生死缠斗。安德希尔的战机在上方20000英尺处，掩护着自己的同伴，同时伺机对伊拉克战机发起一击。米格－29竭尽全力的机动着，他知道自己的危险处境，不但背后有一架F－15如影随形地追逐，而且甚至能看到上方远处还有第二架F－15在寻找机会。米格－29和F－15从8000英尺高度一直纠缠到1000英尺以下，翻滚追逐不休，无边无际的沙漠像扑面而来的惊人一幕展现在飞行员面前！占据着咬尾位置的罗德里格斯急切地准备用"响尾蛇"导弹结束对手，米格－29试图做一个半滚转加突然拉起来摆脱困境，然而这一下却没有控制好、倒霉的伊拉克人一头撞向了地面！一阵爆炸翻滚后，碎片散落了几英里远，这场惊心动魄的空战也结束了。

F－15C也必须赶快离开这里，两机的油料已经所剩无几，甚至不足以飞到加油机巡航的空中加油区域。多国部队的无线电通信里顿时充满了两架F－15C的求援，指挥所不得不紧急调动KC－10加油机在其他F－15编队的护卫下冒险进入伊拉克空域北上支援，这挽救了罗德里格斯和安德希尔的F－15。不过在回家的路上又发生了一点倒霉的小插曲，由于可恶的敌我识别系统工作不可靠，罗德里格斯和安德希尔的编队又被巡逻的沙特空军的F－15"守门员"编队当做敌机截住。罗德里格斯和安德希尔的编队被迫在明知对面是自己友机、不能开火而又要竭力避免被友机击落的情况做了一番周旋。预警指挥机也及时干预进来，不断呼号沙特战机，又费了一番周折之后，沙特空军战机终于认清这是两架友机而放行。两人的战机终于返回基地，到着陆的时候，他们的油料已经几乎用光了。除了胜利的喜悦，他们都忍不住对自己机上表现糟糕的敌我识别器发表了大量咒骂。

这场空战是第33战术联队58中队在海湾战争中获得的第8个和第9个战果。这并不是整个战争期间唯一的第一次伊拉克战机与美国战机进行格斗，但这次空战是伊拉克空军试图击落多国部队战机的行动里表现最好、最接近击落多国部队战机的时刻之一。伊拉克战机一度长时间锁定着美国战机，只差一点

就将美国 F-15 战机击落。

在整个 1 月 19 日这一天，F-15C 击落了 6 架伊拉克战机，分别是 2 架米格-29、2 架米格-25、2 架幻影 F1，自己无一损失，取得了这一天多国部队空中力量空战总战绩里 100% 的战果。在战争的第一天，即 1 月 17 日，F-15C 也取得了 6 个空战战果，但那一天美国海军的 F/A-18 也击落了两架伊拉克战机，F-15C 取得的战绩占那一天多国部队空战战绩的 75%。而在 1 月 19日这天，F-15C 取得了多国部队这一天全部的 6 个击落战绩，而其他战斗机虽然也在这一天出动了多个架次，但都没有取得空战斩获。把这一天称之为"鹰的一天"，丝毫不算夸张。1 月 19 日的空战，并不是整个海湾战争中战果最多的一天。真正空战战果最多的一天就是战争第一天 1 月 17 日。然而，1月 19 日却几乎毫无疑问是整个海湾战争中空战过程最激烈、局面最接近平衡、双方战术动作最值得圈点的一天。在 1 月 19 日里，伊拉克空军似乎集中了自己的精锐飞行员出战，而且事先似乎也进行了比较详细的计划，所以在这一天空战里取得了最接近击落美国空军战机的机会，给美国空军也制造了一些浑身出冷汗的情况。1 月 19 日的空战，是双方最相互有攻有防的一天，而不是整个海湾战争期间压倒性的"美军攻，伊军逃"模式，提供了最大的值得研究的价值。这也是本书没有大量描写 1 月 17 日空战、而大量描写 1 月 19 日空战的原因。

然而 1 月 19 日空战的仍然失败，使脆弱的伊拉克空军从此几乎失去了斗志和同强敌对抗的信心，在这之后，他们再也没有哪一天作战比 1 月 19 日更积极。在此之后的 1 月 20 日、1 月 21 日、1 月 22 日、1 月 23 日，多国部队空中力量都没能取得一次空战战果——这并非多国部队空中力量的表现有所下降，而是因为伊拉克空军消极避战、见敌就逃的作风发展到了一个新高潮，多国部队空中力量根本就很难找到一次空战的机会。然而，没有空战击落伊拉克战机的战果，丝毫不影响多国部队空中力量对制空权的牢固掌握。伊拉克空军从此将更加沦为一支缺少作用的军队。

# 第三节　空战是系统对抗

从 1 月 19 日 3 场 2：0 的空战里可以看到，美国空军的预警指挥机对空战的结果起了十分重要的作用。在这天第一场获胜空战中，正是 E-3 预警指挥机提前提供给 F-15 编队"伊拉克战机分为前后两个编队，来袭方向有一定夹角"的重要信息，才使得 F－15 编队长机可以有根据地分析敌军的陷阱，而不要光顾着攻击前面那个伊拉克编队而被后面的编队乘势从另一个方向偷袭，采取了正确的战术动作。如果没有预警指挥机的空情通报，F－15 编队长机也不可能凭空猜出来在另一个方向、更靠后一点距离有第二个伊拉克战机编队准备偷袭，这场空战的结果就很可能会改写。而且在整个 F－15 编队集中全部精力攻击第二个伊拉克双机编队的时候，还是 E－3 预警指挥机先发现了第一个伊拉克双机编队正在返回战场，及时调动柯尔克和威廉姆斯前往拦截，避免了整个编队被杀回马枪偷袭。在皮茨终于击落第一架米格－25 以后，皮茨和特里尼的注意力都仍在这架米格－25 身上，又是预警指挥机及时通知他们"第二架米格－25 已经返回战场"，从而使 F－15 可以调整自己的位置和指向，并在预警机引导下隐蔽进入了对手的雷达盲区，长时间跟踪对手并最后袭击得手。如果没有预警指挥机，美国战机这些战术动作都是不可能自动达成的。

在北线混合特遣部队这天的获胜空战中，也是预警指挥机提前提供给 F－15 编队"伊拉克战机已经从基地起飞"的重要信息，使 F－15 编队可以提前做好准备和进行战术决策，而在之前，F－15 编队的机载雷达还远没有发现任何伊拉克战机。在一部分 F－15 上的敌我识别器出现了故障时，又是 E－3 预警指挥机执行了多次敌我识别，准确判断出那是敌机。当 F－15 编队带队长机犹豫不决、反复重复追问的时候，E－3 预警指挥机果断超越迟疑不决的 F－15 长机，直接干预，命令 F－15 马上开火，为斯文登和普拉特果断击落敌机奠定了基础。实际上"兰博"编队的长机丁吉中尉过度谨慎，在重大战机面前犹豫不决，贻误时机，几乎酿成大错。如果预警指挥机不始终准确掌握着空情，并及时予以多次提示和超越式指挥，这两架伊拉克战机完全有可能在 F－15 犹豫不决中逃脱。如果伊拉克飞行员训练水平强一些，斗志强一点，甚至有可能利用美机的迟疑抢先发起攻击。而 E－3 预警指挥机的存在，使 F－15 编队得以有机会弥补自己错误、不要一错到底。

在美空军第 58 中队这天的第二场获胜空战中，在安德希尔的战机把西北方向的美国海军 F－14 错误地当作敌机的时候，也正是 E－3 预警指挥机及时提供给 F－15 编队正确信息，从而使得 F－15 编队正确地转向东北方的伊拉克战机，提前占据了主动。第一次空战未打成后，F－15 编队错误地将注意力全部集中在右边 13 英里处的海军 F－14 上之时，又是 E－3 预警指挥机率先发现了已经从 F－15 背后偷袭而来的伊拉克米格－29 双机编队。E－3 预警指挥机的紧急空情通报挽救了这两架 F－15，如果不是预警指挥机及时指挥，这两架 F－15 本来很可能根本没有进行规避机动的时间，根本没发现敌机在哪儿，就

被米格－29击落。正是E－3预警指挥机千钧一发的干预，弥补了这一错误。当安德希尔击落第一架米格－29后，两架F－15错误地以为第二架米格－29逃往南面而搜索追击时，也正是预警指挥机及时通知他们"第二架米格－29在北边"，使两架F－15获得了先敌发现的机会。这才使两架F－15获得了击落敌手的机会，而不是被敌手从背后偷袭。如果没有预警指挥机，这场空战的结果完全是不可预知的。

一部分军事爱好者喜欢把空战的胜负简单化地看作双方战斗机飞行员的PK，个别人甚至更教条化到"双方战斗机性能数据的比较"，以为知道了一点诸如飞机最大稳定盘旋角速度和最大瞬时盘旋角速度和不同高度最大爬升率之类的数据，就可以做出专家样子对空战战术指指点点。实际上空战是十分复杂的过程，是系统与系统的对抗。在对抗中，系统里每一个因素都会发挥自己的作用，系统对抗的胜负会受到多种因素的有力影响和制约。系统里哪一个环节的严重缺失，都会造成整体战局严重的受限而处于不利。系统里哪一个环节的严重弱点，也都会造成整体战局被敌方利用从而严重不利。系统里哪一个环节的严重错误，也都会造成整体战局的严重不利。即使具体到飞机的机动性上，战斗机在空战中理应采取的机动动作也不是简单的盘旋或爬升，而是应对当前敌情，果断采取当时情况下最合理的组合机动动作。像一部分普通军事迷想象的那样以为靠一个盘旋角速度或爬升率高之类就能掌握空战主动权，实际只不过是幼稚的纸上谈兵。而这极个别普通军事爱好者以专家心态自居、发表在一些刊物上的长篇大论，就成了真正名副其实的纸上谈兵。个别以专家自居的普通军事爱好者还喜欢把战斗机听从指挥中心指挥一概说成是"作风僵化刻板，缺乏独立作战能力"和"作战思想落后，飞行员缺乏临机思考权和应变能力"，把指挥中心不时发出空情通报和指挥调度当作"干预空中战机行动，体制有问题"。实际上，现代空战必然无法离开大型预警雷达和指挥中心的指挥和空情通报，指挥中心的指挥和空情通报是空战获胜最基本的条件之一。由于现在技术条件所限，战斗机的机载雷达根本不可能做到像地面大型预警雷达和空中预警指挥机一样强大，其有效探测距离远远小于地面大型预警雷达和空中预警指挥机，搜索的有效范围（前后、左右、上下）也远远小于地面大型预警雷达和空中预警指挥机。如果没有地面大型预警雷达和空中预警指挥机提供完整的空情保障，单纯靠战斗机自身的机载雷达搜索目标，是极为有限的，也是存在重大隐患的。空情保障好、指挥条件好的一方完全可以利用这一点，从一定距离上就引导己方战机从敌方战机的雷达盲区里进入，实现"直到我击落敌机、敌机还没有看见我机"的隐蔽攻击。而空情保障差、指挥条件差的一方却只能靠战机在空中乱碰，不但有效性极低，许多战机空中乱飞却不能找到敌机，大量敌机来袭的方向却不能事先集中大量我机应战，而且反应时间短，不利于事先做足准备而战。空情保障差、指挥条件差的一方不但完全限于被动，而且处境十分危险，往往不管单机性能数据有多出色，实际却根本无法还手。在空中战场上失去了制信息权，也就失去了作战的主动权和还手能力。地面大型预警雷达、指挥部和空中预警指挥机提供完整的空情保障和指挥，不但和"限制飞行员临机思考和应变"完全不是一码事，而且是空战基本的条件。在这个问题的认识上，如果从一个极端走到另一个极端，是不恰当的。

那么，怎样做到地面大型预警雷达、指挥部和空中预警指挥机的指挥干预起到良好作用，而不限制飞行员空中临机决断和快速应变呢？这就要做到：

第一，首先全面掌握战场空中情况，为飞行员提供准确、及时、全面的信息。

第二，通信联系和数据链信息传送手段快速、可靠、保密、及时，不贻误战机。

第三，地面各个预警雷达、指挥部应高效联网，全力避免在不同部门之间信息不联网、不流通、你知他不知、他知我不知，或者在不同部门之间来回转、互相指望、权责不清，或者上下级不同单位之间层层汇报、层层等待、层级过多的情况。而力图在和平年代就整合建立起完善、高效、清晰、简明、有力的指挥结构，指挥结构扁平简明，指挥权责清晰明确，指挥人员专业素养高，并在和平年代利用演习和模拟对抗等机会予以充分锻炼和检验。

第四，指挥口令应清晰、简洁、明确。地面大型预警雷达、指挥部和空中预警指挥机的指挥干预，应力求做到把握大局，简短清晰地提示告知飞行员当前敌情，而不是代替飞行员做一切思考和举动、把飞行员做什么机动动作都规定得过死。应在空战开始前将本方战机引导到最好的战位上和最佳的策略上，但空战已经进入双方交战后应放手由飞行员发挥为主，仅在关键时刻提供简短明确的关键提示。好的指挥，和不那么好的指挥，根本区别就在以下三点：

（1）是否准确。提供给空中战机的信息是否准确、全面，是关系到战术决策的关键。

（2）是否及时。提供给空中战机的信息是否及时、快速，也是关系到战斗成败的关键。需要由指挥部根据全面掌握的敌情而提前做出的判断，应该由指挥部及时做出。需要由指挥部提前做出的调动，应该由指挥部及时部署。

（3）是否精练。如果说得都对，可是面面俱到，啰啰嗦嗦，事无巨细，反而会使空中飞行员抓不住要领，无所适从。也容易因占用通信时长过长而遭

到敌方干扰、切断，反而使空中战机得不到最需要的信息。还会养成一部分飞行员"一切依赖地面和指挥，缺乏主观能动性，缺乏独立作战和思考战局能力，缺乏果断决断能力"的坏习惯。

E-3预警指挥机的存在，把伊拉克上空反而变成了美国空中力量的"主场"。使本应随着深入伊拉克境内而渐渐脱离本方雷达最强效地区的美国空中力量反而更加清晰地掌握了战场空中情况。

# 第四节　天空鹰阵

F-15"鹰"式战斗机由著名的美国麦克唐纳-道格拉斯公司（现已经被波音公司兼并）研发，是世界上公认最出色的第三代战斗机之一。F-15是一种全天候高机动性战斗机，采用固定式切尖梯形翼，前缘后掠角为45°，展弦比为3，根梢比为4，出于减少系统复杂性考虑，F-15没有采用前缘和后缘机动襟翼，而用当时很成熟的老技术——固定弯度的锥形扭转机翼辅助提高机动性。机翼采用展弦比3，配合较小的根梢比，有利于推迟翼尖分离，明显减小了机翼诱导阻力。同时提高了机翼升力线斜率，改善了机翼升力特性，这明显受到了约翰·伯伊德创立的"能量机动理论"的影响，和能量机动理论中减阻增升的要求是一致的。但是，展弦比增大，超音速零升阻力系数也增大，增大了跨/超音速的波阻，F-15通过强大的发动机推力来解决这点。在气动设计上突出点的取舍，反映了F-15设计中重视高亚音速段机动性，而将超音速段性能放在靠后一些的思想。

F-15的进气道外侧有独特的凸起的大型整流罩，从机翼根部前缘一直向前延伸，这个凸起的整流罩不只能够起到进气道与翼根交界处整流的作用，还可以在大迎角下可以产生涡流，推迟机翼失速和提高尾翼效率，因而可以大幅度提高机动性，其作用类似于边条翼。但作为第三代战斗机中较早的设计，这种依靠进气道外侧凸起整流罩产生有利涡流的做法，会附带产生较大吸力，气流不易分离，其效果不如边条翼好。整流罩结构经过机翼向后延伸，形成尾部支撑桁架（尾撑）结构，除了提供尾翼安装空间外，大迎角下还能产生一定的低头力矩，帮助改善飞机的大迎角下的操纵性能。

F-15的尾翼也采用独特的大间距双垂尾布局，同时有两个垂尾，分别安装在后机身两侧的尾撑上。由于在任何迎角、侧滑角条件下，都会至少有一个垂尾躲开复杂的慌流，不受机身对气流的遮挡作用，从而大大提高了飞机的航向稳定性。这一点在大迎角机动状态下更为有效。

由于良好的气动设计，和问世之初大大领先其他战斗机的低翼荷载和高推重比，F－15 获得了优异的机动性能。在空优任务标准起飞重量下，F－15A 整机推重比高达 1.07，而翼载仅有 358 千克/平方米。这些参数远优于前一代的典型战斗机。为更好地适配 F－15 的高机动性，F－15 采用了双余度、高权限模拟式控制增稳系统（CAS），外加一套机械备份。控制增稳系统是全权限电传操纵系统出现之前最好的飞控技术，实际可以被简化看做 30% 权限的电传操纵系统，是早期电传飞控系统的雏形。控制增稳技术不再单纯依靠飞行员人力推拉操纵杆和机械传动来操纵飞机，而是把飞行员的操作动作作为接受到的控制指令电信号发送到飞控计算机，计算机操纵各控制面进行响应，从而保证飞机按飞行员需要的那样飞行。控制增稳系统大大改善了飞行员的体力消耗和精力分配，使操纵杆的操作力度大为变轻，使飞机的操纵更轻便灵活，响应更快捷准确。

发动机的充沛动力为 F－15 优良的机动性提供了基础保证。F－15A 采用的是两台普拉特－惠特尼公司 F100－PW－100 加力式涡轮风扇发动机，单台最大推力 72.5 千牛（7400 千克），打开加力燃烧室时推力高达 111.1 千牛（11340 千克）。F100－PW－100 是一种轴流式涡扇发动机，涵道比 0.7，双轴3 级风扇＋10 级高压压气机＋2 级涡轮。F100 发动机在诞生时占有跨代地位，推重比高达 7.8，是世界上最早投入使用的推重比达 8 一级军用发动机。它采用"两高一低"策略，即增压比高、涡轮前温度高和涵道比低的设计。在材料上采用了高强度重量比、耐高温的合金。F100 也是首次使用单元体结构的战斗机发动机，它由 5 个单元体组成，各单元体都可单独更换。并可以实现同一飞机上左右发动机互换安装、左右发动机备件互换通用，这一点对于减少备用发动机整机和备件、降低使用中的费用具有重要的意义。F100 发动机的快速拆装设计也十分先进，普－惠公司宣称在理想条件下拆卸时间只需要 20 分钟，可以大大减少更换发动机所需的机务人员数量和工时。再配合二元多波系可调进气道装有一组调节板和一个放气门，可自动保证最佳激波位置和进气量控制，为 F－15 提供优秀的动力表现。

但普－惠公司在设计之初并没有充分考虑到可靠性和使用要求，导致F100－PW－100 装备美军头几年问题层出不穷，成为了美空军地勤人员的噩梦。20 世纪 70 年代后期，F－15 因 F100－PW－100 发动机频频故障而出现趴窝停飞的现象，被美国空军飞行和地勤人员戏谑地起了"机库皇后"这一难听的外号。这一丑名不但是指当时 F－15 趴在机库里的时间最长，而且形象地

表现出了 F100 - PW - 100 发动机频繁出故障后，一堆焦头烂额的美国空军机务人员像跟班仆从一样围绕着它团团转、查找故障的情景。这一点将在后面的另外一个章节里详细讲述。

在飞机结构上，F - 15 机翼采用先进的多梁抗扭盒型破损安全结构设计，前梁为铝合金，后三根梁为钛合金。只要翼梁没有同时都破坏，就可以支持飞机继续飞行一段时间，大大提高了飞机在战场上受伤后的生存能力。全机大量采用了强度高、质量轻、耐高温的钛合金，使飞机有效载荷系数得到提高。F - 15 的机内载油量很高，机身内共有 4 个燃油箱，左右机翼内各有一个燃油箱，F - 15A 机内最大载油量可达 5000 千克。在海湾战争使用的 F - 15C、D 型上，内侧机翼的前部和后部都扩大成机翼整体油箱的一部分，进一步增加了飞机携带的燃油量 907 千克，并可增挂两个保形外挂油箱。每个保形油箱可装 2211 千克的燃油，装在发动机进气道两侧，阻力较小，不影响原有的各种武器的挂装和发射。保形油箱能减少 F - 15C/D 空中加油的次数，增长在作战空域的留空时间，增大了任务的灵活性。此外还可以在机身和机翼下最多带 3 个大型副油箱。

除了比前一代任何一种战斗机都优越的机动性、操纵性、航程以外，F - 15 还有火力和航空电子设备的显著进步。F - 15 的电子和武器系统设计出发点是可以不过于依赖于地面基地，无论在有支援的本方空域，还是在缺少支援的敌占区域，都能有效地发挥作用。F - 15A 采用了 AN/APG - 63 火控雷达系统。APG - 63 雷达为 X 波段，探测距离远，后期改进型号对雷达反射面积 5 平方米的目标最大探测距离可达 80 千米左右。具有上视上射和下视下射能力，具备在地面杂波干扰的下视条件下发现低空目标的能力。APG - 63 雷达具有多种对空工作模式，可以根据不同的战斗形势或交战模式来选择不同的脉冲重复频率（PRF）：远程搜索，使用中/高 PRF，根据飞行员选择的搜索距离确定 PRF，以获得较好的迎头和尾追搜索效果；速度搜索，使用高 PRF，专用于迎头高速接近的目标；近距搜索，使用中 PRF，可用于格斗时为响尾蛇导弹和航炮提供火控数据，可以跟踪多个目标。雷达探测到的信息自动输入中央任务计算机，经过综合判别威胁类型后通过平视显示器和下视显示器实时显示给飞行员。

在海湾战争中，多国部队执行空中优势任务的主要是 F - 15C/D。F - 15C 最大起飞重量增至 30600 千克。C 型采用了两台普 - 惠公司的 F100 - PW - 200 或 229 型涡扇发动机，每台推力加大到 10646 千克。少部分 F - 15C/D 换装了 AN/APG - 70 火控雷达，该雷达大幅度扩大了存储量达 1000K，处理速度提高两倍。该雷达更加强了下视下射能力。采用新型中央计算机，容量增加3倍，处理速度提高两倍。原有武器控制板换为与计算机相联的霍尼韦尔彩色下视显示器，火控系统、电子对抗系统也有改进。换装新的战术电子战系统，包括ALR－56C雷达告警接收装置和ALQ－135对抗装置，自卫电子干扰能力足以对抗80年代新出现的威胁水平。

座舱飞行员视野正前方的平视显示器是F－15C空战中最常用的显示器，它不只是取代了多种仪表，把各种必需的飞行信息一目了然地综合在一块显示在平显上，而且能将机上火控雷达系统和电子战系统收集到的各种战斗信息经综合后，显示在飞行员面前。这就是综合式火控航电设备系统和老式的仪表及单块式平视显示器的区别。综合式火控航电设备系统里的平显不但使得飞行员不再需要低头查看驾驶舱内的各种仪表，使飞行员的目光在激烈的空战时可以始终不离开前方，大大减少了老式飞机飞行员目光需要在前方的目标（空战信息）和下方的仪表（飞行信息）上来回变化的时间浪费，理顺了飞行员的精力分配，大大减少了老式飞机飞行员因低头看仪表过程中丢失目标的现象。此外，F－15上还有下视显示器，对空战第一重要的信息在平显上显示，其他一些重要程度相对不那么靠前的信息则用下视显示器显示，如导航地图、外挂武器状态、飞机状态信息等。所有的这些显示器都不是简单的"大屏幕显示器"堆砌，而是经由中央任务计算机处理完的信息。机上还有自动武器管理系统，能与中央任务计算机交联，使飞行员空中作战更简单方便。在空战中，F－15的飞行员只需盯住平视显示器，雷达探测到战斗信息和飞机的飞行信息都会自动显示在平视显示器上。当飞行员选定适当的空战武器后，平视显示器上会立即显示这种武器所对应的虚拟导引线。飞行员只需按照平视显示器上的虚拟导引线引导本机飞行，和用锁定框瞄准敌机，就可以保证目标处于己方的杀伤范围中。在导弹发射前，平视显示器上还会根据飞行员选定的导弹，自动显示是否已经具备发射条件，而不用飞行员默记这种导弹的各种使用参数、心算这种导弹是否已经符合发射条件。这就大大减轻了飞行员负担，提高了反应速度。在空战中，飞行员只需按平显上显示的信息，双手分别控制操纵杆和油门杆上的各个武器及电子设备按钮（即手不离杆操纵系统（HOTAS））即可完成锁定并击落敌机的过程。

如果空战中本机被敌机雷达锁定，处于被攻击的危险中，F－15的电子战系统会自动提供威胁告警信息，同时自动对威胁类型和等级做出评判，实时显示在飞行员面前的平显上。与此同时，电子战系统将自动选定干扰对抗方式。如面对敌机雷达锁定，可以立刻施放箔条干扰和杂波干扰。这整个过程都不用

飞行员自己费力判别威胁类型和等级，从而减少了飞行员的负担，提高了情况处理的速度。

以美制 F - 15 和 F - 16 战斗机为代表的先进的综合式火控航电设备系统，体现出的高自动化和大大解放飞行员精力的优点，都是苏制战机传统上严重欠缺的。这使得美制战机除了苏联同样重视的飞机自身机动性等硬条件以外，能够在火控航电设备等原来苏联认为"较次要的条件"上帮助美制战机取得战斗中明显的优势。

此外，F - 15 还装有机载 AN/ASN - 109 惯性导航系统，可以在全球任何位置不依赖外界地为 F - 15 提供导航。它可以和 AN/ASN - 108 姿态/方向参考系统一起，综合提供飞机的实时位置、俯仰/滚转、姿态、航向、加速度和速度等相关信息。高精度的惯性导航系统使 F - 15 和 F - 16 等战机可以不依赖地面的导航而深入敌方占领区进行远距离作战，而不需要像一些苏制战机那样过度依赖塔康等来自地面导航信号的方式进行航向调整。这使得 F - 15 和 F - 16 这样的美制战机具有更好的自主作战能力和攻击能力。相比起来，苏联虽然也有惯性导航装置，但其引导精度显著低于美制设备，如果单靠飞机上的惯性导航装置，引导的累积误差将达到一个很大的程度，足以使飞机在远距离突防后无法在短时间内找到原定的目标。这是苏制飞机对地面依赖重、自主作战能力和远距攻击能力不如美制战机的原因之一。

当然，高频无线电通信设备也是必需的标准配备。F - 15 的高频无线电通信设备不但通信功能强大，而且具有很强的自动跳频抗干扰能力。除此之外，F - 15 的飞控系统还具有良好的自动驾驶功能，可以结合惯导和中央任务计算机，经过事前设定起飞点和集结点（通常都在敌方防空火力区域外）后，可由飞控系统自动驾驶到指定集结点，这一段内采用自动飞行，可以大大减轻飞行员的疲劳，增强长距离作战的耐力。这也是美制战机在实战中能表现出比苏制战机自主作战能力强、远距攻击能力强的一个侧面原因。待完成任务返航时，脱离敌方防空火力区域后，也可经过事前设定折返点和着陆点，由飞控系统自动飞回机场上空。F - 15 还装有完善的自主着陆系统，大大提高了在恶劣天气安全起降的能力。

F - 15 可使用 4 种不同的空对空武器：其机腹可携带 4 枚 AIM - 7M "麻雀"导弹或 AIM - 120 先进中距空空导弹，机翼的挂架共可携带 6 枚 AIM - 9L/M "响尾蛇"近距空空导弹或 AIM - 120 导弹，右翼根下固定安装有 1 枚 M61A120mm 加特林机炮。

F - 15 基本技术数据如下：

| | |
|---|---|
| 机长 | 19.45 米 |
| 机高 | 5.65 米 |
| 翼展 | 13.05 米 |
| 空重 | 12973 千克 |
| 最大起飞重量 | 30845 千克 |
| 最大外挂武器载荷 | 10705 千克 |
| 最大平飞速度 | 2.5 马赫 |
| 起飞速度 | 232 千米/小时 |
| 实用升限 | 18300 米 |
| 起飞滑跑距离 | 274 米（截击） |
| 着陆滑跑距离 | 1067 米（截击，不用减速伞） |
| 最大续航时间 | 5 小时 15 分（无空中加油） |
| 转场航程 | 5745 千米（带保形油箱）4631 千米（不带保形油箱） |
| 限制过载 | ±9g |

E-3 预警指挥机，是根据美空军"空中警戒和控制系统"（AWACS）计划研制的全天候远程空中预警和控制飞机。与之前的预警指挥机相比，E-3 强调了复杂陆地地形上的下视能力，能在各种地形上空获得可靠的工作。E-3A 预警指挥机外形上最特别的特征，就是机背上的雷达罩。E-3 把一部 AN/APY-1 雷达搬到了飞机背上，因而能够在空中探测和监视飞行器。雷达罩直径9.1 米，厚度1.8 米，用两个支柱支撑在离机背3.3 米高处。透波材料制作的雷达罩内部安装有雷达天线，在地形复杂、反射杂波强烈的陆地上空，也能利用雷达的脉冲多普勒效应原理将来自地面反射的杂波过滤掉，这使得 E-3 在世界预警指挥机里率先具有了可靠的陆地上空下视能力。对低空飞行目标，其探测距离达 300 千米以上，对中空、高空目标探测距离更远。而 E-2C 等较老的预警指挥机上的雷达在陆地上空就无法有效去除地面反射杂波干扰，在陆地上空使用时存在明显的技术缺陷。由于使用了大量先进的电子技术，E-3 的单价高达2.7 亿美元，堪称美国最昂贵的军用飞机之一。

E-3A 的机体平台与波音 707 客机同源，但换装了较为新型且省油的涡轮风扇发动机，是一种非常成熟可靠和低价的机体平台。翼下发动机吊舱内改用 4 台普拉特·惠特尼公司的 TF33-PW-100/100A 涡扇发动机，单台推力93.4 千牛（9525 千克）。驾驶舱后上方还有空中加油受油口，以增强 E-3A 的滞空时间和续航能力。为了装载巨大的雷达天线，E-3 加强了机身结构，根据预警机内部布局的特殊需要，重新设置了舷窗与舱门，加强了地板并进行了核

电磁脉冲屏蔽和防生化武器改装。作为预警指挥机，E－3A 最重要的地方就是它上面搭载的机载设备，可大致分成搜索雷达、敌我识别器、数据处理、数据显示与控制、通信和导航与导引 6 个分系统大类。

E－3A 的雷达采用了美国威斯汀豪斯公司研制的 AN/APY－1 型 S 波段脉冲多普勒雷达。主要由尺寸为 7.3 米×1.52 米的平板隙缝阵天线、雷达发射机、雷达接收机与数字式信号处理机组成。可选用脉冲或脉冲多普勒、高脉冲重复频率或低脉冲重复频率、垂直扫描或不垂直扫描、主动或被动等多种工作方式。根据自己所在战区的不同敌情条件，E－3 可以把自身所在地点的 360°方位圆形区域划分成 32 个扇形区，选择在其中每一个扇形区内选用恰当的工作方式，选择最适用的雷达扫描方式，以适应陆地上空下视、超地平线远程搜索、海上目标搜索和干扰源方位测定等不同作战任务的需要。AN/APY－1 雷达具有主波瓣窄、旁瓣低、频率捷变能力强、多脉冲重复频率、动目标显示等技术特点，能有效地对抗敌方电子干扰。雷达工作时，旋转天线罩由液压驱动，每分钟 6 转。

E－3A 上的敌我识别器是卡特勒－哈默公司研制的 AN/APX－103 询问机为基础的高方向性询问——接收编码式敌我识别系统。其天线与雷达天线背靠背地安装在雷达天线旋转罩内。其询问与接收信号均经信号处理机由中央数据处理机控制。通过该系统能获取装有编码应答机的目标的方位与距离信息。敌我识别系统在一次扫描中能询问 200 个以上装有应答机的空中、海上或陆上目标，而且值得一提的是 E－3A 上的敌我识别器比 F－15 上名声不佳的敌我识别器工作可靠性高得多。所以在空战中，战斗机飞行员们经常十分依赖 E－3A 预警指挥机来进行敌我识别判断。

数据显示和控制系统也是 E－3 上最核心的设备系统之一，直接关系着 E－3 在空战中的指挥和引导。E－3 上的数据显示和控制系统主要由数据显示控制器、多用途控制台、电传打字机和辅助显示器组成。多用途控制台用 48 厘米显示器显示目标与背景信息，通常在显示屏下方用 20% 的空间以表格的形式显示出目标的速度、距离等信息。如果显示的是己方飞机，还可以按照事先输入的全体作战计划显示该批飞机所执行的任务。E－3A 上通常共有 9 部多用途显控台。显示器有正常与放大 32 倍两种倍率，放大 32 倍率方式可用于监控和指挥多架战斗机在局部空域的空战。不过不可避免的是，当某一台显控台的显示器在放大 32 倍率方式工作时，这部显控台也就不能显示更宽广空域里的空情。

E－3A 上的数据处理系统能记录和处理来自雷达、敌我识别器、通信、导航和导引系统以及其他各个机载数据搜集和显示系统的数据。系统的处理速度为110万次/秒，最大输入/输出数据率为71万字/秒，主存储器容量为65.57万字节，大容量存储器容量为120.42万字节，具有故障自检能力。存储下来的数据不但能供空中任务实时使用，而且还可以把空战过程记录下来，供参战飞行员回到地面后反复研读，总结经验教训，从而不断提高水平。

E-3的通信系统装有14种高频、甚高频、超高频无线电通信设备，可以确保E-3对空、对地和应急通信的需要。并且从第三批生产的飞机中开始加装三军通用的数据链传输系统。保证了指挥功能的最大发挥，保证了E-3A空中指挥中心的地位。

E-3A装有两套"轮盘木马Ⅳ"惯导系统，ARN-99罗盘导航设备和APN-200多普勒导航仪。保证了E-3A可以在本方不熟悉的陌生空域自如使用。

由于装载了大量功能强大的电子设备，所以E-3A的空调和冷却系统以及配电系统也需要额外加强，以保证各种设备和操作人员能够不过热、保持正常工作。E-3A上有一套液冷系统，专门用于冷却雷达发射机，一套循环式空调系统与一套闭回路冲压冷却式空调系统，用于乘员和其他电子设备的空调。发电机容量为600千伏安。后货舱内有辅助动力装置。

E-3A可载17名乘员，其中飞行人员4名，电子系统操作员12名，后者分别负责操作通信设备、计算机、雷达和多用途控制台，另有空中机务军官1名。战时通常搭载两个机组，两组轮流换班工作和休息，以确保长时间预警指挥巡航。在上层机舱内，由驾驶舱向后依次排列有：通信设备机柜与通信操作台，数据处理设备机柜与计算机操作员工作台，多用途显控台，空中机务军官工作台，雷达接收机，以及信号处理机机柜。机尾处设置了乘员休息间、卫生间和备用救生器具存放柜，E-3A上的乘员休息间还是相当不错的，可以让乘员轮流休息小睡一阵，并有装食物的冰箱和加热食物的微波炉。因为E-3经常需要长时间在空中巡航，所以美国空军认为必须有乘员休息间和卫生间，以改善乘员的工作条件，降低乘员的疲劳程度，从而达到优良的工作状态。在海湾战争期间，为了更长时间的巡航，E-3预警机上还经常超员，有时甚至达到20多人。

1977年3月，第一架生产型E-3交付美国空军使用。到1988年，美国空军订购的34架E-3已经全部交付完毕。这些飞机在美国本土、欧洲和远东、中东等地参加过多次演习，其中1/3驻扎在国外，作为防空警戒与战术空军的空中指挥机，其余驻扎在美国本土，用于本土防空和作为后备力量。由于

E－3预警机是当时最先进、最强大的预警指挥机，因而受到了广泛的采购。除了装备美国空军，还先后出口到英国，法国，沙特阿拉伯，并被北大西洋公约组织采用，引进18架更新型号的E－3。东亚的日本也提出采购E－3，但因此时波音707平台已停产，改为采用更新的波音767机体和E－3的电子设备，某些方面性能尚有所超越E－3A。

美国E－3预警机性能数据如下：

| | |
|---|---|
| 翼展 | 39.27 米 |
| 机长 | 43.68 米 |
| 机高 | 12.6 米 |
| 翼面积 | 282.2 米$^2$ |
| 雷达天线罩直径 | 9.1 米 |
| 雷达天线罩厚度 | 1.8 米 |
| 空重 | 78000 千克 |
| 最大起飞质量 | 147550 千克 |
| 最大平飞速度 | 853 千米/小时 |
| 实用升限 | 12200 米 |
| 起飞距离 | 3350 米 |
| 值勤巡航速度 | 0.6 马赫 |
| 值勤巡航高度 | 9140 米 |
| 值勤持续时间（不空中加油） | 8 小时 |
| 值勤时间（经空中加油） | 12～16 小时 |

# 第五节　发动机大战

F－15在海湾战争里表现骄人，可是很多人可能想象不到：在它服役的头几年，它的动力——美军新一代多种战机的主力发动机，性能指标非常先进的F100－PW发动机在装备初期却有着高得惊人的故障，给美国空军带来了巨大的压力。具体讲，最常出的故障主要有三种：

## 一、低压压气机叶片失速

压气机位于发动机的前方，负责将通过进气道的气流压缩，提高压力和燃烧效率。F100－PW－100发动机的压气机叶片在某些状态下会出现混乱紊流而导致叶片失速，直接影响到压气机与发动机运作的顺畅性和连贯性，造成发动机工作失常。而且这种停滞性失速是持续发生，飞行员必须将发动机关闭后重新启动，才能解决这个问题，否则无法消除异常。这就造成了严重的空中停车和重新启动问题。更令人头疼的是，F100 发动机不止用于双发动机的 F－15 上，还用于单发动机的 F－16 上，单发动机的 F－16 空中停车和重新启动时处在没有动力的状态，一旦空中启动不成功就将只有坠毁，这就带来了更大的安全隐患。

美国空军在多次同类故障中逐渐总结出：F100 发动机的停滞性失速故障有超过 70% 的比例发生于打开加力燃烧的时刻，也就是说飞行员最需要大幅度增加推力之际却会更多发生空中停车故障。为了降低发生故障的几率，美国空军只有先要求飞行员尽量减少使用加力推力状态。此外，美国空军还要求地勤人员手工调低发动机的输出推力限制，通过降低发动机使用推力来使发动机远离出现故障的"边界"，以减少发生危险的次数。但是这项规定对部队战斗力带来了严重的制约：由于平时不能经常使用加力推力进行训练，使飞行部队的训练状态大打折扣。而到战争爆发的时候，还需要临时恢复原先发动机的最大性能，并且还要面对战时最需要大幅度增加推力的空中格斗之际却发生更多空中停车故障的风险。

## 二、涡轮叶片断裂

F100－PW－100 发动机的一级涡轮叶片常常仅使用很短时间就出现疲劳断裂破坏，当叶片发生断裂时，在 3 万转/分钟的高速下，断裂飞出的涡轮叶片犹如一把把飞刀，经常将后机身打得破烂不堪。作为发动机上的热工作件，涡轮叶片需要承受非常高的温度与转速。涡轮叶片断裂故障与压气机叶片停滞性失速或工作不正常有密切的关系，压气机叶片失速或其他工作不正常的时候会中断给涡轮叶片冷却气流的供应，这时候承受高温气流的涡轮叶片立即发生温度分布不均匀以及温度迅速上升超过设计的温度。加上涡轮叶片在飞行中处于不断的高速旋转之下，高速旋转所施加的应力使部分叶片出现快速脆化与裂缝。当叶片结构开裂发展到极限值时就会发生断裂，在高速旋转作用下飞出的涡轮叶片将严重损坏整个发动机。而且这种损害无法像压气机叶片失速故障那样通过空中关闭发动机后重新启动来解决。这种故障是最危险的一种故障类型，一旦发生就将造成整台发动机失效，有时甚至会像爆炸一样对后机身造成严重损坏，导致飞机坠毁。

对于这个问题，普－惠公司先只是采取了一个应景的措施——为了防止断

裂的叶片打坏整个后机身，F100 发动机在发动机外特别设计了一层坚固外衬，来限制断裂的叶片不会飞出。但是，这种做法丝毫不能减少和解决涡轮叶片断裂的故障，并且遮挡住了维护检修时的直观视线，让地勤人员必须将发动机从飞机上完全卸下来才可以检查发动机。涡轮叶片频繁发生断裂的故障，让美国空军地勤人员必须以很高的频率对涡轮叶片进行检查，这更增加了地勤人员的工作量。

### 三、许多零部件寿命远低于预期寿命

许多零件的使用寿命短到让美国空军难以接受的地步，只使用几十飞行小时就被迫需要更换。这极大地增加了 F100 发动机的使用成本，迫使美国空军 F-15 战斗机的日常使用开支处于超出预算的情况。经过使用方和制造方多次查找原因，认为零件寿命短于预期的原因来源于设计与操作两方面的因素。喷气式发动机在设计上有一个重要的参数，用以指导耐久性水平，称为热机循环 (Thermal Cycle)。一个热机循环，代表发动机从启动之后到最大推力之后，执行完任务再回到最小推力降落的一个周期。对应到实际飞行中，计算一个热机循环周期需要参考的因素很多：任务型态、油门变化等。发动机在设计阶段需要预估热机循环的次数与总使用时数，计算出适当的维修与检查的周期。以 F100 之前、配用于第二代战斗机的发动机经验来说，操作 2000 小时下累计的热机循环次数大约为 1765 次，可是 F100 在实际使用中 2000 小时累计热机循环次数高达 10360 次。这是由于飞行员为了做最大机动飞行而在飞行中频繁变换油门大小，发动机推力从低到打开最大加力变化非常频繁迅速，这就超出了 F100 在设计时考虑的热机循环周期的 2000 小时累计 2000 次左右标准，立即暴露出了巨大的负面效应。许多热工作段零件老化速率远远超出预期或者干脆还没到发动机首翻期就已经出现损坏，问题相当普遍。F100 发动机的妥善率严重下降，而零件储备与使用成本却大幅上升，而对这些额外增加的成本，美国空军却必须遵照国会批准的预算花钱，非常头疼。

使用中出现的种种问题，使得普-惠公司与 F100 发动机饱受批评。面对 F100 发动机在使用中出现的问题，普-惠公司的态度却让美国空军很不满意。普-惠公司最初把低压压气机叶片失速问题归咎于"飞行员的粗暴操作和不良习惯"，表示"飞行员的粗暴操作和不良习惯"导致发动机工作状态超出了 F100 发动机设计时的考虑，所以这个责任不能由普-惠公司承担。美国空军对这种推诿责任的说法感到极度不满，美国空军部一位负责人直言不讳地对普-惠公司的代表说："我们给你们这么多钱，让你们做出这款发动机，是为了让你们

确保我们能够干什么，而不是让你们教导我们：这产品不能干这个，不能干那个！"

　　美国空军的不满是有道理的，实际上，普－惠公司口中所谓的"飞行员的粗暴操作和不良习惯"就是飞行员为了发挥第三代战斗机优良的机动性能、在空战中占据上风而必须做的，为了充分发挥优良的机动性，就需要频繁地变换油门。根据需要，时而大幅度增大油门以提供强大的推力，时而剧烈减小油门以便减速。频繁地变换油门，是空战的需要，绝非飞行员拿到新机闲得没事瞎折腾。而且普－惠公司在交付产品前和交付时，也从没有说 F100 发动机不可进行油门剧烈变换，使用手册上压根就没有"变换油门的时间间隔应该大于多少"这样的条文，而在出现大量故障之后才说"这是因为操作粗暴，超出设计考虑的范围"。所以，普－惠公司的说辞显然是站不住脚的。

　　普－惠公司和美国空军对 F100 发动机的争论，还远不止这一个问题。对于涡轮叶片寿命远低于要求和断裂故障，普－惠公司也拒绝承担责任。普－惠公司表示，这个问题与压气机叶片停滞性失速有密切的关系，压气机叶片失速、压气机工作不正常是美国空军飞行员"粗暴操作和不良习惯"引起的，所以涡轮叶片寿命远低于要求和断裂故障当然也应归咎于美国空军飞行员，不能由普－惠公司承担责任。

　　关于许多零部件寿命远低于预期寿命的问题，普－惠公司当然也不会认为是自己的责任。普－惠公司表示，在 F100 发动机设计阶段，需要预估热机循环的次数时，美国空军给出的材料是越南战争期间配用于第二代战斗机的发动机操作 2000 小时下累计的热机循环次数大约为 1765 次，所以 F100 发动机当然也不会考虑比这激增许多的热机循环次数。F100 在实际使用中热机循环次数远远超出二代机的水平，甚至达到了 2000 小时累计热机循环次数高达 10360 次，这是由于"美国空军对飞行员教育不充分、没有纠正他们的不良操作习惯"而导致的。既然 F100 的大量故障是在大大超出了设计时考虑的热机循环周期的情况下发生的，当然不能说是 F100 发动机的设计或质量问题，而应该由美国空军负责。普－惠公司还拿出了美国空军在 F100 发动机招标研制之初给出的设计任务报告，显示里面确实没有任何规定热机循环周期 2000 小时要累计高达 10000 次的内容。

　　对此，美国空军也确实是哑巴吃黄连——有苦说不出。虽然设计任务报告里确实没有规定热机循环周期 2000 小时要累计高达 10000 次，但 F－15 作为一款强调高机动性的第三代战斗机，机动性的强调，必然带来发动机油门的变化剧烈，这完全是普－惠公司应该想到的，而不应该是普－惠公司以"没有明

确条文规定"来狡辩的。而且美国空军的一位工程师宣称他在 F100 发动机研制期间就提出热机循环周期完全按照上一代战斗机经验值会过小的问题，但被普－惠公司以"美国空军人员的个人意见不能代表美国空军的正式意见，这种质疑方式不符合常规程序"为由不予理睬。在一切争议都要以合同条文为依据的社会里，美国空军只好咽下半个苦果，提出对 F100 发动机故障问题造成的成本上升问题，由美国空军与普－惠公司经过谈判共同分摊。

但是，普－惠公司却坚持极为强硬的态度，坚持认为问题都是美国空军自己使用不当，都是美国空军自己认识不清，所以未能提前提出准确的技术要求所致。虽然美国空军与普－惠公司历经多次谈判商议，普－惠公司也拒绝分摊成本与责任。由于发动机频繁出现故障，F－15 大面积停飞，造成严重后果。在 1978～1979 年间，出厂的 F－15 甚至长期没有安装发动机，而在停机坪上等待着 F100－PW－100 发动机问题解决。普－惠公司甚至利用配套配件厂的罢工事件，表示交付时间无法确定，来要挟美国空军就范给钱。在这种情况下，美国空军只有被迫停止接收 F－15 新机。更要命的是，这时候美国空军 F－16 战斗机的动力也是 F100 系列发动机。美国空军两大新型战斗机：F－15 和 F－16 都面临停飞问题，整个美国空军的战斗力出现了严重的阴影。这种情况使美国空军苦不堪言，空军夸耀了半天的主力战斗机变成了中看不中用的"机库皇后"，就已经够让美国政府和国会侧目相看的了，而且额外增加的大量维护修理更换配件费用，更使美国空军处于无法向政府和国会交代的地步。

美国空军的怒火终于到了忍无可忍的边缘。美国空军对普－惠公司的产品质量与服务态度极为不满，双方的关系恶化到了剑拔弩张的地步。1979 年美国空军与普－惠公司的对峙官司终于一直打到了美国国会上。在美国国会就美国空军第三代战斗机集体出现发动机故障问题的公开听证会上，面对与普－惠公司有密切金钱关系的少数议员倾向性明显的咄咄逼人的反问和诘责，美国空军据理力争，直斥普－惠公司产品设计有缺陷，生产工艺不过关，服务态度傲慢恶劣，毫无反思精神，发现问题后继续推诿掩盖，视飞行员生命安全与己无关，出事后推卸责任，百般扯皮，自私自利大发劣质产品财，不但不提供免费更换配件，反而利用产品质量缺陷大发零部件财。普－惠公司的代表却发扬技术人员懂得技术的复杂性来扯皮的特长，反唇相讥，指责问题都是美国空军飞行员操作习惯野蛮和管理松散、地勤人员技术水平差、责任心不到位、没有良好地掌握 F100 发动机的维护检修、美国空军管理水平低下所致。双方的代表在国会上唇枪舌战，经久不息，一时间震动国会。

此次听证会之后，针对 F100－PW 发动机的情况，美国空军知道光与普－

惠公司这样扯皮下去根本无济于事。他们悔恨地认识到建立充分良性竞争体制的必要性，像现在这样，大推力涡轮风扇发动机竟然只控制在一个不负责任、利用行业垄断地位坐吃大户的公司手上，是极为危险的。美国空军迅速改弦更张，改为一方面让普-惠公司的 F100 发动机改进完善，勉强继续提供经费让普-惠修改设计或分系统，另一方面在美国国会强烈要求开展"战斗机候补发动机"竞标项目。这个时期美国海军的 F-14 战斗机的正选动力 F401 发动机（其实就是 F100 发动机的海军舰载版，加强了航母上使用所需面对适应高盐高湿环境和加大起飞时最大紧急推力）也因大量质量问题，同样无法达到可靠的地步。已经独自投入了数亿美元经费、不堪忍受产品质量的美国海军只有公开放弃。气恼不堪的美国空军和美国海军迅速联起手来，大力推动"战斗机候补发动机"竞标项目在国会通过。

　　1979 年，美国空军开始推行"战斗机候补发动机"竞标项目。这时候普-惠公司的强劲对手、美国航空发动机行业的另一巨头——美国通用电气公司（GE 公司）在此项目开始异军突起。美国通用电气公司本来在第三代战斗机动力的研制生产上落败于普-惠公司，他们于 20 世纪 60 年代中期开始研制 F101 加力式双轴涡扇发动机，在 F101 上使用了 GE 公司掌握的所有最新技术。然而 1977 年 6 月，F101 发动机原定装机对象正式下马，F101 发动机失去了装机对象。而 F101 研制之初又不是专门为战斗机需要研制的，想参加 F-15、F-16 等第三代战斗机动力竞争中不占优势。何况此时 F-15、F-16 的动力竞争已经结束，普-惠公司的 F100 已经获胜，独揽了美国空军第三代战斗机的发动机订单。F101 面临着走投无路、半路夭折的命运。如果继续研制试验下去，还要投入大量的费用，这一切只能主要由通用电气公司自己承担，通用电气公司要承担巨大的财务风险。同时其装机对象不明朗，也使这款发动机研制出来之后面临无法收回投资的危险。通用电气公司内部也有一部分人要求终止这款已经占用了大量费用的发动机型号。

　　面对着近乎失败的绝境，通用电气公司高层决定不放弃在 F101 上积累获得技术，他们绝不在高性能大推力涡轮风扇发动机领域上坐视自己退出竞争、沦为无足轻重者。他们顶着巨大的财务风险，依然保留了 F101 发动机的核心机，梦想在这款核心机上发展出其他型号发动机，随时追逐美国军方的需求和订单。从 1977 年以后至 1981 年 6 月，其核心机已地面试验累计 40000 小时以上，整机飞行试验积累 7600 多小时。它是美国第一个按"结构完整性大纲"研制的发动机，其性能、可靠性、耐久性和可维护性都达到了可投入使用的成熟水平（注：美空军统计，20 世纪 60~70 年代发生的飞行事故中，由于发动

机疲劳、蠕变、耐久性等原因造成的约占 1/4。在这种背景下 1969 年美国空军提出发动机完整性大纲，1972 年这份大纲的准则被通用规范采纳，1984 年又颁布了更新的大纲——MIL－STD－1783。对发动机设计、分析、研制、生产及寿命管理的有组织、有步骤地改进，以通过显著减少发动机在使用过程中发生的结构耐久性问题，确保发动机安全，延长使用期限降低寿命期成本的要求）。这期间通用电气公司预计总投资额需要 6.21 亿美元，通用电气公司分年度自筹了大部分，并说服美国空军对这项工程投入了一部分资金。美国空军以所谓"F101 后续工程发展计划"的名义，资助了只占 6.21 亿美元中很小一部分费用。但这种来自军方的资金，鼓励了通用电气公司获得订单的信心，继续将项目坚持下去。而美国空军以仅投入很少的资金，换来 GE 公司有信心继续工作下去，将军方自身的财务负担和风险都控制在很小的范围里。

见到 F100 发动机存在大量的耐久性、可靠性和操纵性问题，GE 公司意识到自己的机会到来了。早在从 1976 年开始，就自己在 F101 的基础上改型研制一台性能参数与 F100 相似的战斗机用的发动机——F101X 验证机。他们这一对市场的关注性和前瞻性以及默默辛勤踏实的工作得到了丰厚的回报。"战斗机候补发动机"项目开始后，美国空军看到 GE 公司的 F101X 已达到相当的研制进度，就先与 GE 公司签订了一项 8000 万美元的有限研制合同，生产 3台原型机，编号为 F101DFE。它是利用 F101 的核心机加上新的风扇组合而成。由于事先早已做了充足功课，GE 公司只用了不到一年的时间，就顺利通过了台架验证机试车。1980 年 12 月 19 日，首架装配 F101DFE 发动机的 F－16A 试飞成功。装配 F101DFE 发动机的 F－16 共飞行 58 次，75 个小时，顺利完成了飞行项目，在飞行过程中工作稳定、表现出了良好的性能。在试验期间虽然也发生了一些故障，包括一次因铝制燃油接头断裂造成的空中停车，但从绝境边走来、珍惜这个机会的 GE 公司绝不想像普－惠公司那样办事，迅速对发动机相关部件做了改进，排除了故障。

看到 F101DFE 发动机进展神速和美国空军明显对其青眼有加，普－惠公司（PW 公司）这才坐立不安起来。普－惠公司不断进行上层路线活动，进行游说工作，表示自己在这方面实力远比 GE 公司更雄厚，如果美国空军将动力都用普－惠公司一家，将能获得更低的生产成本和售价；而如果美国空军选用两家的动力，不利于降低生产成本、获得更高的成熟度，而是重复投资，是没事找事。普－惠公司以此试图阻止 F101DEF 项目的进行。普－惠公司一改先前傲慢生硬、扯皮推诿的态度，改进完善 F100 发动机的工作大幅加快，态度也客气认真起来。在寿命达不到研制指标的零部件更换费用上，也开始与美国空军展开一些讨论和谈判。在与美国空军高层接触中，普－惠公司热情地提出了几项"特惠措施"，甚至向美国空军表示：只要美国空军取消对竞争对手的项目，普－惠公司就能够以更低的价格提供所有的发动机。并一定提供更好、更廉价、更快捷的售后服务。并表示自己一定会认真调查美国空军的需求，做到让甲方满意。

但美国空军经过这一场冷眼旁观，早已看清了普－惠公司前后态度大相径庭的根本原因——在之前好几年的时间里，普－惠公司一直精于扯皮和推诿责任，对美国空军进行了大量非议、贬低、当垫脚石乱踩之举，而在 GE 公司 F101DFE 发动机已经接近成功时，却突然一百八十度大转弯，自己否定了自己之前的全部托词，甚至大发动听的美丽承诺，这一切根本原因就是因为来自对手的竞争已经相当强烈！如果美国空军中招中止了发动机的竞争，普－惠公司一定会故态重萌，重现过去的经典大爷姿态。

所以，美国空军一边笑对普－惠公司的各种谄媚和许愿，一边继续支持发动机的竞争。至 1982 年底，F101DFE 发动机在试验中已经达到了 5004 个 TAC 循环，其热端部件寿命为当时 F100 发动机的 3 倍！F101DFE 的表现大大超越了 F100 发动机当时在美国空军的表现，令美国空军深感喜出望外！1982 年，美国空军又给了 GE 公司一项 1.822 亿美元的合同，继续生产 3 台原型机，用于性能、耐久性和结构完整性的试验，实现系统最佳化，在试飞中完成产品成熟化。通用电气公司不负众望，再接再厉，认真解决试飞中出现的问题。至 1983 年 9 月，原型机顺利完成装机试飞任务。美国空军给予了这款发动机新的正式编号：F110－GE－100。F110－GE－100 发动机的推力为 123 千牛，推重比为 7.15，各项指标也都达到了第三代战斗机动力的标准。

1984 年 2 月，美国空军和通用电气公司签订了生产合同，将下一年 160 台发动机采购订单中的 75% 交给了他们（其余 40 台给了普－惠生产 F100），GE 公司在发动机大战里开始挽回了落后局面。美国空军还决定：今后每年的采购合同都采取比例分配模式，各家所占份额的多少，由各自产品在部队的实际表现决定。此后每年美国空军都对 F110 发动机给予了大量订单，这满足了美国空军希望打破普－惠公司行业垄断位置的心愿，而且给 GE 公司带来了巨大的丰厚利润。1985 年 F110－GE－100 定型，第一台量产型发动机交付使用。F110 发动机在部队表现相当优良，虽然也有一些故障，但都很快排除，成了可靠的代名词。截至 1994 年初，F110 发动机系列已生产了 2015 台，除了主要装备美国空军的 F－16 以外，还出口到购买了 F－16 的西欧、以色列、土耳其、希腊、埃及等许多国家。而在此时，普－惠公司的 F100 发动机主要在美

国空军的 F－15 和少部分 F－16 上使用外，在出口业绩上全面输给 GE，总产量只有 1015 台。GE 公司自豪地宣称，自己在这场发动机大战里取得了胜利！

世界航空发动机巨头 GE 公司从 20 世纪 60 年代中期开展研制 F101 发动机至 1986 年 F110 发动机交付部队使用，前后经历近 20 年的时间，花费十多亿美元的研制经费，说明一台一流的核心机真是来之不易。而有了一个好的核心机之后，不断吸纳各种新技术成果和新材料，在核心机基础保持不变的情况下，可以使这个发动机系列发展出满足不同需求的型号，走型号衍生的途径，性能和结构不断提高完善，推重比不断提高，获得了巨大成功。也可见"以核心机牵动发动机研制"这个思路的正确。在具体研制过程中，应坚持动力先行、动力中核心机先行的思路，不僵化挂钩装机对象，研究准需求，提前动手、甚至不待军方提出立项就自筹资金进行动力研制，才能确保动力的大进步。GE 公司正是由于这样一个正确的决策，才能在领受 F101DFE 任务后用 5年时间、2 亿多美元的经费，就发展出 F110 这样一种优秀的战斗机发动机，打破了由普－惠公司独家垄断美国空军第三代战斗机用的发动机市场的局面。如果 GE 公司也事事等待美国空军投资后才开始进行，就根本不可能在候补发动机竞标这个机会出来时抓住机遇。这正是企业的主观能动性和前瞻性在国防工业中作用的具体体现。

到了 F110 即将投入使用的时候，在前几年一直依靠小打小闹小补丁对F100 发动机的毛病糊弄了事的普－惠公司也认识到问题严重，甚至发现 F100在空军的对比表现中已处于下风。此前普－惠公司对 F100 发动机可靠性问题给出的所谓解决方案，竟然不过是加装监测器监视发动机的情况，当快要发生停滞性失速的时候，自动将油门缩小，并且切断加力燃烧室的供油，以此避免空中停车问题的产生；在 F－16 上加装一个分流板，将旁通气流与高压段分离，如果发生失速的时候，旁通气流不会冲入高压与燃烧段导致发动机失去控制。这些糊弄了事的做法表面看减少了事故的出现，实际是以降低美国空军的使用效果为代价的。

这时的普－惠公司已经没了原来行业垄断坐吃大户的悠闲自在，借着美国空军要求改进 F100 的性能与可靠性的工程发展验证合同，普－惠公司也开展了 F100－PW－220 发动机的改进研制工作。鉴于 F100 可靠性不高的现状，普－惠公司改变了指导方针，即不惜用牺牲性能的代价来提高发动机的可靠性、耐久性、结构完整性。具体包括：重新设计的延长寿命的核心机、换用单晶材料制造涡轮叶片、第一种用于战斗机发动机的全权限数字式发动机控制系统（FADEC）、发动机故障自我诊断装置（EDU）、经改进的加力燃烧室和齿轮式燃油泵等措施，提高可靠性。并自觉进行了更加充分、更加完善的试验。F100 - PW - 220 发动机的全加力推力保持在 105.9 千牛，但推重比下降到 7.4，但是其可靠性和寿命大幅度提高。1985 年 3 月，F100 - PW - 220 发动机设计定型，同年 11 月首台生产型发动机面世，1986 年投入使用。至此，F100 发动机也终于走上了成熟可靠，成为表现优良的世界著名发动机。

经过这一场"发动机大战"，美国空军获得了性能优良、表现可靠的发动机，而两家发动机巨头公司的技术能力也得到了大幅度提高，工作作风得到了大幅度改善，生产成本得到了充分优化，质量责任心得到了大幅度强化。美国空军先期额外付出的一点经费比起自身的受益来说，几乎微不足道。经过这一场"发动机大战"，美国航空发动机行业综合能力大幅度提高，并使美国空军下一代战斗机动力先行研制直接受益，甚至促成了美国航空发动机行业理念的革命性转变，堪称是一场多赢的战争。

经过这个事件，美国空军得出了一个深刻的结论：在国防军事工业领域，必须建立起有效的、合理的竞争环境。在国防军事工业这个领域，任何所谓"避免内耗，整合出效益，各专其摊，各做一块"幌子下的实质行业垄断和一家坐吃大户，对国防事业都是十分有害和危险的。在所谓"避免内耗，整合出效益，各专其摊，各做一块"幌子保护下，成长出的不但不是优秀的高能企业，反而是坐吃大户、有恃无恐、坐地耍赖、令客户无可奈何的"大爷型"企业。

对良性合理竞争这个原则，美国空军在日后的实践中不断切实实行，收到了良好的受益。这一点不但对美国如此，在我国国情下更应引起充分注意。

# 第六节　空中敌我识别

虽然 F - 15 在海湾战争里表现出色，但 F - 15 上的敌我识别器在整个战争期间都很不可靠。这一点不但在 F - 15 上出现，在 F - 14 和其他战机上也普遍出现。敌我识别器发生错误和不工作的情况时有发生。所以，美国中央战区总司令部空中力量联合指挥部只好规定："只有同时以两种以上手段确定对方是敌机，才能给予先发攻击。即同一编队里所有战机均识别目标为敌机，或战斗机和预警指挥机均通过敌我识别器识别目标为敌机，或战斗机通过敌我识别和电子侦察机通过通信监听均判别目标为敌机，或预警指挥机通过敌我识别和通信监听两种手段判别目标为敌机，才能先行开火。当然，如果本方战机受到目

标雷达照射或目标机正在攻击其他友机,也可自主进入攻击。"因为战斗机敌我识别器工作不可靠,造成烦琐费时的敌我识别程序,不可避免造成了一部分贻误战机,导致伊拉克战机逃走。

虽然敌我识别器的工作原理十分简单,但在实际中却时常工作失误,给多国部队空中力量带来了巨大困扰。伊拉克方面因每天起飞迎战的战机很少,拦截空域范围也很小,且基本没有出击反击任务,所以基本可以认为进入拦截空域识别圈的飞机大部分是敌机。个别有所疑惑的,可以通过基地使用无线电呼号应答来判断。实际上伊拉克方面在这一点也做得很差,数次错误地将本方战机击落,也反映出敌我识别方面的巨大麻烦。而多国部队一方则更加严峻,每天起飞作战的战机达到上千架次,控制空域范围十分广大,且同一空域内同一时段既有前去攻击和护航的本方战机,也有执行任务完毕顺利返航的本方战机,根本不可能认为"进入拦截空域的飞机就是敌机"。由于多国部队空中力量执行的是空中攻击任务,攻击编队需要保持无线电静默,以避免伊拉克方面从空中无线电通话内容中得知多国部队空中力量的位置,所以也不能轻易通过基地使用无线电呼号应答来判断。所以敌我识别的问题变成了一个极大的隐患。在海湾战争后面的战斗中,敌我识别的问题还将带来更多的麻烦和无谓的伤亡,整个敌我识别工作已经成了一个巨大的问题。

敌我识别器的工作原理,就是安装在飞机上供识别敌我之用的小型收发信机,当己方飞机被己方雷达照射时,己方飞机上的敌我识别器能接收到敌我识别器发出的询问信号,并自动发出事先预定的回答信号或编码,因而我方飞机上的敌我识别器判别为友机。当敌机被我方敌我识别器照射时,敌机上的敌我识别器便无反应或回复不出正确信号或编码。因而我方飞机上的敌我识别器判别为敌机。打个比喻说,敌我识别器工作的整个过程类似于样板戏《智取威虎山》中的对暗号,搭上暗号的视为友机,对不上暗号的视为敌机。

敌我识别器的基本原理虽然非常简单,但是现代战争的不断发展赋予了它越来越多的使命,这使得它不可避免地越来越复杂化。除了分辨敌我,还要在敌我识别信号中夹带大量信息。最早的敌我识别系统是美国在 20 世纪 40 年代开发的 MARK 10 系统,它起初采用了 1、2、3 三个询问模式。后来为了提高保密性能,MARK 12 又增加了保密模式 4。从 20 世纪 50 年代开始,随着民用航空业的大规模快速发展,识别系统的要求已经必须包含民航客机和货运机。因此 MARK 系统从军用向民航扩展,模式 3 被定为军民共用,也称为 3/A 模式。其中 A 代表"ATC",即"空中交通管制",这就是民航中通常所说的"航空管制"的学名。此外,还增加了一个 C 模式,与 A 模式一起用于民航。

民用识别信号能整合进入军用敌我识别器是必须的，如果军用敌我识别器不能有效识别民用飞机，将造成可怕的后果——在这方面，是有过历史惨剧的。

1988 年 7 月 3 日，当地时间上午 10 时 55 分，伊朗民航公司一架空中客车 A300 客机执行从伊朗阿巴斯港飞往阿联酋迪拜机场固定航线上的 655 次航班时，美国海军"文森斯"号导弹巡弹舰在海湾上连续发射两枚"标准"防空导弹，其中一枚炸掉了客机的一侧机翼，另一枚直接命中机身，A300 客机当场爆炸解体，坠落于大海之中。机上 290 名平民全部遇难，无一生还。其中包括机组人员 16 人，乘客 274 人，大部分是去海湾度假胜地迪拜购物旅游的。乘客中有 118 名妇女儿童，其中 62 名 12 岁以下儿童，还有 38 名外国旅客。这是世界上近 30 年以来发生的最大误击客机事件。当天下午 1 点 30 分，美国参谋长联席会议主席克劳上将在新闻发布会上宣布："根据从海湾地区获得的最新情报，我们确信，正同伊朗海上武装交战的'文森斯'号巡洋舰为使自己免受当时被认为是具有敌意的飞机攻击，击落了一架位于霍尔木兹海峡上空的民航客机。"此言一出，举世震惊。一架载员 290 人的大型民航客机竟然能被视作"具有敌意和构成威胁的飞机"，这种解释令全世界的人都无法理解，世界舆论哗然。见参联会主席的不当用词引发了更大舆论压力，美国国防部也出面召开新闻发布会，进一步解释："文森斯"号导弹巡洋舰的防空系统当时把这架 A300 民航客机误判断是"怀有敌意的伊朗 F－14 战斗机"，因此发射了导弹。美国海军方面还曾一度解释：这架 A300 大型民航客机当时发送了属于伊朗 F－14 战斗机的敌我识别信号，暗示这是伊朗自己布设的阴谋。此言一出，再次震惊了整个世界，拥有美国最先进的宙斯盾大型防空雷达系统的美舰"文森斯"号巡洋舰竟然能把一架大型民航客机识别为 F－14 战斗机。A300 客机翼展 44.84 米，机长 54.08 米，机高 16.62 米，而 F－14 最大翼展 19.45 米，机长 19.1 米，机高 4.88 米，二者的大小几乎像大巴士和小轿车一样差距，两者的雷达反射信号特征完全是迥异差别。即使这架 A300 大型民航客机当时发送了属于伊朗 F－14 战斗机的敌我识别信号，那在雷达发射信号上的特征也完全不可能混淆啊。"文森斯"号导弹巡洋舰的误判，实在是匪夷所思，达到了惊世骇俗的水平。伊朗外交部不但发表声明强烈谴责美国，而且坚持认为美国此举是蓄意而为。最后，美国当时的总统里根表示，"文森斯"号是在再三向这架民航机发出警告而未见效后，才奉命向它开火的。但这种说法同样根本不能令人信服，655 航班既然飞行的是一条海湾地区的固定航线民用航班，美国海军事先又未宣布事发海域不得进入，并且出事地点是公海上空，何来向一架执行例行航班的大型民航客机再三发出警告并且奉命向它开火的

道理？

虽然美国里根政府对击落 A300 民航客机事件百般狡辩，但后来美国媒体披露了国防部此后进行的内部调查还是说明了问题所在：当时正处于两伊战争期间，海湾内两伊双方的袭击油轮战正在高峰，美国海军向波斯湾内派入军舰为西方油轮护航。美军于 1987 年 7 月派军舰进入海湾护航后，多次与伊朗发生军事冲突，摩擦不断升级。先是 1987 年，伊朗用反舰导弹击中美国油轮和悬挂美国国旗的科威特油轮，美军随后进行报复，击沉伊朗登陆舰一艘、采油平台两座。1988 年 4 月，美一艘护卫舰在海湾触上水雷，造成 19 名官兵伤亡，美舰随即摧毁伊朗两座采油平台、击沉击伤伊朗军舰 6 艘。击落 A300 客机事发之前，双方已经处于高度紧张状态。"文森斯"号导弹巡洋舰参与了和伊朗海军交火，并在追击中进入伊朗领海边沿，全舰上下处于高度戒备。恰逢此时，这架伊朗民航班机从阿巴斯起飞前往迪拜，"文森斯"号导弹巡洋舰舰长未经严格研判就以为是伊朗 F-14 前来袭击，在草木皆兵、未按规定仔细核查的情况下就草率下令攻击。美国国防部的调查最后发现，"文森斯"号巡洋舰上的宙斯盾系统的电子记录显示：伊朗航空 655 航班在事件期间一直在稳定匀速爬升，而且一直按规定发送民航识别信号，而非什么"F-14 的识别信号"。"文森斯"号巡洋舰上的敌我识别器并未确认 A300 客机是"F-14"。然而莽撞粗鲁的"文森斯"号舰长却被强烈紧张偏执的自我心理暗示所误导，认为"伊朗 F-14 马上要攻击自己了"，不按交战规则仔细核查数据，在半疯狂的急躁状态下仓促下令开火，结果酿成重大惨剧。但美国部分媒体的此种说法并未得到美国国防部公开正式承认。

在击落 A300 客机事件过去 8 年后，美国在 1996 年正式同意赔偿伊朗 6180 万美元了事，但拒绝向伊朗政府道歉和移交责任人。

如果军用敌我识别器对民航飞机识别出现问题而击落民航机，在平时可能造成政治影响恶劣、无辜生命逝去、两国关系恶化，在战时如果击落第三国民航机，还有可能造成第三国参战、战争局面不利化，所以必须予以重视。

由于战机敌我识别器必须通用于识别世界民航机，而战机又只能有一套敌我识别器，不可能单独开发一套适用于民航机的民用识别器、一套适用于战场军用的军用识别器，所以敌我识别器的工作频率必须按照世界民航机通用的识别信号频率，即询问频率是 1030 兆赫，应答频率是 1090 兆赫。这样一来，既然频率大家都一样，打仗时要想保密，就只能主要靠秘密编码，具体来说，就是不断增加"暗号"的种类和复杂程度以及数量，询问和应答信号都越来越长和复杂。在询问和回答的"暗号"中，除了分辨敌我，还包含着以下信息：

（1）对方的位置。

（2）对方的性质。除了敌我属性之外，还有中立的或属性不明的。

（3）对方如果是友机，正处在一个什么样的队形里。编队状态可以根据军队内部既定的类别来加以定义，这些信息都隐藏在敌我识别模式 1～4 中的暗号里。获取这些信息是为了更好地进行本方航空交通管理。

（4）如果对方是友机，它的飞行高度信息，从敌我识别器 C 码中得到。敌我识别器可以通过问答形式获得本方的战机高度，从而获得准确信息，以便利于本方战机航空交通管理。

（5）如果对方是民航飞机，应该从民航用的飞机代码，即俗称的"A 码"中获得信息，避免误击。

（6）对于民航机，还可以包含特殊的信息：如飞机被劫持或处于其他紧急状态时的呼救信号。因而使处于危险境地的民航机飞行员不用语音通话、仅需按一下按钮即可进行呼救。而在战时，如果事先对自己每架飞机的编队都编了号，相当于为每一个编队都起了一个名字，那么就可以通过预警机发射询问信号，每个编队回复应答信号，从而让空中预警指挥机详细地知道每一编队的位置情况。

正因为敌我识别器的作用巨大，所以它在西方国家还被称做"二次雷达"，即 SSR。由于敌我识别器识别暗码的极端重要，所以对于作战有着极其重要的影响。一旦敌方掌握或破译识别应答码，唯一的选择就只能是把部队中全部敌我识别器和暗码全部更换。为确保安全，战机上通常安装有敌我识别器密码的自动销毁系统。在战机即将坠毁在敌方境内时自毁。

正是由于敌我识别器被赋予了越来越多的使命，越来越复杂化，夹带的信息越来越多，应答编码越来越长，所以到了海湾战争期间，传统模式敌我识别器工作越来越不可靠、错误率越来越多。连电子工业水平强大的美国也不能例外。为什么在条件严格的靶场能良好通过测试的敌我识别器，在实际战场上却表现如此拙劣呢？究其问题根源，和以下几个方面直接相关：

第一，敌我识别器在使用时经常会碰到的"旁瓣干扰"。当敌我识别询问天线的旁瓣较高时，询问信号就有可能通过旁瓣辐射出去。这种询问本来应该由主瓣发出，如果通过副瓣发射出去，本方战机收到后就会回答。可是主瓣依然在发出询问信号，本方战机依然要回答，由于频率完全一样，内容相互重叠，在重复中就造成了一部分乱码。理论上说，"旁瓣干扰"可以通过辨别主瓣对应的回答信号和与副瓣对应的回答信号强弱来比较。一般来说，来自主瓣的回答信号要比来自副瓣的信号强一些。但在实际战场环境中，来自各种辐射

源的信号很多，这就使抑制旁瓣的工作受到更多扰乱。

第二，当同一战场上多架战机互相进行敌我识别的时候，一架战机收到的应答信号中，也夹杂有其他战机的应答信号，有时是同一架战机对不同飞机之间的应答，这种干扰就是"窜扰"，类似于打电话时的"串线"，把另一条电话线上的通话串到当前的对话中，这也会造成乱码。

第三，当某架飞机的敌我识别天线同时照射到两个或两个以上的本方战机时，就会同时收到这些战机的回答信号。当多个回答信号同时涌来的时候，有些情况下会重叠和交错在一起。就像本来多个各自独立的句子，此时却打乱了顺序混在一起，这个句子里夹杂着那个句子里的单词，那个句子里夹杂着这个句子里的单词，敌我识别器就无法读懂这个句子，这就是术语上说的"混扰"。战场上战机越多，这种敌我识别上的混乱越明显。

正是这种传统机制敌我识别器难以克服的缺陷，美国从海湾战争之后就开始研制发展新机制敌我识别器，运用了毫米波和S模式等技术解决原有技术缺陷。因此，其敌我识别问题应该已不像海湾战争时期那样严重。而其他仍采用传统机制敌我识别器的国家，尤其是近年没有经过大规模战争检验的中俄等国，需要在此方面格外引起注意。以免在未来可能的战争中遭遇美军曾经遇到过的问题。

# 第七节　美空军对伊空军的简评

从纸面上看，伊拉克空军是一支强大的军队。伊拉克花费重金打造了一支法制和苏制战机混装的现代化空军。单从装备水平看，伊拉克空军绝不算差，在海湾地区里也算数得着强的。如果从数量上看，伊拉克空军就更是一支不可忽视的巨大威胁了，它的规模在海湾地区名列前茅。伊拉克空军的组织结构共下辖5个司令部，分别是防空司令部、空中支援司令部、运输司令部、训练司令部、陆军航空兵司令部（代管）。其中防空司令部和空中支援司令部这两个司令部控制着伊拉克空军绝大多数作战飞机。其中大多数战斗机均受防空司令部调配，共计5个部队装备苏制米格－21"鱼窝"、米格－23ML"鞭挞者"、米格－25"狐蝠"和最新式的米格－29"支点"战斗机。总体上说，伊拉克空军是模仿英国皇家空军的组织架构建立起来的，所以其编制形式应更接近于西方空军。但实际上因大量使用苏制战机，并聘请了多名苏联教官和顾问，所以伊拉克空军的苏制战机部队实际编制比较接近苏联的航空师制，难以用一种标准来衡量其编制情况。米格－29则是当时苏联最新式的战斗机，与美国F－15和F－16同属世界著名第三代战斗机，以出色的机动性著称于世，在当时令美国空军极为重视。伊拉克另外一个联队装备法制幻影F1EQ战斗机。伊拉克从科威特缴获的法国马特拉R.530雷达制导中距空对空导弹被配套给幻影F1EQ战斗机。这样，从理论上说，幻影F1在超视距空战中肯定是可以造成威胁的。幻影F1还可以挂载威名赫赫的"飞鱼"反舰导弹，"飞鱼"反舰导弹不但在1982年马岛战争里击沉了英国的新型驱逐舰"谢菲尔德"号，而且还在1987年误击事件中击伤了美国"斯塔克"号护卫舰。这使得幻影F1成为多国部队非常重视的一种多用途战斗机。像幻影F1EQ这样的多用途战斗机同时受到防空司令部和空中支援司令部的双重管辖。空中支援司令部还另外拥有10个部队的苏－20/22"装配匠"战斗轰炸机、米格－23BN/BK/MS"鞭挞者"多用途战斗机和更老旧些的霍克猎人战机。值得一提的是，伊拉克空军还拥有一支混成轰炸机联队，其中包括了3支图－22"眼罩"远程轰炸机中队、1支图－16/轰－6"獾"中程轰炸机中队、2支苏－24MK"击剑手"战斗轰炸机中队，装备水平在当时海湾地区真是一流水准。运输司令部下属2～3个运输机中队，训练司令部下属10个飞行学校，陆军航空兵司令部下属7个联队（伊拉克的每个军拥有1个航空兵联队，每个联队下辖4个中队），装备上百架直升机。包括火力凶猛的米－24"雌鹿"武装直升机。

在争夺制空权任务上，美国情报部门对于伊拉克空军能够执行争夺制空权的作战力量早有评估。美国人认为伊拉克空军拥有至多33架米格－29（其中包括6架UB型）、40架幻影F1EQ、22架米格－23ML、55架米格－23MS/MF、22架米格－25PD可供争夺制空权，总计170架左右。美国空军/海军情报部门没把老旧的米格－21放在眼里，所以没有把它列入可以争夺制空权的型号。

在使用的战术思想上，伊拉克空军是一支标准的苏联式空军。伊拉克空军的飞机被编入4个军区司令部，每个军区都拥有庞大的地面引导拦截（GCI）和整体式防空系统（IADS）网络，GCI和IADS网络严格按照在苏联防空军那一套来引导战机攻击目标。伊拉克从法国和苏联引进的地面引导拦截和整体式防空系统网络看起来非常完整、强大，令人感觉无懈可击。战前苏联曾经有一部分人认为：伊拉克完善和自动化的指挥引导、大量的防空导弹阵地和依托本土作战的优势，可以帮助伊拉克空军弥补飞行员技术水平不如美国空军的劣势。而且大量伊拉克飞行员都参加过激烈的两伊战争，而美国空军绝大部分飞行员都没有参加过任何实战，在拥有丰富实战经验这点上严重不如伊拉克空

军。丰富的实战经验，才代表着更高的军事技战术水平。而像美国空军这样多年未经大规模战争历练的军队，平时训练水平再高，在对手丰富的实战经验面前也只能算是没经过风雨的花架子而已。他们估计：美国空军会在战斗中损失掉一些 F-15 和 F-16，毕竟米格机在以前历次战争里打出来的威名不是瞎吹出来的。

然而，海湾战争的事实让秉持那种观点的人大跌眼镜。美国空军和伊拉克空军、防空力量之间一面倒的作战结果，严重地展示了两者实际上的巨大差距，也展现了战术思想上的重大差距。实际上，美国空军早已通过各种渠道弄清了苏联式的地面引导拦截和整体式防空作战的缺陷，在苏联式的表面上非常完善和自动化的指挥引导下，实际米格机的飞行员非常依赖地面控制拦截中心的引导，以至于从没有训练过自己在空中做决策、灵活应变，一部分飞行员把空战理解为就是"在空中听地面指令做动作"，他们缺乏最基本的自主作战能力和应变能力。而地面雷达和指挥设备的数据处理速度以及传输命令的速度也无法完全跟上瞬息万变的空中作战，一切依赖地面指挥也就意味着刻板和僵硬。这就意味着，如果地面的指令没有到来，任何本可以威胁到美国空军战机的动作将在伊拉克战机逡巡犹豫中被耽误 15~30 秒。这几十秒时间足以决定空战胜负。美国空军早已经清晰的知道："米格-23、米格-25 和米格-29 的空中行动完全依赖地面引导拦截中心，而他们与地面的通话却将被轻易地干扰到瘫痪。这就意味着他们根本不知道该干什么正确的事。"

美国《Spear Tip》期刊刊登了美国空军对伊拉克空军的一部分官方评价总结：

虽然伊拉克拥有看起来数量众多的不容小觑的米格-23、米格-25 和米格-29、幻影 F1，然而只有米格-29 在陆地上空具备不充分的下视下射能力，幻影 F1 只能在水面上空具有一定的下视下射能力。米格-23ML 理论上也具备有限的下视能力，不过实际上这个"有限"真的非常有限。伊拉克在占领科威特后曾缴获了 60 枚法国马特拉 R.530 中距弹，虽然其具有迎头攻击能力，但伊拉克幻影 F1 的飞行员从未进行过使用这种导弹进行迎头攻击的训练。没有足够的训练，也就意味着其实际战斗能力是零。

这份报告还表示，伊拉克飞行员的战术理解就是通常在中距空对空导弹的最大射程就匆忙发射导弹——然而这种只能在纸面上奏效的最大射程实际没有任何实战意义。在电子战方面，伊拉克飞行员并不积极使用电子对抗系统（ECM）、干扰箔条和镁光弹、雷达预警接收器（RWR）。可能对于所有的伊拉克幻影、苏机、米格机飞行员来说，他们机上的电子对抗系统就只有"on/

off"（打开或关闭）两种状态，根本不会正确使用飞机的电子战能力。既不求甚解掌握电子干扰的时机，也不会合理使用电子干扰的手段，导致根本起不到电子战设备应有的作用。很多时候伊拉克飞行员根本就仅会使用他们的雷达告警接收器来求得生存，不过他们所谓的"生存技巧"不过就是丢下副油箱逃回基地。在空战中，他们唯一想的攻击方式就是"试试能否先攻击一下，如果第一次攻击不成功，或者干脆就没有攻击的机会，那么伊拉克空军就脱离战斗，开始逃跑"。这份报告不留情面地耻笑说"这是他们（伊拉克空军）唯一的战术"。美国空军对伊拉克空军还评价："他们几乎没有接受过任何空战机动的训练，因而似乎也没有接受过空中格斗的训练"；"面对敌方空军的攻击，伊拉克空军想尽一切办法生存的招数，看起来就只不过是转弯、然后逃跑"，只会这么两下子。这份报告还说伊拉克飞行员对于雷达引导的中距弹"过分地害怕"，一收到机载雷达引导中距弹攻击自己的信号，就立刻反身开加力四散逃跑，完全不掌握任何规避和反制以及干扰的要领。在中距攻击面前，他们完全没有任何战力和斗志以及办法可言。这也许是伊拉克空军此前遭受过伊朗空军美制 AIM－54 远距空对空导弹重击的"后遗症"。这个评价虽然刻薄，但总体如实地反映了伊拉克空军真实的作战水平。

伊拉克空军以自己的惨败经历，说明了一个最基本的道理：一支拥有现代化装备的空军，如果没有像样的训练水平，就不具备最基本的战斗力。在现代化战争中，高水平的训练，就是高水平的实战的保证和前提条件。没有平时高水平的训练，就不可能幻想战时突然超水平的爆发、超水平发挥。如果军事训练内容脱离实战，就无法保证能在实战中良好表现。没有平时训练水平的积累，指望战时边打边学、突然醍醐灌顶开窍、或以战斗精神的作用压倒一切，不过是没有地基的楼阁，没有实质的幻影。一部分人那种"在战争中才开始学习打仗，打仗就是最好的训练，边打边学，自然就水平增长了"的想法，都是以国家的命运为赌注在开玩笑。在过去，没有掌握全国执政权，没有条件进行很好的军事训练，那种做法依然可以使游击队得到快速发展。但在现代化战争条件下，并且已经掌握国家执政权、完全有条件进行军队的军事训练时，如果还以"打仗来作为锻炼部队的第一要素"，那种做法就是以国家的命运为赌注开玩笑。

由于伊拉克战机在海湾战争空战中许多时候举止失措，面对敌方雷达锁定不知所措，一些西方空军问题专家曾猜测"伊拉克空军的米格－23 和大多数的米格－21 根本就没有安装雷达告警接收器"。其实这完全是离谱的说法。伊拉克空军的米格机和幻影战机实际上都安装有雷达告警接收器，这是现代战机

必装的基本设备。

战后，一部分美军技术专家经过考查后判断：一部分伊拉克战机面对敌方雷达锁定不知所措、表现无能的做法，实际主要来自几种因素：

（1）苏制雷达告警接收器工作不可靠，经常损坏和发生虚警、误警。有时米格机和苏机从一起飞不久，就不断收到各种报警信号，虚惊不断，弄得飞行员无所适从，根本不知哪次是真的，哪次是假的。

（2）一些苏制雷达告警接收器覆盖方向不全，覆盖波段也不全，有时被敌机锁定却不能正确报警。雷达告警器无反应，自然也就无法提醒伊拉克飞行员采取措施。

（3）由于伊拉克空军保养水平差，技术水平低，一部分苏制和法制雷达告警接收器在起飞前就已经损坏。但伊拉克地勤人员没有能力自己修好，开战后又没有外国专家可用，只有让战机带病运行。

（4）伊拉克空军训练水平低下，飞行员技术水平低，心理素质差，一部分人在面对敌机雷达锁定时不知所措，因而做出一些愚蠢的傻事。

# 第八节　简评米格机

作为 1991 年之前唯一能与美国正面抗衡的超级大国，苏联的航空工业在国际上也享有盛名。不论在 20 世纪 50 年代的朝鲜战争，还是 60～70 年代的越南战争，苏制米格战机都赢得了很高的声誉。驾驶着米格机的弱小空军都在强大的美国空军面前打出了一个令人意外的局面，这使得全世界都把米格战机看做同美制战机们分庭抗礼的一个优秀战机家族。进入 70 年代末和 80 年代以后，米格机在几次阿以战争里表现都相当不佳。不过东西方的人们普遍认为，这是因为驾驶米格机的那些飞行员技术水平太差，而没有就此推断米格机已经在发展思想上落后于时代。1983 年，著名的米高扬－格列维茨设计局又推出了最新一代战机——瞄准西方 F－16 和 F－18 的三代机米格－29。米格－29 的气动外形与 F－15 和 F－18 都有所相近，但主翼前端具有大边条，产生强劲的涡流升力，并有翼身融合体结构，具备更好的气动特性。依仗优秀的气动设计和大推重比，米格－29 的机动性非常著名，大迎角机动性能也十分突出，在多次航展上大出风头，给人们留下了极其深刻的印象。即使在苏联，米格－29 也是 1983 年刚刚进入精锐的库宾卡空军基地，1985 年才开始进入苏联空军普通部队。米格－29 的 N－19 机载雷达理论上对雷达反射面积 3 平方米的目标发现距离为 70 千米左右，并具有下视下射能力，可以支持使用半主动雷达引导的 R－27 中距空对空导弹进行超视距空战。一旦进入视距内格斗，米格－29 更是令人生畏，这种飞机的机动性极佳，并且装备有世界上第一批投入实用的头盔瞄准具，头盔瞄准具可与红外空对空导弹交联，在近距格斗中可以做到"飞行员看到哪儿，红外空对空导弹就打到哪儿"，这种前所未闻的全新突破绝对令人生畏。值得一提的是，米格－29 在座舱风挡前部还安装了前视红外搜索仪，可以在保持雷达静默（即机载雷达不开机）的情况下隐蔽跟踪和攻击目标。西方战机上装的雷达告警接收机无法对这种攻击状态做出报警。米格－29 还装备了苏联新式的雷达告警接收机、主动雷达干扰机和箔条/曳光诱饵弹投放器，电子战能力比老式苏制战斗机提高了 1 倍。苏联米格－29 战斗机的总设计师贝里亚科夫更是自豪地放言："米格－29 是当今世界上最好的战斗机。"这一切都使米格－29 从一问世起就引起了北约军事组织的重视和担忧。

不过一个机会的到来，让整个北约集团可以从里到外地了解米格－29。1990 年 10 月，原民主德国和原联邦德国合并，德国空军接收了原东德空军的米格－29。这使得北约空军有了直接使用米格－29 和彻底了解它的机会，并使用 F－16 和米格－29 进行了多场空中格斗对抗。两德合并的时间（1990 年 10 月 3 日）相对于海湾战争的开始（1991 年 1 月 17 日）已经太近了，来不及供美国空军全面了解米格－29 了。但一部分美国空军专家和指挥官、飞行员还是急匆匆地出现在了德国的空军基地里，观摩米格－29 的表现。美国空军很快就初步发现了米格－29 高大形象下的一些致命软肋。

首先，美国空军专家们就发现米格－29 的雷达还在使用落后的卡塞格伦天线，它在下视下射方面存在不容乐观的技术缺陷。米格－29 在陆地上空的下视下射能力极为差劲，在陆地上空很难在下视状态先发现敌手。而且雷达的工作极不可靠，虚警率和误警率很高。

其次，苏联的航空电子设备技术落后，水平差劲，工作很不可靠。米格－29 雷达的故障间隔短得惊人，采用电子管机制的电子零部件发热量高、寿命很短，平均只使用几小时就会出现一次故障。可靠性极差，漏警率高，虚警率高，误警率高，美国人甚至刻薄地评价："基本处在实际不能使用的水平"。这种问题不仅限于机载雷达，米格－29 上的雷达告警接收机也有同样问题。这种低水平工艺和粗放式生产管理带来的质量问题不止体现在电子设备上，还体现在全机各部位上，米格－29 妥善率极低。德国空军从 1990 年 10 月两德合并后，接收了原属民主德国空军的 24 架米格－29。德国人一贯做事认真精

细，一丝不苟，但到1991年1月，这24架米格－29竟然只能保持6架随时出动的水平。美国空军由此看到：

"如果连德国空军都无法让米格－29的出勤率和妥善率保持在较高的水平上，技术水平和责任心都差得多的伊拉克空军就更不可能保持米格－29较高的出勤率和妥善率"。

第三，米格－29机动性对比F－16，占有很大优势的区域是0.4～0.6马赫左右，如果进入这一速度区域进行格斗，那么米格－29几乎在每一次格斗中都会战胜F－16。但如果F－16在高亚音速区段（0.8～0.9马赫左右）与米格－29进入格斗，那么米格－29优势就逐渐被抹平，甚至处于劣势。所以，美国空军的飞行手册明确建议要与米格－29在0.8～0.9马赫左右速度区间进入空战，不要与米格－29在0.4～0.6马赫左右速度区间进入空战。

第四，米格－29的航空火控电子设备不具备综合显示能力，操作烦琐，空战中获取信息困难。大量信息还要从分立式仪表读取，在激烈的空战中，飞行员需要不断分神低头读取各个数据，因而容易给对手可乘之机。米格－29的火控系统集成度差，操作烦琐，有大量手动环节，从开始用雷达搜索对手到最终发射导弹，需要飞行员的手离开操纵杆多次到仪表板上按各种按键。这种设计思想是十分落后的，在瞬息万变的空战中，严重贻误战机。而且米格－29的火控系统缺乏最基本的人机工程学考虑，例如，己方发射空对空导弹之前，完全靠飞行员默背和自行盘算是否符合这种导弹的发射条件，火控航电设备不能做出"是否已经满足发射条件"、"怎样去符合发射条件"的提示。而美国战斗机这方面就强得多，在己方发射空对空导弹之前，火控航电设备根据这种导弹的发射条件自动计算是否已经满足发射条件、并在平视显示器上给出攻击热线引导飞行员去符合发射条件，飞行员的负担大为减轻，完成攻击的速度大大加快。米格－29虽然也有平视显示器和中央计算机，但其功能简单得可怜，平显上只能显示非常少的几种信息，不具备综合显示的能力。

当然最后还有米格－29的实际航程短得可怜，与苏联方面宣称的数据有较大差距。美国人认为，米格－29带2枚近距及2枚中距空空导弹，3个副油箱，执行空战任务，实际作战半径只能达到500千米。带2枚近距空空导弹，4颗250千克常规炸弹，执行对地攻击任务作战半径实际只有300千米。美国人因此讽刺米格－29是"机场保卫者"，意为只能在机场周边打转，只能胜任保卫机场的任务。

把苏制最新式战机从里到外摸底了个遍，美国空军在战争开始前就已经对如何对付伊拉克米格战机心里有底。不过，美国人对米格机和苏联式战术战法如此的了解，还有另外一个"特殊的原因"。

# 第九节　叛徒的危害

在海湾战争中，很多人都奇怪美国空军为何能够如此全面压制伊拉克的苏制战机？连苏联当时最新式的米格－29也在空战中被美国空军打得一面倒，没有任何一个战果。其实美国人之所以在很短促的时间里就能对米格－29的优缺点如此了解，对苏联式空战战术战法如此熟悉，是因为他们还有另外一个对米格－29十分了解的"专家"——他就是1989年驾驶一架米格－29叛逃到土耳其的苏联空军飞行员亚历山大·祖耶夫。

1989年5月20日，苏联空军大尉祖耶夫以自己刚得了女儿为由，邀请战友聚会，用事先加有安眠药的食品放倒值班同事，并连开4枪打伤机场上按规定检查其起飞命令的一名哨兵，驾驶一架米格－29起飞叛逃。在北约成员国土耳其的机场上一降落，祖耶夫就对前来的土耳其士兵大喊："别开枪！我已经是美国人了！"迫不及待地表示了叛国的热情。美国对这一了解苏联最新式战机的天赐良机欣喜若狂，立刻派中央情报局特务与祖耶夫取得联系，并要求土耳其将这架米格－29和祖耶夫都交给美国。但苏联总统也亲自给土耳其政府发来照会：要求土耳其必须将这架米格－29和祖耶夫交还苏联。土耳其最后采取了折中的做法：将米格－29还给了苏联，而将祖耶夫交给了美国。

祖耶夫的叛逃原因，出发点其实根本谈不上什么信仰西方民主自由价值观念。祖耶夫是个好色之徒，本来娶了当时自己师参谋长的女儿，此后随着岳父的升官而步步上升，被看做师里年轻人里炙手可热的红人。但是祖耶夫利用岳父的权力，利用一些人需要找自己岳父办事的机会，接受性贿赂，在外面与许多女人大肆胡搞。这件事终于被他的老婆发现，并当场捉奸在床。祖耶夫的妻子哪里能容忍这个，到师里大哭大闹，弄得祖耶夫顿时在单位里臭不可闻。祖耶夫感到自己在部队已经形象扫地，没有前途，从此开始了叛国的策划。

祖耶夫抛弃了父母家人，叛逃到美国后，积极地为美军充当高级军事顾问，专门帮助美国空军了解苏联空军的战机和战术战法以及训练水平。他化名"阿列克斯"，改头换面出现在美国空军航空兵部队中，主要任务就是帮助美国空军分析米格－29的弱点和苏联式空军训练方法和战术战法的弱点，帮助美国空军飞行员抓住这些弱点来击败苏联空军。祖耶夫告诉美国人，米格－29

存在着一个致命的弱点：机载雷达工作很不可靠，实际探测距离远小于宣称的数据，并且只能同时跟踪和攻击单个空中目标。由于机载电子设备作战性能落后，米格－29 在执行作战任务时，非常依赖在地面警戒雷达的引导。如果干扰掉地面指挥所与米格－29 的通信联系，米格－29 在空中将变成瞎子、傻子，只能任人偷袭痛打。而且由于电子设备的缺陷，米格－29 的超视距空战能力实际非常不好使，祖耶夫建议美国空军应利用电子设备先进的优势，在远距离上袭击米格－29，而不要与米格－29 进入缠斗，这样米格－29 优良的机动性等优点就根本派不上用场。同时祖耶夫还透露，尽管米格－29 具有优异的机动性能，但苏联空军航空兵部队的训练水平也不是每个飞行员都可以飞出尾冲等特技飞行动作来，苏联空军整体水平远远不像航展表演上展示出来的那样可怕。至于伊拉克空军飞行员，水平就更不行了，他们只有由苏联教官亲自带出来的极个别种子飞行员能完成战术训练，剩下的都很少进入战术训练。由于事先充分掌握了米格－29 的弱点和优点，美国空军飞行员掌握了专门克制米格－29 弱点、发挥本方优势的战术战法，对战胜米格－29 充满了信心。海湾战争爆发后，美国空军在对伊拉克发动空中打击时，使用了大量精确制导武器，重点摧毁了伊拉克空军的地面警戒雷达和地面指挥所，并干扰压制他们与空中伊拉克战机的通信联系，的确使起飞的米格机都变成了瞎子、傻子，使美国空军作战飞机的战斗损失减少到最低点。从海湾战争的结果看，祖耶夫提供的情报是非常准确的，起到了很大作用，赢得了美国中央情报局的高度赞扬和一笔奖金。

对叛国的甜头越来越上瘾的祖耶夫没有就此为止，苏联解体后，俄罗斯政体和政治制度也发生了改变。但祖耶夫不但毫无罢手的愿望，反而变本加厉地从事帮助美国进行对俄罗斯间谍活动，他以自己叛逃后获得大笔奖金和好处现身说法，对一些俄罗斯军人进行拉拢叛国策反。1991 年 12 月，他又试图通过传递密信的方法，在自己的家乡萨马拉为美国中央情报局招募新的特工人员，主要对象是飞机制造厂和飞机设计局的设计师、工程师、退伍飞行员。但这次祖耶夫没有成功，此案被俄罗斯国家安全局破获。

无独有偶，米格－25 上也发生了一起重要的叛逃事件。1976 年 9 月 6 日下午 1 点 11 分，日本航空自卫队地面雷达突然发现在北海道东海岸 360 千米有一飞行物正高速飞向日本领空，控制中心发出了问讯信号，但没有任何回应。两架日本航空自卫队的 F－4 战机紧急起飞拦截。1 点 24 分，不明飞机进入日本领空，可是两分钟后，不明飞机就突然在雷达屏幕上消失。派出拦截的 F－4 战机也找不到目标，只能徒劳地搜来转去。正当日本航空自卫队防空控制中心乱作一团时，北海道函馆机场航空管制人员和地勤人员却目瞪口呆地看见一架涂有红星军徽的灰色战斗机疯狂地急速插到一架正在12号跑道上滑行准备起飞的全日空波音727客机的后面，客机刚一离开跑道，涂红星军徽的灰色战斗机就在跑道上强行降落。但由于速度过快，着陆小航线建立得不理想，这架飞机在人们惊恐的注视中冲出了跑道，在草地上犁出了一道深沟，最后撞到两排高架电线前才停了下来。这架战机的飞行员扯下氧气面罩，由驾驶舱爬到了机翼上。这时，还没有人马上向他走过来。他见无人迎来，索性拔出手枪，朝天连开了数枪。刺耳的枪声顿时令函馆民用机场上一片惊慌。几分钟后，几辆日方汽车终于朝他飞驰而来。其中一辆汽车小心翼翼地驶近飞机，车内钻出了两个打小白旗、摇着双手、没有武器的日本人。其中一个会说蹩脚俄语的人连说带比画的表示这里是日本，这架苏联战机侵入了日本领空。不过他的俄语显然说得很糟糕，因为这名飞行员实在听不懂他在说什么，于是自己用更加蹩脚的英语说道："请把飞机保护好，不准任何人靠近！我要找美国人！"很快，一位俄语讲得很流利的日本人就来了，他自称是日本外交部人员。但这名苏联飞行员很明白，站在他面前的是日本情报官员。日本和美国情报人员很快弄清了这个叛逃的飞行员名叫维克托·别连科，苏联空军上尉。原来，刚才日本航空自卫队派出两架F-4拦截他的时候，他紧急采取了降低高度到250米、并大机动摆脱的办法，甩掉了两架F-4和地面雷达。别连科本来想直接飞到北海道函馆机场以南150公里的日本航空自卫队军用机场，然而连续的低空飞行使他的油料消耗很大，到达函馆机场附近时别连科的油量指示已经显示为"零"。因此他疯狂地采用了急转弯、从正准备起飞的波音727客机后面直接插入、强行着陆的做法。这种做法使飞机着陆速度过高、冲出了跑道，轮胎爆裂，但飞机总体完好无损。事后经美国空军人员检查，着陆后别连科的油料还剩能坚持一分钟的地步。别连科不但有问必答地回答了美国人所有的问题，而且还要求日本方面把他的降落伞和飞行服扔进大海，以造成飞机坠海、人已死亡的假象。他几乎紧张到了神经兮兮的地步，多次要求美国人马上带他走，不准公布他在日本的照片，还要对外宣布他已经坠海死亡，以帮助他躲避克格勃的追杀。

　　苏联方面也同样乱作一团，用了几个小时才弄清楚这架米格-25不是失事、而是叛逃了。苏联向日本和美国施加了外交压力，对外宣称别连科是迷航，误降函馆，要求归还飞行员和飞机。美国人特别授意别连科在媒体面前公开表示叛逃后，苏联又宣称别连科是迷航误降后被美国情报部门注射了麻醉剂和迷幻剂，所以遭到美国人操控。然而美国方面是绝不会放过研究神秘的米格-25这

一机会的。被卸下机翼的米格－25由一架C－5运输机运至东京近郊的空军基地，从美国远道赶来的技术专家随即检查了它的每一部分，并随时向别连科咨询。这时美国才确定，米格－25不是以前他们想象的那种先进的全能战斗机，而是一种独特的高空高速专用截击机。它笨重的结构让西方匪夷所思，极度落后的电子管技术更是让美国深刻了解到此时苏联电子技术的停滞不前。但总体上而言，米格－25还是显示了很高的系统整合能力。别连科的叛逃让美国最大的收获是掌握了当时苏联最新的战机无线电通信频段、敌我识别器、敌我识别暗码等，给苏联造成了巨大的损失。别连科知无不言地向美国人提供了大量有价值情报，包括米格－25存在的各种问题和缺陷。别连科的口供表示，米格－25截击型带导弹高速飞行时，存在较大的稳定性问题，所以截击型不能像米格－25R侦察型那样以3.2马赫飞行，最大速度限制在2.8马赫。外挂武器高速飞行时振动的很厉害，足以令飞行员感到恐惧，因此米格－25截击机的速度表上在2.8马赫处标有红色警告线，并且在最大速度（2.83马赫）下只允许飞很短时间。他告诉美国人，米格－25的高亚音速机动性很不怎么样，不适合做近距缠斗。不过让美国人略有些失望的是，由于改装米格－25训练时间较短，别连科对米格－25空战战术战法并非行家高手，这使得美国人在他身上获取的少于后来在祖耶夫身上获取的。直到3个多月后的11月12日，这架米格－25才被归还苏联，而别连科从此叛逃到了美国。不过，前去对质的苏联驻日本大使馆一等秘书临行前留下的一句凶狠的话语，将陪伴他走到他的生命尽头："叛徒！您知道背叛祖国的叛徒的下场！我们迟早会把你抓回去的……不论你待在何处，我们都会找到你！让你像一个叛徒应该的下场那样充满恐惧地死去！"

探究别连科的叛国原因，与祖耶夫有所不同。别连科出身于苏联红军一个革命军人家庭，父亲还参加过反击德国侵略的卫国战争。别连科受家庭影响参了军，由于成绩优秀，航校毕业后分配在萨尔斯克基地担任飞行教学任务。然而工作后的经历却与年轻而曾经充满理想主义的别连科的想象完全不同，苏联萨尔斯克基地的飞行教学任务简单重复，缺乏长进空间。萨尔斯克基地的风气很不好，领导以权谋私，军内裙带关系成风，揩公家油小偷小摸成风，领导利用权力大肆贪污，下面发泄不满小偷小摸，只有那些擅长拍领导马屁的人能得到快速提升。别连科越来越感到厌恶这种环境，他申请调往其他部队。然而4次调动报告均遭到了上级拒绝，别连科开始酗酒、打架、闹事。在第四次调动遭到拒绝时，别连科冲进基地领导德米特里·格洛德尼科夫将军的办公室，破口大骂基地存在的管理混乱、混日子成风、牟取私利、裙带关系成风、偷窃盗卖国家油料器材、隐瞒列巴赫飞行责任事故真实情况（萨尔斯克基地的苏军酗酒成风，飞行教员列巴赫长期酗酒照样飞行，在最后一次醉酒驾机的飞行中因操作错误，导致自己和飞行学员当场摔死）的问题！格洛德尼科夫将军大为惊恐，别连科说出的任何一个事，都足以立刻断送这位将军的前程。在威胁和劝说别连科不要揭发无效的情况下，格德科尼洛夫将军竟然指使人将别连科关进卢斯塔弗洛波尔精神病研究所。别连科在精神病研究所被关押了几个月，经精神病研究所一位大夫诊断，别连科没有精神病。这位大夫勇敢地签字结论后，别连科才回到苏联防空军。

别连科出人意料地从精神病研究所回到了萨尔斯克基地，这使得很多人都大吃一惊。不过，他很快就被调到了防空军远东第 11 集团军 513 团担任代理副大队长，别连科航校的老同学卡德洛维克悄悄对他说："将军给了你极好的评语，这些评语往往是给予那些擅长舔首长屁股之人的。"别连科没有说话，他知道那里面原因是什么。这段经历给他的心里留下了仇恨的种子，叛逃的念头可能从那时就已经暗暗开始了。对那些人的极端仇恨将其推向偏执状态，驱使别连科忘记了自己对祖国的责任，而变成了另外一个人。

防空军 513 团所在的丘夫耶夫卡机场，是个靠近冰天雪地不毛之地堪察加半岛的偏僻小镇。在别连科到来之前，部队就已传出消息说，要来一个在精神病医生那里挂了号的军官。别连科驾机飞行是允许的，但他立即发现四周很多人都对他保持着警觉。带着"非正常人"的烙印，还能指望什么前程呢？别连科的妻子柳德米拉一到丘夫耶夫卡就哭了，丘夫耶夫卡就是个真正的流放地，什么都没有。别连科保持着沉默，他很知道自己为什么会被调到这里。柳德米拉每天都在嚷嚷离婚，她要马上带儿子基姆卡到自己父母那里去……但她只是说说，依然还在团里卫生队上班。不过团里的主要干部和同事还是对别连科不错的，别连科因飞行技术较好，而且在传带新飞行员时尽心尽力、不藏私，受到了 513 团领导的一些好评，并且很快将其提拔为大队长。团领导和战友们慢慢也发现别连科不像是有什么精神病的样子，大家至少在大面上关系比较融洽，团里也尽力关心这位刚刚从"大地方"调到这冰天雪地的荒凉边陲小镇的别连科一家。毕竟这里不是后方基地，第一线的军人们比起后方也要淳朴得多。但是，别连科已经不是原来的别连科，而是怀有对苏联的极度仇恨，他一直在秘密策划叛逃。

别连科的叛逃事先没有向任何亲人透露，他在叛逃当天还把自己唯一的儿子像往常一样送到团里的幼儿园，他的妻子也像往常一样在团卫生队上班，他的母亲仍像往常一样在街上买菜。然而别连科叛逃后，他所有的亲人都受到了

苏联克格勃严密的监视，受到了严重的牵连。1976 年 9 月 6 日，别连科驾驶最新式的米格–25 截击机叛逃后，苏联防空军副总司令萨维茨基元帅和第 11 防空集团军司令等大人物飞抵丘夫耶夫卡机场，调查情况。检查他的私人物品时发现，别连科把自己所有的文件都带走了，包括毕业文凭、身份证、驾驶证、视力鉴定书等。在别连科家困苦寒酸的住宅里，有一个不大的书架，上面有十多本书，这是他最喜爱的地方。克格勃翻看他的藏书时发现了一张转飞到日本北海道机场的飞行领航计算草稿，上面没有写明日本空军基地的名称，只用一两个字母标出。别连科经过计算认为，燃料足够他飞到北海道了。这显示出，别连科叛逃显然是蓄谋已久的行为。苏军保卫部门最后给出的调查结论认为，在 1976 年 9 月 6 日前不久，别连科每年休疗养假时到过基辅、第比利斯、塔什干等地，花销较大，行踪诡秘。"显然，别连科早已被西方间谍机关招募了，成为了一名西方走狗"。但是，苏联防空军副总司令萨维茨基元帅和第 11 防空集团军司令等人主持的这场调查却完全忽略掉了别连科原来所在萨尔斯克基地的真实面貌、导致别连科走上叛变道路的苏联防空军里的不正当风气、严重的腐败变质现象，而仅仅把别连科这一个叛国分子定罪了事。

对于苏联方面，别连科叛逃事件导致了巨大的损失。防空军的部分高层军官被解职，别连科所在的 513 团的许多基层官兵也难逃一劫，许多根本不知别连科计划的战友们被强制退役，提拔他当大队长的团领导被全部撤职，并受到了克格勃监视和调查。更为严重的是，造成苏联防空军雷达、无线电通信、敌我识别编码等绝密情报大量外泄，苏联防空军战机和雷达被迫回厂改换上述系统，其他作战系统也受到不同程度的影响。别连科叛变多年后，接受过美国媒体的采访，他最不愿意面对的提问，就是有关他无辜受牵连的妻子、母亲、儿子，以及那些并不按萨尔斯克基地那种态度对待他的 513 团战友们……

别连科叛逃后，也迅速转变为彻底的叛国分子，不但积极为美国提供击败苏联的建议帮助，帮美国空军提供了解苏联空军的窗口，而且积极要求参加对苏联的间谍活动。并在苏联政体改变之后，仍丝毫不放弃继续反对俄罗斯的立场。他虽然与祖耶夫叛逃出发点有所不同，但不论以何种原因叛逃出去，最终都走上了同一条不归路。一旦到了美国中央情报局手里，他们除了继续按美国人的意图行事，已经没有其他生存下去的办法。

这些军队内部叛徒的出现，使敌国很深地了解到苏联最新式武器的技战术性能和优点、弱点、可利用的地方，从而做到知己知彼，有的放矢，充分利用苏联最新式武器的弱点，巧妙避开苏联武器的优点。更重要的是，这些军队内部叛徒使敌国很深地了解到苏联战术战法的内容和使用特点，并针对这些战术战法的优点和弱点制定有针对性的战术战法，招招式式都恰好压制苏联式空军的弱点，从而极大地压制了苏联式空军的战斗力。这种一方知己知彼、另一方对敌手基本茫然无知的作战，使原本有可能接近势均力敌的战斗变成了完全一面倒。这些军队内部叛徒的危害，不但对空军是如此，对其他军种也是如此。而且军队内部叛徒，不仅在苏联有这种现象，在我们国家也出现过，并且有些军内叛徒是军衔很高的干部。探究这些军队内部叛徒的出现，无不跟军队内部的腐败现象有着极为深刻的关系，很多叛徒都是由腐败的贪欲走向叛国的毁灭。由此可见，要想消灭军队内部出现叛徒的问题，除了要对军人进行真正有效的思想教育，在国内政治中发展生产力、缓和各种矛盾，通过强国富民来坚定军人们对国家的忠诚，同时一定要严厉警觉和惩治军队内部腐败问题的发展，防止一支军队因为腐败滋生而逐渐走向变质！

　　背叛祖国、自动投入敌对国家怀抱并以叛国为荣的人最终下场通常都是悲惨的。2003 年以后，一部分美国报纸突然开始报道祖耶夫和别连科两人先后因飞行事故死亡，一时间吵得沸沸扬扬。然而这究竟是俄罗斯情报部门的除奸报复行动得手，还是美国情报部门为了保护他们长期安全故意放出的假消息烟幕，祖耶夫和别连科两人是否真的死亡，也是一个很长时期无法确切得知的谜团。在俄罗斯《消息报》记者采访俄联邦安全局的时候，俄联邦安全局的那名官员皮笑肉不笑地说了一句俏皮话："对于那些叛徒来说，等待接受死刑的过程比被执行死刑的过程更痛苦。"不论真实事实到底是怎样，祖耶夫和别连科两人的后半生已经注定要活在追捕和反追捕、隐姓埋名和挖地三尺的较量以及随时随地可能遭遇不测的恐惧中了。每当我们回顾起祖耶夫和别连科这两个苏联的叛徒时，眼前都会不由自主浮现起俄罗斯原任总统弗拉基米尔·普京那阴沉而强硬的面容和他经常挂在嘴边的一句话："对那些背叛祖国的人，俄罗斯永远都不会放过。"

# 第三章　飞毛腿反扑

## 第一节　飞毛腿出鞘

　　开战第二天，面对反空袭作战的严重不利，面对着自己国家被空袭炸得支离破碎的惨状，伊拉克总统萨达姆也认识到：这样下去无异于在强大的空中攻击下坐以待毙。由于伊拉克空军和海军被多国部队打得毫无还手之力，显然也不具备像样的反击能力，萨达姆清晰地看到自己最大的反击武器就是拥有的大量地对地弹道导弹。地对地弹道导弹不依赖人员全程驾驶，飞行速度快，弹道很高，甚至可以在大气层外，超出绝大多数防空导弹拦截范围。使用简单，一旦发射出去就不需要继续人工操纵。由于不使用雷达制导体制，也具有较高的抗电子干扰能力。伊拉克不但装备有相当多地对地弹道导弹，并且具有一定程度自行生产地对地弹道导弹能力，并在两伊战争里有着丰富的实战使用经验。伊拉克于20世纪80年代购买了大量著名的苏联"飞毛腿B"导弹，购买数量不详，但购买机动式导弹发射车大约36辆。此外还购买了飞毛腿导弹技术专利和导弹生产线，可以在伊拉克国内自行生产。但由于伊拉克国内工业基础问题和未购买飞毛腿机动发射平台——俄制 MAz—543LTM 轮式车辆技术专利及生产线，故似乎不能进行发射车的自行国产。很显然，面对着多国部队方面压倒性的空中优势，地对地弹道导弹是伊拉克手中最好用的反击武器。

　　为了改变战场被动局面，对敌军进行报复，萨达姆决定立刻动用地对地弹道导弹进行反击。"飞毛腿"导弹是苏联在20世纪50年代"冷战"时期开发的一系列战术地对地弹道导弹，北约给它起绰号为"飞毛腿"。"飞毛腿"可装配常规弹头和核弹头或者化学武器弹头，可装载在专用的轮式车辆上机动发射。飞毛腿A型于1957年服役，B型是A型的改进型，于1965年服役。"飞毛腿B"导弹弹长11.37米，弹径0.885米，起飞质量5.9千克，推进剂为液态（偏二甲肼和红烟硝酸），加注推进剂质量3.7吨，弹头最大可装860千克TNT炸药，对暴露在掩体外的人员有效杀伤半径约150米。导弹采用惯性导航制导，最大射程 300 千米，最大飞行速度 1500 米/秒。命中精度圆概率误差，在射程为 300 千米时约为 300 米。作为一个武器系统，"飞毛腿 B"导弹武器系统包括导弹和地面设备两大部分。地面设备主要有运输起竖发射车，底盘为俄制 MAz—543LTM 轮式车辆，车长 12 米，宽 2.9 米，高 2 米，可以隐蔽在掩体和车库内。最大公路行驶速度为 60 千米/小时，并在野外道路上有较强通过能力。每个飞毛腿导弹连还配有大地测量车、发射指挥车、电源车、推进剂加注车、测试车、消防车等配套车辆。如果在预先测定的发射点位置上实施定点发射，导弹车队发射准备时间较短，从车辆开入发射阵地起，测量本车位置、起竖导弹、加注液体推进剂、发射前检查、稳定车辆、到点火发射，最快可以在 30 分钟内完成。如果在未经事先测量和找平的发射阵地上实施机动发射，准备时间就较长，至少需一个多小时。"飞毛腿 B"导弹技术已经相对较老，苏联自身到 1980 年已基本用新一代固体机动中程导弹 SS－23 全面替换了"飞毛腿 B"导弹。

苏联的"飞毛腿 B"导弹大量出口到伊拉克、伊朗、利比亚、叙利亚、朝鲜等国，还配套出口了大量发射、起竖、运输三用车。因两伊战争的需要，伊拉克感觉"飞毛腿 B"导弹射程不够远，伊拉克于 1987 年耗费巨资，并想方设法聘请了部分苏联专家和法国专家进行帮助，对"飞毛腿 B"导弹进行了改进，发展出了增加射程的"侯赛因"导弹。"侯赛因"导弹长度增加到 12.46 米，比"飞毛腿 B"加长了 1.09 米，直径仍为 0.88 米，射程大幅增加 2/3，达到近 600 千米。其理论命中精度圆概率误差由"飞毛腿 B"300 米降至 500 米。不过"侯赛因"导弹性能指标虽然做到了表面上大幅提高，但其实质技术水平却是超级的"山寨"。实际上竟然可以简单地揭穿为"三弹并两弹，射程翻一番"。即拆用 3 枚"飞毛腿 B"导弹改装生产 2 枚"侯赛因"导弹。改装时，将 1 枚"飞毛腿 B"导弹的氧化剂储箱和燃烧剂储箱都一分两半，将其分别插焊到另外 2 枚导弹的氧化剂箱和燃烧剂箱，使两箱分别加长 85 厘米、45 厘米，总共增加了 1040 千克推进剂，使推进剂总量增加到近 5 吨，从而使射程增加到近 600 千米。为了补偿增加燃料的重量，弹头重量被迫大大减轻，弹头炸药量锐减至 190 千克。由于推进剂燃料增多和射程增大的双重因素影响，导弹最大飞行时间也从约 309 秒延长到 425 秒，粗略相当于飞行速度大大提高了约 45%。并仍可使用原来的俄制 MAz—543LTM 轮式发射车经简单改装后进行运载和发射。多国部队对伊拉克的原装苏联"飞毛腿 B"导弹和"侯赛因"导弹均简单地通称为"飞毛腿"导弹。"侯赛因"导弹表面上看用极为简单的手段做到了性能指标大幅提高，但其实际技术水平却为实战

留下了致命的隐患。

在两伊战争中，伊拉克就曾大量使用"飞毛腿 B"地对地弹道导弹攻击伊朗城市。1988 年 2 月 29 日，为报复伊朗向伊拉克首都巴格达发射 2 枚"飞毛腿 B"导弹，伊拉克从当天开始到 3 月 8 日的 9 天时间，就向伊朗发射了 50 枚"飞毛腿 B"导弹。双方导弹袭城战不断升级，至 4 月 21 日伊拉克已经共向伊朗发射了 189 枚"飞毛腿 B"导弹，先后有 40 座伊朗城市被炸，炸死伊朗平民 1700 多人，炸伤 8000 多人，数以千计伊朗楼房和建筑物被摧毁，使伊朗蒙受了巨大的损失。现在海湾战争里，"飞毛腿"导弹又将成为萨达姆手中的关键武器。

1991 年 1 月 17 日夜间至 1 月 18 日早晨，伊拉克向以色列首都特拉维夫和重要海港城市海法发射了 8 枚"飞毛腿"；1 月 18 日早晨 4 时 28 分，伊拉克向沙特阿拉伯达兰军事基地发射了一枚"飞毛腿"。1 月 19 日 8 时 15 分，向以色列特拉维夫发射了 3 枚"飞毛腿"。1 月 20 日晚 21 时 45 分，再次向沙特阿拉伯达兰基地发射了 3 枚"飞毛腿"导弹。在整个海湾战争 42 天期间，"飞毛腿"地对地弹道导弹成为伊拉克最主要的反击手段。

由于害怕"飞毛腿"可能携带化学武器弹头，在导弹来袭前，在沙特阿拉伯和以色列首都和各主要城市就已经发生了许多畸型的社会反应。人们情绪焦虑，惴惴不安，排起长队领取和购买防毒面具，购买安眠药才能入睡的情况也大幅增加。虽然沙特阿拉伯政府事先已经向居民发放防毒面具，但仍有很多人担心免费领取的防毒面具不够安全，宁可自己花高价购买更高级的防毒面具，以至于高级一点的防毒面具一路走俏，奇货可居。驻沙特阿拉伯各地的西方人更是惶惶不安，像潮水般地涌到各国驻利雅得大使馆和飞机场，只想快点离开这个国家。原本在西方驻沙特各石油公司工作的大量西方技术人员和管理人员更是早在战争没开始时就坐立不安，每天打算最多的事就是离开沙特的飞机票什么时候到手，无心正常的生产工作，使沙特阿拉伯的石油生产出现了很多额外的困难。整个国家笼罩在一片化学武器的阴影之下。

# 第二节　前后反差

如果有人说：伊拉克的这些"飞毛腿"导弹能有多大威力？不是也没造成什么像样的破坏吗？犯得着那么兴师动众大紧张吗？如果试想一下伊拉克的"飞毛腿"导弹携带的不是常规弹头，而是化学武器弹头，那还有谁敢轻松面对呢？

　　早在两伊战争中，伊拉克就曾经大量使用化学武器对付伊朗。伊朗谴责伊拉克对伊朗至少使用了200多次化学毒气攻击，造成了总计10万名伊朗军人因此死亡，并另有45000名伊朗军人致残。早在1982年，伊拉克开始第一次大规模对伊朗使用国际公约明令禁止的化学武器芥子气和沙林毒气，给正以人海战术发起反攻的伊朗军队造成严重伤亡。伊朗发出了愤怒的谴责，并向国际社会指控伊拉克。不过与伊朗关系极度交恶的西方社会并没有做出多大的反应。为了阻止伊朗军队的人海进攻，扭转战场上的被动局面，伊拉克军队越来越频繁地在战场上使用化学武器，一时间，大量的芥子气、沙林毒气等杀伤力极大的化学毒剂倾斜向不顾一切伤亡反攻的伊朗军队，造成成千上万名伊朗士兵中毒死亡。这些士兵死状惨不忍睹，横陈竖卧的姿态无不体现着死前极度的痛苦，而且毒气的蔓延扩散还波及战场周围的伊拉克库尔德平民，无情地夺去了上千名平民的生命，并使大量平民致残。中毒士兵有的因窒息的痛苦而双手将喉管抓破，有的脸色乌黑，有的皮肤溃烂流着浓黑深黄的血，有的皮肤成片像纸一样脱落，还有的牙关紧锁渗流出白沫，还有的双目被芥子气毒害得肿大如拳头、脓血横流，尸横遍地，场面惨不忍睹。伊朗方面列出的伊拉克使用化学武器的证据越来越多，伊朗大骂萨达姆就是邪恶的撒旦恶魔化身。不过就在1982年这一年，美国里根政府以"未发现伊拉克继续从事或支持恐怖主义活动或发展及扩散大规模杀伤性武器"的理由，将伊拉克从原来支持国际恐怖主义国家的名单中删去，并决定向伊拉克提供"必要的经济援助"。这对伊拉克真是一个及时而悦耳的福音。

　　1983年，伊拉克的化学武器战规模进一步升级，伊朗强烈要求联合国安理会派遣一个特派团到伊朗曾经遭受军事攻击的平民区现场观察，并要求特派团中应有化学武器方面的专家。1983年5月，联合国安理会派出特派团，前往伊朗和伊拉克的一些平民区观察。6月，特派团做出报告："在伊朗所访问的一些平民区看到严重的破坏，在伊拉克所访问的一些平民区也看到某些破坏。"不过，此次调查却未按伊朗要求派出任何一名化学武器方面的专家，因为伊拉克拒绝了这一建议。伊拉克表示：联合国对伊朗的要求应该结合最近通过的决议来进行审议，最近通过的决议应该作为一个完整的整体来执行，既然伊朗不同意执行安理会要求马上停火的决议，当然也就不应理睬伊朗的要求。这种先生蛋还是先买鸡的外交辞令文字游戏，坚定地拒绝了派出化学武器专家进行检查的可能性。不过十年后以雷厉风行态度军事打击伊拉克的多个西方国家，却在此时不约而同心有灵犀地选择了任由伊拉克的文字游戏奏效，导致派

遣化学武器专家调查的要求在安理会不了了之。

就在这一年，当时的美国总统里根任命美国总统武器控制顾问和安全事务顾问拉姆斯菲尔德作为美国总统中东特使，访问伊拉克。在巴格达"萨达姆国际机场"，拉姆斯菲尔德受到了伊拉克执政的阿拉伯复兴社会党军政高层官员的公开热烈欢迎，机场上举行了隆重的欢迎仪式。12 月 19 日，拉姆斯菲尔德首先会晤了伊拉克外长阿齐兹。在会谈中拉姆斯菲尔德表示："虽然我们之间存在着一些不同的观点，但我们也有很多共同利益。我们都希望地区和平、稳定，并改变地区的不平衡局面。"拉姆斯菲尔德先生充满遗憾地说："整整一代伊拉克人和美国人彼此没有联系，这非常不幸。"他明确地表示，在这场战争中，美国同伊拉克利益"完全一致"，"我们和你们站在一起"。阿齐兹表示，很高兴看到美伊关系出现了新的局面，并相信美伊外交关系完全有可能恢复。

拉姆斯菲尔德还带着另一个秘密使命和神秘信件。美国国家安全委员会前官员、曾在 1983 年与拉姆斯菲尔德一同前往巴格达的泰奇在 2003 年揭秘说：拉姆斯菲尔德还带着当时的以色列外长沙米尔的一封信件。以色列外长沙米尔表示，以色列愿意为伊拉克提供军事援助，共同打败伊朗。由于以色列和伊拉克没有外交关系，所以请美国总统特使亲手向伊拉克外长转达这封信。拉姆斯菲尔德与伊拉克外长阿奇兹会晤中，明确地讲到以色列愿意帮助伊拉克打击伊朗，而且拿出了这封信。但伊拉克外长阿奇兹毫不犹豫地拒绝了，连这封信都拒绝收下，阿齐兹的手甚至根本都没有触碰过它一次。阿奇兹明确表示：他代表伊拉克拒绝接受这封信，请美国特使原样带回。伊拉克虽然与伊朗处在战争之中，伊朗是伊拉克的敌人，但是以色列长期侵占着约旦河西岸和巴勒斯坦领土、黎巴嫩南部领土，以及叙利亚戈兰高地领土，以色列更是全阿拉伯人民的敌人，更也是伊拉克的敌人。阿齐兹坚定地表示：这不但是他的立场，也是萨达姆总统的立场。如果他收下这封信，不但会成为伊拉克和阿拉伯世界的罪人，而且萨达姆都会当场把他枪毙。即使不被萨达姆枪毙，阿齐兹的手也绝不会碰以色列的信！美国特使拉姆斯菲尔德只有尴尬地把以色列的信件收了回去。

第二天早晨，拉姆斯菲尔德受到了身穿军装、腰佩手枪的萨达姆热情接见。两人在电视镜头前亲热地握手，笑容满面，互致问候，进行了长达 90 分钟时间友好的交谈。这在两个没有外交关系的国家政治家之间相当不同寻常。拉姆斯菲尔德在会谈中向萨达姆转达了美国总统的谈话："美国和伊拉克在遏制伊朗和叙利亚扩张方面，有着共同的利益。"他进一步表示，美国正在敦促世界各个国家缩减对伊朗的武器销售，并相信此举已经成功切断了美国控制下经第三国对伊朗的武器出口。并亲手向萨达姆递交了美国总统里根给萨达姆的一封亲笔信。萨达姆对里根的来信和拉姆斯菲尔德的到访表示非常高兴和欢迎，并表示双方友好的交流为恢复美伊外交关系扫除了障碍，美伊关系将跨入一个新的局面。拉姆斯菲尔德与穿着军装的萨达姆握手的照片，登上了当天美国各大媒体的头版。拉姆斯菲尔德的伊拉克之行，在受到高规格接待、双方达成广泛一致的气氛中圆满结束。

拉姆斯菲尔德是美国著名的老牌政客，是一贯强硬的主张"不惜以军事手段捍卫自由、人权和民主价值观"理念的捍卫者。拉姆斯菲尔德1983年在伊拉克访问的表现，为他一贯的"自由、人权和民主价值观"理念做出了优秀的注脚，使"自由、人权和民主价值观"理念在世人面前更加深入人心。在1983年访问伊拉克和拜会萨达姆20年之后，拉姆斯菲尔德先生还将再一次评价伊拉克当年的所作所为，此时他将强烈谴责萨达姆危害地区安全、对外发动战争、发展大规模杀伤武器、使用化学武器、屠杀平民、实施残酷的宗教和民族迫害的种种罪行，并力主必须发动对伊拉克的最后战争，彻底终结罪恶的萨达姆政府。没错，他不是另外一个恰巧同名的别人，正是美国后来的国防部长：唐纳德·亨利·拉姆斯菲尔德。拉姆斯菲尔德前后对待同一位萨达姆总统和同一个伊拉克的表现，为他一贯的强硬捍卫"自由、人权和民主价值观"理念书写了一部"绚丽多彩"的篇章。

拉姆斯菲尔德访问巴格达之后，伊拉克的说客、外交官和军火采购大员如车水马龙，纷纷前往美国和某些西方国家，到处秘密观看自己中意的武器，并说服这些武器公司所在国家放行武器卖给伊拉克。在华盛顿，最有名的为伊拉克游说的高手是尼扎尔·哈姆敦。哈姆敦在到美国国会举行听证会说服美国人同意向伊拉克出售武器时曾高举一件利器：一条据说是从被打死的伊朗士兵头上扒下来的绿色头巾，上面绣着中东地区的地图，四面八方的箭头直指耶路撒冷。哈姆敦举起那条头巾高声警告说："如果伊拉克战败，那么以色列将是下一个受害者！"

此后，美国开始在两伊战争中清晰地"选边"。当时的美国中央情报局局长威廉姆·卡斯曾亲自出马，以确保伊拉克能通过"适当的渠道"绕开联合国的武器禁令获得足够的武器、军火和交通工具，以打赢两伊战争。根据一份秘密的国家安全指令，美国开始向伊拉克提供数十亿美元贷款，并开始向伊拉克提供军事情报、卫星侦察照片和建议，积极保障伊拉克能够打赢两伊战争行动。美国中央情报局积极行动起来，一些在第三国突然注册起来的各种公司自

由地向伊拉克转口出售各种武器。日后被一些美国媒体报道得沸沸扬扬的一家智利公司向伊拉克出售大量美国制造的集束炸弹，更是被美国媒体捕风捉影地直接联系到了当时美国中情局长伍尔西身上。

2004年9月，国防部长拉姆斯菲尔德因为1983年访问伊拉克时与萨达姆总统那段旧事而受到了记者们的追诘。在接受CNN记者采访时，拉姆斯菲尔德说：他当年曾在巴格达向萨达姆当面郑重告诫过伊拉克不要使用化学武器。然而，好事的记者们很快去翻看了最新解密的拉姆斯菲尔德与萨达姆90分钟会谈纪要和会谈视频画面资料，发现拉姆斯菲尔德根本就是在撒谎，他只字未提伊军使用化学武器的事！随着这则新闻越炒越热，拉姆斯菲尔德自己没有再接受采访，而是由他的部下美国五角大楼发言人布莱恩·怀特曼连忙出面解释说：拉姆斯菲尔德部长是在接受CNN采访时记错了，拉姆斯菲尔德和萨达姆会谈时的确是没有提及化学武器的事，而是跟伊拉克外长阿齐兹会谈时提到化学武器的。记者们立刻又去翻看了最新解密的美国务院的拉—阿会谈纪要，终于在一大堆林林总总的会谈内容中看见了蜻蜓点水一样轻描淡写的"伊军不应该轻易使用化学武器"一句。

1984年，伊朗再三指控伊拉克袭击其平民区，指控伊拉克使用化学武器。伊拉克则指控伊朗攻击它的平民区。1984年2月，鉴于这些事态的发展，联合国秘书长提议，必须向该地区派遣特派团以核查非军事目标所受到的破环情况，并弄清实际使用的弹药类型，查明是否存在使用化学武器问题。然而，某些在7年后以雷厉风行态度军事打击伊拉克的西方国家，在此时再次心有灵犀地选择了任由两伊的文字游戏口水攻讦，由程序和枝节来打搅最主要的核心问题，这个调查化学武器的特派团未能派出。

1984年3月，伊朗更进一步在联合国指控伊拉克对其部队扩大规模地使用了化学武器，造成了更大的人员伤亡。联合国秘书长德奎利亚尔力推结束安理会无聊的程序争议，而在3月13～19日派遣了一个专业的军事调查团到往伊朗。调查团在3月26日回复了报告：在视察的一些地区确实发现使用了芥子气和塔崩的化学毒剂！化学武器在两伊战场的使用，在经历了两年多装聋作哑之后，至此终于被国际社会承认。

1984年3月30日，联合国安全理事会发表了一项主席声明，强烈谴责调查团所报告的使用化学武器的情况，呼吁有关国家严格遵守禁止使用这种武器的1925年日内瓦议定书，谴责一切违犯国际人道主义法的行为。但是十分微妙的是：声明中却并没有点名化学武器是伊拉克使用，也没有点名谴责伊拉克。同时没有实行具体、严格的针对使用化学武器行径的制裁措施。这一声明，再次反映出在安理会中占有多数席位的某些西方国家的微妙态度。

就在 1984 年国际社会对伊拉克使用化学武器哗然声中，美国与伊拉克正式恢复了外交关系。两国关系果然跨入了一个新局面。美伊复交后，美国对伊军事援助和经济援助力度大幅度加大，并派出多名美国中央情报局的官员秘密赴伊拉克，向伊拉克提供美国侦察到的伊朗军事部署、战争前线的卫星照片，为伊拉克制定作战计划和对伊朗纵深城市目标制定轰炸计划提供详细的参考意见。美国对伊拉克和伊朗的这一切态度，究其根本原因，在于 20 世纪 70 年代末伊朗爆发"伊斯兰革命"，原来亲美的伊朗国王巴列维王朝被反美的霍梅尼政府取代。新的伊朗政府奉行强硬的反美路线和反以色列路线，伊朗最高领袖霍梅尼公开将美国和以色列分别称为"大撒旦"和"小撒旦"，公开宣称要消灭以色列国，而且还在石油产业收归国有化的过程中严重损害了美国的利益。特别是 1979 年 11 月，德黑兰爆发了性质极为严重的人质事件，激进的伊朗学生冲入并占领了美国驻德黑兰大使馆，将 52 名美国外交官扣押为人质，时间长达 444 天，人质及其家属每天都生活在恐怖和噩梦中。美伊关系恶化到了战争边缘。顷刻之间，昔日美国的可靠亲密盟友变成了美国在中东的最大敌人。

霍梅尼政权上台后，美国不但失去了一个可靠亲密的产油国伙伴，而且波斯湾石油运输咽喉——霍尔木兹海峡的控制权也控制在了伊朗这个敌对国家手中。伊朗地理位置紧邻狭窄的霍尔木兹海峡北端，意味着随时可以威胁美国进口石油的生命命脉。波斯湾出现像伊朗这样的反美国家，是美国的地缘战略和利益难以容忍的。为了对付伊朗，美国必须在海湾地区另觅伙伴。如果在两伊战争中伊朗战胜伊拉克，伊朗的势力顺利扩大入伊拉克，就等于实际控制了海湾地区两个产油大国，美国在海湾地区的利益势必受到更严重的打击。这是美国绝不愿意看到的。虽然美国一向申行所谓"自由，民主，人权价值观"的大旗，但其政策实质从来是把美国的国家战略利益放在实际的第一位。如果有利于美国的利益，美国愿意与一个意识形态上尖锐对立的国家亲密合作。而如果它不利于美国的利益，即使是一个社会制度和意识形态与美国完全相同的国家，也照样会毫不例外地被美国塑造为敌人。基于此点，美国主动向伊拉克伸出了友谊之手，利用伊拉克和伊朗的恩怨矛盾，让伊拉克在第一线直接与伊朗交战，以遏制伊朗势力。

两伊战场上的化学武器灾难进一步升级扩大，化学武器的淫威进一步在两伊战场上逞凶着，给两伊人民造成的一出出悲剧还在继续扩大着。对于这种局面，美国国务院发言人在受到记者质询时称："在目前国际上还没有实施全面

贸易禁运的情况下，我们不可能阻止所有可能用于制造化学武器的技术和相关材料进入这两个国家。"

化学武器在两伊战场上的淫威在1986年达到了一个新的顶峰。1986年伊朗发动"曙光九号"行动，不但击退了伊拉克军队，而且迅速占领了200平方英里的伊拉克领土，并直逼伊拉克北部的石油生产中心基尔库克。为了扭转颓势，萨达姆下令伊拉克军队再次使用化学武器。在很短时间内，大量的芥子气弹、塔崩毒气炮弹和沙林毒气炮弹和维克斯毒气炮弹等杀伤力极大的化学武器如同雨点般飞向伊朗军队，8500多名伊朗官兵在这一天之内因毒气而死亡。这次惨绝人寰的事件并没有成为化学武器在两伊战场上的绝唱。1987年6月，伊拉克再次用化学武器轰炸了位于伊朗西部的萨尔达什特市。亲临现场调查的联合国军事观察团亲眼目睹了受害地区场面，并对伊拉克使用化学武器给予了证实。但联合国安理会内某些具有"共同的崇高人权、自由、民主价值观"、并且在安理会中占有相当多席位的西方国家依然阻止了谴责伊拉克的决议通过。这一行径，再次体现了这些国家在中东的利益，实际上为伊拉克继续使用化学武器打开了绿灯。

不过在海湾战争这个时候，美国可毫无质疑不想对伊拉克使用化学武器有任何装聋作哑行为。从1990年8月到达海湾地区驻军开始，美国中央战区总部就多次宣称，如果萨达姆敢对多国部队使用化学武器，美军将使用手中"所有的武器"立刻进行报复，萨达姆将自食其果。美军中央战区还多次开放记者采访，展示美军已经准备好了大量大规模杀伤性武器。随后，美国副总统戈尔更是公开声称："如果萨达姆敢对多国部队使用化学武器，将受到美国使用核武器报复！"这些明确的警告和军事准备，成为制约萨达姆这个无所顾忌的铁腕人物在海湾战争里使用化学武器的最有效因素。

# 第三节　化学武器

伊拉克在两伊战场上接二连三地使用化学武器，而没有受到国际社会真正的实际制裁，使萨达姆的胆量越来越大。显然，他把西方社会的装聋作哑理解为他在地缘政治中非常重要，重要到可以为所欲为。他开始把化学武器越来越多地用于平民身上。1987年4月16日，伊拉克首次对国内北部一直谋求独立、并与伊朗暗中联系的库尔德斯坦地区少数民族居民库尔德人使用了化学武器，造成数百名库尔德平民当场死亡。其后伊拉克又多次使用飞机在库尔德城镇上空向撒布芥子气和神经性毒气，造成库尔德平民死伤越来越多。到 1987 年年底，这种事越来越多，终于引起了一些国际媒体的报道，美国《纽约时报》等主流媒体也进行了大量报道。舆论的巨大压力顿时造成举世哗然，美国国会专门举行了听证会，主张通过强烈谴责伊拉克政府的决议并对伊拉克实施严厉制裁。美国国务院和白宫也在舆论面前公开表达了对伊拉克的谴责，但却暗中阻止制裁伊拉克决议的通过。助理国务卿穆菲在 1998 年 9 月的一份备忘录中回顾道："（当时）对我们长远的政治和经济目标来说，美国与伊拉克的关系更重要。我们认为对伊拉克实施经济制裁没有用，或者说只会对伊拉克起反作用。"

更大的化学武器犯罪终于在 1988 年 3 月 16 日到来。这一天一早，伊拉克军队运用多架美制贝尔等直升机携带毒气罐和毒气撒播器，从上空对库尔德人聚居的城镇哈拉卜贾撒布了大量化学武器，整个城镇很短时间之内就笼罩在化学武器毒气的烟雾中，大量库尔德平民还未来得及跑出城外就在无边的毒气中痛苦万状地纷纷倒毙。就在这短短一天之内，超过 5000 名库尔德平民被伊拉克播撒的毒气残酷杀害，一万多人严重受伤，并伴随着严重的终身痛苦。直到十年以后，英国剑桥大学遗传学博士高斯丹到哈拉卜贾惨案现场走访，他在发表的《哈拉卜贾人民状况报告》中写道："在哈拉卜贾化学武器攻击过去十年之后，哈拉卜贾地区因受化学武器影响，仍然有各种恶性怪病出现。每年有许多儿童因患血癌而死亡，另有许多人身患上各种癌症，该地区人口的死亡率明显高于没有受过化学武器攻击的地区。许多人患有呼吸困难、眼睛失明、神经紊乱、严重皮肤受损、产下畸形婴儿等病态情况。"

哈拉卜贾事件是第二次世界大战之后最大规模的一次针对平民使用化学武器，也是历史上单次动用化学武器杀害平民人数最多的一次军事行动。就这样，萨达姆依靠极端残忍、丝毫不顾国际公约和人道主义基本准则的行动，恢复了伊拉克对库尔德地区的统治力。

不过，值得一提的是，美国记者斯蒂文·佩尔蒂埃在美国一流大报《纽约时报》上发稿报道此事时写道："美国中央情报局对从现场搜集到的有毒物质样品进行检验后认定：造成库尔德人大量死亡是伊朗的氰化物基毒气。"美国中央情报局这一结论，极度厚颜无耻地把哈拉卜贾惨案的责任倒打一耙推到伊朗身上，而使萨达姆能够再一次从容自如地逃脱于国际舆论的谴责之外，而使伊朗的形象顺应需要地变得更加邪恶。

极具讽刺意味的是，2004 年 6 月 30 日，在通过伊拉克战争将萨达姆政权推翻之后，美军向由美国扶持建立起来的伊拉克临时政府移交了萨达姆·侯赛

因和前政权11名高官的司法管辖权。同一天，伊拉克临时政府正式宣布逮捕萨达姆·侯赛因。7月1日，伊拉克临时政府特别法庭对萨达姆进行了第一次开庭聆讯，指控萨达姆犯有14项罪行：

（1）1982年下令处决140多名杜贾尔村平民，拷打并监禁1000多人，报复其对自己刺杀未遂的行动。

（2）1987—1988年间下令实施安法尔行动，在伊拉克北部对库尔德人进行种族灭绝计划。有证人披露，仅1987—1988年间就有50万库尔德人或被迫害至死，或被当场处决。

（3）1988年，使用化学武器袭击库尔德人城镇哈拉卜贾，造成大约5000名库尔德人死亡，10000人受伤。

（以下11项罪名此处不再一一列出）

在这里，由美国扶持建立起来的伊拉克临时政府特别法庭明确指控使用化学武器袭击库尔德人城镇哈拉卜贾的罪行是伊拉克前总统萨达姆所为。此时，美国政府各机构再也没有一个出来说"有确凿证据显示，哈拉卜贾惨案是伊朗所为"；再也没有一个说"残酷镇压和杀害库尔德人是伊朗所为，有关伊拉克用毒气杀害库尔德人的一些报道缺乏可以证实的证据"。

伊拉克作为一个刚建国时还不过是个农业游牧业国家，国内工业基础极差，尤其是发展化学武器的基础化工业极为薄弱，他们是如何能够发展起如此巨大的化学武器生产能力的呢？又是怎么能逃过国际监管体系的呢？

2003年3月6日，英国新闻类报纸发行量前五名的《卫报》刊发了一条震撼性新闻："伊拉克化学武器生产基地中，被美国认为是其违反联合国规定重要证据的一家化学武器工厂——表面上名为'费卢杰第二氯素厂'的费卢杰化学武器厂，是由总部设在原联邦德国多特蒙德市的德国UHDE有限公司于20世纪80年代建设的。费卢杰第二氯素工厂位于巴格达以南，靠近伊拉克哈拜尼亚机场。美国政府日前曾表示，该工厂是伊拉克重要的一家化学武器工厂，具备大量制造芥子气和神经性毒气化学武器的能力。美国中央情报局在早些时候提交过一些文件和侦察卫星照片，也确认费卢杰第二氯素工厂实际为化学武器工厂。而英国联合情报委员会也于2002年9月在首相布莱尔批准下公布了一份报告，认为费卢杰第二氯素工厂实际为'与伊拉克化学武器项目有关'的工厂。

德国UHDE有限公司在建造这座工厂时期，曾经号称这座工厂'只是一家生产氯和苛性钠的厂家，不会生产其他产品'。但从所公布的文件可以看出，在合法市场越来越难获得化学原料的情况下，伊拉克有意通过这种假冒民用用途的工厂来生产如表氯醇和三氯化磷等化学产品的给料，这些化学产品可以进一步制造芥子气和神经性毒气。"

英国《卫报》强烈指出德国 UHDE 有限公司从项目建设之初就知道工厂的真实用途，并故意假装不知其真实用途，从而使这个当时耗资 1400 万英镑、可以给德国 UHDE 公司带来巨大收益的工厂能够顺利投产。并在投产以后还以生产民用氯和苛性钠的名义帮助伊拉克进口大量制造化学武器所需要的原料，继续从中获益。

报道还出人意料地指出，德国 UHDE 有限公司建设这座工厂的项目在 1985 年却获得了英国政府批准通过保险担保的方式给予财务支持。当时伊拉克已经多次使用化学武器，并造成严重人员伤亡，英国政府完全清楚这座工厂用途的模糊性和潜在危险。但时任英国贸易大臣的保罗·钱农还是批准了为这一项目提供保险担保。时任英国外务大臣理查德·卢丝曾强烈要求否决对该项目的保险担保，她认为如果消息泄露，将会严重损害英国在全世界的形象，"我认为应该使用任何方式来反对该交易的实现，并且应该竭力劝阻出口信贷担保部门为 UHDE 公司担保"。但钱农拒绝了这类意见，他称："取消此次合作将可能影响与伊拉克在其他方面的合作前景。"依然放行了这个项目。

《卫报》还表示，英国政府不但清楚这座工厂的真实用途，而且还是应美国的秘密指使而放行这个项目的。其原因在于遏制伊朗称霸世界产油中心海湾地区的战略考虑。美国政府在这个项目上发挥过秘密作用这个事实，受到了英国相关部门的严格保密。

在巨大的世界舆论压力下，UHDE 有限公司位于德国多特蒙德的总公司对外发布了一份简短的声明，确认费卢杰第二氯素工厂确实得到了当时英国政府的保险担保，工厂的真实甲方有可能是伊拉克军队武器采购局。UHDE 有限公司称伊拉克方面有可能对氯素工厂进行了特殊改装以满足生产化学武器工艺要求。但 UHDE 有限公司没有说明自己是否从一开始就知道工厂的真实用途，也没有谈及当时的联邦德国政府与此事是否有关联。

事件的另一重要当事人，英国前贸易大臣保罗·钱农在被记者追问此事时，仅仅通过秘书发表了一份声明，称"我对这种轻浮的报道不做任何评论"。

随后，《中东报》发表了一篇题为《哈拉卜贾惨案》的报告中写道："包括 17 家联邦德国公司在内的 25 家西方生产化学产品的公司，参与了向伊拉克出售化学武器原料或帮助伊拉克制造化学武器的行动。事实上，某些世界工业国向伊拉克转让制造化学武器技术和出售化学武器之后，他们不但无视伊拉克

的化学武器袭击行径，而且还为之辩护，从而导致伊拉克大胆利用化学武器袭击伊朗人民和伊拉克库尔德人。"

不过，虽然到了这种时候已经接近真相大白，可是欧洲的人们很容易就忘记一个过去还不算太久的事情：2000年，一个无法核实来源的消息却能在欧洲许多自诩严肃的报纸和媒体上不胫而走——"位于巴格达以南一家表面上名为费卢杰第二氯素厂，实际是伊拉克重要的一家化学武器工厂，具备大量制造芥子气和神经性毒气化学武器的能力。该工厂的建设得到了某些中国公司的帮助并提供化学原料。中国政府一向在有关化学武器及原料出口上奉行不负责任的做法，中国公司为伊拉克等受到国际制裁和禁运的国家提供从导弹到化武的各种武器。"

到底是谁在帮助萨达姆发展化学武器，到2003年已经露出真相，不过欧洲有些人还是很容易记住他们的媒体制造的结论，而对这种谎言被戳破却持有意无意的忽视。

在两伊战争已经爆发两年后的1982年，法国当年度40%的出口武器是运往伊拉克的；而联邦德国不但向伊拉克出口武器，而且还在那里设立工厂。后来的事实证明，这些工厂很多被用来研制或生产生物和化学武器。

2002年8月，美国主流大报《纽约时报》报道：在里根政府时期，尽管美国情报机构已经获悉伊拉克有可能在一些关键性战役中使用了化学武器，但还是和伊拉克达成了一项秘密合作协议，向伊拉克提供作战计划，支持其与伊朗打仗。美国高层官员一方面在公开场合谴责伊拉克使用芥子气、沙林及其他化学武器，但另一方面却依然秘密派遣60多名情报官员协助伊拉克的军事活动。美国情报机构向伊拉克提供了有关伊朗详细的军事部署、战术计划、空袭计划和对空袭结果的评估等重要军事情报。情报部门这样做，显然得到了当时的美国总统和国家安全机构的支持。这实际是美国对伊拉克在两伊战争中使用化学武器的默许。美国国务院发言人当然立刻否认了这一报道的说法。

不过美国另一主流媒体大报《华盛顿邮报》记者在随后查阅大批解密文件后，发现两伊战争中后期伊拉克之所以能够抵挡住伊朗发动的自杀性人海战术，并成功发起反攻，美方的情报支援发挥了重要作用。《华盛顿邮报》还发现，美国里根政府还曾向伊拉克出售过大量军民两用装备，虽然美国的军火生产商不像英国、法国和德国公司那样明目张胆地向伊拉克出口武器，但里根政府对美国公司向伊拉克出售可以随时转为军用、或者以民用用途掩盖其真实军用用途的"军民两用物资"却是睁一只眼闭一只眼，这些产品源源不断地运往伊拉克。虽然1987年底美国国会和美国政府就已从新闻媒体获悉，伊拉克空军使用化学武器攻击北部反政府的库尔德族人，美国国会要求重新对伊拉克实施制裁和禁运，但美国政府再次遏止了国会对伊拉克实施严厉制裁和禁运的法令。直到 1988 年底，美国的化学试剂公司还卖给伊拉克价值 150 万美元的所谓杀虫剂原料，而这些化学原料其实是制作化学武器的原料。

1994 年，美国参议院在调查中震惊地发现，直到 20 世纪 90 年代，美国先后向伊拉克出口了数十种生物制剂，其中包括极度危险的可用于培养制造生物病毒武器的变种炭疽芽孢、淋巴性鼠疫（俗称"黑死病"）病毒。这些病毒最大的危险处来自它们是实验室中的变种，具有更强的传染性和抗药性，随时有可能成为伊拉克制造生物武器的最主要来源。如果在人口稠密地区使用大量培养的这些病毒武器，那么很容易造成恶性传染病迅速爆发、大量人员染病身亡。实际上，在 1991 年联合国对伊拉克进行核查时，在怀疑的伊拉克生物武器研究单位里发现的大量仪器设备竟然也是美国制造的。这一事实使美国参议院陷入了一片震惊。

# 第四节 反导对抗

正因为目睹了伊拉克在两伊战争和镇压国内库尔德人时使用化学武器造成的可怕惨剧，所以，伊拉克可能携带化学武器或生物武器弹头的地对地弹道导弹像一朵恐怖的阴云，沉重地压在沙特阿拉伯等周边国家头上。毕竟，美国本土远在万里之外，而同为多国部队成员的沙特阿拉伯却处在伊拉克导弹射程之内。伊拉克可能携带化学武器弹头的地对地弹道导弹，也成为战前多国部队总司令部最担心的事。

作为一个超级军事强国，美国在世界最先进地对空导弹里占有显赫的一席之地，美国的各种防空导弹早已名闻天下，被公认处在世界防空导弹技术领域的最前列。那么，美国可以拦截敌手飞机和巡航导弹的先进地对空导弹技术，拦截一下伊拉克的飞毛腿地对地弹道导弹又有多少难度呢？然而，事实却不是这么简单，能拦截飞机的地对空导弹不能简单地同样拦截地对地弹道导弹。这一原理还要从拦截地对地弹道导弹与拦截飞机技术上的显著区别说起。

第一，拦截敌手地对地弹道导弹最大的困难，来自于弹道导弹的超高速度。相比起飞机和巡航导弹，地对地弹道导弹的速度特别快，往往飞行速度可以达到 3 马赫以上，在末段俯冲阶段速度能高达 5~6 马赫以上，是绝大多数战斗机最大速度的 3 倍。个别新式的大型地对地弹道导弹，其末段俯冲速度高

达 10 马赫以上，已经达到绝大多数战斗机最大速度望尘莫及的 5~6 倍以上。由于这样高的速度，拦截导弹的地面雷达引导与弹上自控装置响应互动如果稍有精度不足——哪怕只有零点几秒的时间误差，拦截弹与来袭弹就会相差出上百米距离，也就根本无法击毁来袭导弹。由于地对地弹道导弹和防空反导导弹相向飞行，速度又都很高，所以一旦错过交会点，这发反导导弹就注定落空了，没有修正弹道从后面追击的机会。这一点是与反飞机时完全不同的。反导导弹不能迟一步，也不能早一步，不能偏一点，也不能高一点，还不能低一点，需要防御雷达和导弹具有极其精密的器件与元器件，非常高水平的计算机，和响应精准灵敏至极的舵片或伺服小火箭，对于近炸方式拦截来说，还需要超高准确灵敏度的引信。对防御系统各个组成部分及各个环节的有机配合、协调一致提出了极高的要求。哪个环节稍有瑕疵，都会造成反导的失败。拦截地对地弹道导弹的防御导弹技术要求比拦截普通飞机难得多，两者难度不可同日而语。

第二，在导弹的末段阶段，即导弹到达目标区再入大气层阶段，导弹头下冲速度极高，而以往末端反导导弹有效射高最多也就几十千米，射程最多 200多千米，留给末端反导系统完成发现、跟踪、瞄准、发射的准备时间只有以秒为单位计数。一旦来袭导弹下砸到离地面过低，那么即使拦截导弹此时摧毁了来袭导弹，导弹碎片和高热能冲击波还是会来不及充分扩散缓冲就铺天而降，仍然会造成地面的严重破坏。所以，留给防御导弹系统有效开火拦截的窗口时间也十分短暂。如果防御导弹系统反应时间稍慢，或运算精度稍低，对来袭导弹弹道解算不准确，都将失去有效拦截来袭导弹的机会。

第三，正由于地对地弹道导弹的特别高速度，所以如果仅仅依靠传统的地面防空预警雷达将十分困难。反导导弹的地面预警雷达最大发现距离通常也仅能达到几百千米，仅靠这么短的距离留给整个导弹系统的反应时间也太短，很容易出现措手不及而被突破防御的现象。

第四，因为纯粹依靠地面防空雷达反导的反应时间太短，所以就必须有导弹预警卫星从太空对敌方发射的地对地弹道导弹进行实时监测，提供早期预警。地对地弹道导弹发射时，发动机工作喷出的尾焰温度高达上千度，红外特征非常明显。导弹预警卫星上装有高灵敏度的红外探测器，能够发现地对地弹道导弹的尾焰，并锁定追踪测得它的关机点参数。以此为依据，可以计算出这枚地对地弹道导弹的弹道、落点和到达目标区大致时间，为己方防御提供第一手预警时间。这对于防御方的空间卫星技术水平、覆盖密度、使用寿命和工作可靠度都提出了非常高的要求。只有极少数军事超级大国才能做到这一点。

第五，在己方导弹预警卫星发现敌方导弹后，要有非常高、非常及时的数据传输手段，将来袭导弹信息立刻传输至地面指挥中心。还需要非常高、非常迅速的运算能力，准确计算出这枚地对地弹道导弹的弹道、落点和到达目标区大致时间，为己方成功防御提供第一步的情报。如果太空卫星的控制和数据传输以及指挥中心解算稍有问题，都有可能造成来袭导弹的漏报和错报，从而造成严重后果。

第六，地对地弹道导弹和飞机目标的一个重要区别，就是地对地弹道导弹在末段攻击时往往是抛弃了弹体和发动机，仅以一个弹头进行俯冲，其雷达反射面积和着弹面积都很小，常常只有飞机目标的十几分之一大。这不但对防御方雷达的性能提出了极高要求，而且对反导导弹飞近来袭导弹的精度提出了很高要求，如果距离不够近，也不能摧毁来袭弹头。

第七，反导导弹还受到导弹突防技术的限制。简单地说，来袭导弹携带弹头越多，解算难度越大，拦截难度越高；识别真假弹头难，一些军事大国研制的假弹头的物理特征、雷达信号特征和运动轨迹会与真弹头非常相似，防御系统很难把它们区别出来。虽然再入大气层时防御雷达可能过滤掉一些假目标，但这个时候留给拦截的时间已经没有了；还有利用导弹预警卫星的工作原理，采用速燃火箭技术，大幅度缩短发动机工作时间并使它在大气层内关机，这样就可以大大降低导弹尾焰的红外辐射，增大预警卫星红外探测器发现导弹和对它定位的难度。即使导弹预警卫星发现了弹道导弹，由于速燃火箭发动机工作时间很短，不利于预警卫星绘出其前段飞行弹道轨迹，也就难以准确计算出其中段和末段弹道，因而就大大增强导弹的突防能力；之后还有弹道导弹机动变轨技术。一般情况下，弹道导弹的飞行弹道是固定的，只要你能知道它关机点的参数，就能推算出它的整个弹道参数，从而为拦截做好准备。然而机动变轨技术使导弹在飞行中可以随机改变弹道，神出鬼没，这样，防御系统即使发现了导弹，也无法对弹头的轨迹进行预测，从而使导弹达到突防目的。俄罗斯的白杨－M导弹之所以被俄罗斯自信地称作导弹防御系统的克星，就是因为综合采用了以上几种突防技术。

就武器装备发展的一般经验来说，攻与防大致是平衡的，但是导弹与反导是个例外，长时间向攻的方面一面倒。归根结底，还是因为导弹防御在技术上难以过关，反导武器所起的作用有限。美苏此前均于20世纪50年代开始研制弹道导弹防御系统，美国先后研制了"奈基—宙斯"和"卫兵"弹道导弹防御系统，1970年美国建立了"卫兵"系统的第一个发射场。苏联在60年代研制和部署了高空拦截的反弹道导弹导弹，1967年建成莫斯科反导弹导弹防区。

但是已有的弹道导弹防御系统造价昂贵，而且作战性能很不理想，在复杂局面下，美苏的反导系统当时都始终没有真正过关。1976 年美国首先关闭了"卫兵"反导系统的发射场。1980 年苏联也决定把已经部署的 64 枚反弹道导弹导弹撤除一半，后逐渐全部废弃。

为了彻底解除苏联的核导弹威慑，使美国可以生活在安全的保险箱里，美国总统罗纳德·里根在 1983 年提出了著名的星球大战计划，即：反弹道导弹防御系统的战略防御计划。其核心内容是：以各种手段攻击敌方的外太空的洲际战略导弹和外太空航天器，以防止敌对国家对美国及其盟国发动核打击。其技术手段包括在外太空和地面部署高能定向武器（如微波、激光、高能粒子束、电磁动能武器等）或常规打击武器，在敌方战略导弹来袭的各个阶段进行多层次拦截。按照计划，从 1984 年财政年度到 1989 年财政年度将用 250 亿美元来研究先进的反弹道导弹系统的关键技术和验证可能的方案，以便到 90 年代初决定是否和如何发展这种系统。这个计划的目标是建立一个多层次、多手段的反弹道导弹的综合防御系统。这个系统针对弹道式导弹弹道的助推段、末助推段、中段和再入段分四层拦截，以确保对来袭核弹的 99.9% 摧毁率。同时在核战争发生时，以反卫星武器摧毁敌方的军用卫星，打击削弱敌方的监视、预警、通信、导航能力。

"星球大战"计划是继阿波罗登月工程后又一项重大的系统工程，同时又是一个极其富有科学前卫性的计划，不过其看起来更带有《儿童科学画报》般的科幻色彩。由于费用极其高昂和技术难度过大，已经远超出了时代的科学技术能力，星球大战计划中的许多项目最终无限期延长甚至终止。20 世纪 90 年代苏联解体后，美国在已经花费了近 1000 亿美元的费用后，宣布中止"星球大战计划"。不过，有一种观点认为：星球大战实际是美国进行的一场战略欺骗，为的是将国民经济不如自己的苏联拖入超额军备竞赛之中，从而最终造成头号战略对手苏联经济不堪重负而崩溃。苏联的被拖垮，实际也确实有因与美国"星球大战"计划竞争而大量投资军事项目导致国民经济更加畸形的因素。美国号称要在"星球大战"计划上投资一万亿美元，不过到 90 年代宣布中止为止，实际仅投入了近 1000 亿美元，还不到宣传的项目投资 1/10。

不过，也正因为反导技术的极度复杂和困难，伊拉克的"飞毛腿"导弹威胁才格外迫切和令人紧张，成为多国部队总司令部不得不烦恼的问题。

不过，从技战术角度看待，具体到美国对伊拉克的"飞毛腿"导弹防御上，其威胁程度和拦截难度则显著地降低。这主要由以下几个方面决定：

第一，"飞毛腿"导弹是苏联 20 世纪 60 年代的技术水平，性能已经明显落后。其飞行弹道不够高，其末段飞行速度只能达到 3 马赫左右。其拦截难度相对较低。

第二，沙特阿拉伯战区的地理环境绝大部分地区是沙漠，人口稀少。沙特阿拉伯的城市也往往位于沙漠中或海边的小块绿洲地区。在来袭导弹的末段，即使拦截失败，只要拦截的爆炸冲击波能影响到"飞毛腿"导弹的飞行，把"飞毛腿"导弹的弹着点影响得有所偏离，也可以大大降低对地面目标的破坏，就算是反导成功。

第三，美国"冷战"时期为防范苏联核导弹，建立起完善的导弹预警卫星体系。此时通过测控，可以让足够数量的 DSP 导弹预警卫星向伊拉克上空集中，从太空对伊拉克发射地对地弹道导弹进行实时监测，为己方防御提供第一手预警时间。

第四，伊拉克的太空战和电子战能力十分低弱，根本不具备任何卫星测控能力。既无法确定美国卫星越过伊拉克上空的时间，也根本不具备任何干扰对方导弹预警卫星数据链传输的手段。

第五，"飞毛腿"导弹由于是苏联 20 世纪 60 年代的技术水平，技术已经明显落后，故其在末段俯冲攻击时弹体和发动机与弹头不分离，其雷达反射面积和着弹面积都较大，增加了被拦截的几率。

第六，"飞毛腿"由于技术较老，没有任何现代突防技术。既不能携带多弹头，也没有假弹头，更没有速燃火箭技术，更没有机动变轨技术。它的飞行弹道是完全固定的，只要测出关机点的参数，就能推算出它的运动参数，从而为拦截做好准备。

为了应对伊拉克的"飞毛腿"导弹威胁，美国战前就在沙特阿拉伯专门部署了最新的 MIM－104"爱国者"防空导弹。"爱国者"是美国于 20 世纪 80 年代中期最新装备的高空远程防空导弹系统，由美国著名的雷西恩公司出品。全系统由相控阵雷达、导弹及发射装置、作战控制中心和电源等部分组成，全套系统被安装在若干辆制式卡车和拖车上，具有较高的机动性。"爱国者"导弹长 5.18 米，弹径 0.41 米，单发弹重约 900 千克，最大飞行速度接近6 马赫。导弹对飞机目标作战时的最大有效射程为 80 千米，对战术弹道导弹作战则为 40 千米；最小射程为 3 千米，最大射高为 24 千米，最小射高为 150米，只具备末段反导防御能力。部署到沙特阿拉伯的，是最新的增强了反导能力的 PAC－2 改进型，采用单脉冲雷达导引头，模式化的数字式弹上制导设备、惯性加指令加半主动寻的制导方式。其战斗部内装 91 千克高爆炸药，装有无线电近炸引信，采用破片效应摧毁目标，有效毁伤半径为 20 米。因为是

80 年代研制，设计思想仍是飞向来袭导弹附近爆炸，利用冲击波和破片破坏来袭导弹，或者迫使来袭导弹偏离预定路线而错失预定目标。这种设计思想不如导弹直接碰撞击毁来袭弹头的思想先进。不过"爱国者"防空导弹的战斗部设计威力相当大，PAC－2 型战斗部产生 700 块质量为 45 克的碎片，在爆炸冲击波推动下，其撞击"飞毛腿"导弹的动能相当于一辆大卡车以 130 千米的时速撞墙。

和世界上当时其他地空导弹相比，"爱国者"在当时有几大先进之处：

一是采用了一部 AW/MPQ－53 型多功能相控阵雷达。这一部雷达可完成搜索、识别、跟踪、照射目标、引导导弹和电子对抗等多种任务，相当于过去 9 部老式雷达的功能，在 120°扇面内可同时监视 100 个目标，并同时跟踪其中 8 个目标和向 3 枚导弹传送中段制导指令，并对 3 枚导弹进行末制导，拦截 3 个来袭目标。相控阵雷达采用了电扫描方式，不但反应更快，而且有 32 种工作位态，变化多，抗干扰能力强。其探测距离达 150～160 千米，对于飞毛腿大小类似的目标，通常可以在 80 千米左右锁定。

二是制导体制采用了指令与半主动寻的复合制导的方式，制导精度和抗干扰能力很高。生产商雷西恩公司自称双发齐射时对飞机目标的命中率达到 90%。

三是电子技术先进，自动化程度很高。每个"爱国者"防空导弹连都拥有高自动化的指挥控制车，这是整个爱国者导弹连的中枢。导弹连的预警雷达和所有发射车都与指控中心交联，实现了自动传输信息，淘汰了老式导弹各系统交联程度低、接到语音口令再手工录入的老式操作方式，大大提高了反应速度。指控中心包括三位操作员的操作台及控制全导弹连的中央计算机。操作人员可以查看系统正在跟踪的所有目标的状态，也可以在受到强干扰时选择人工干预模式，从而锁定正确目标，还可以选择使系统在全自动模式下运行。在全自动模式下，全连的导弹瞄准和发射可以自主运行而无须人的介入，大大提高了导弹系统的反应速度。此外还有一个连级通信站，使导弹连与地区防空指挥中心交联，能够第一时间获知远超出本连雷达搜索范围之外的情报。正因为采用了如此先进技术，所以按照"爱国者"防空导弹的设计，它最大可以探测、瞄准并击中以 3~5 马赫速度飞行的来袭导弹。

四是组合灵活，结构紧凑，机动性好。老式的美制"奈基"Ⅱ和"霍克"导弹的零部件达 30000 个之多，而"爱国者"由于电子技术的进步，还不到 3000 个，这就大大提高了维护的简便性。导弹系统的组成单元也很灵活，由于指挥控制中心软硬件有足够的冗余量，一个爱国者导弹连可以根据敌情威胁灵活配属多辆导弹发射车。每辆发射车可以装备 4 枚 PAC - 2 导弹，一个连可以只配 4 辆发射车，但也最多可配备 16 辆发射车。全部装备均可以通过载车和拖车进行机动，部署灵活性很高。

虽然"爱国者"防空导弹从技术上足够先进，可它在海湾战争前毕竟还未接受过实战考验。它的实战表现如何，美国中央战区总司令部也不能高枕无忧。

1 月 18 日凌晨，伊拉克向沙特阿拉伯发射了一枚"飞毛腿"地对地弹道导弹。这枚导弹从伊拉克中部地区发射后，仅仅 15～20 秒之后，被正部署在伊拉克上方 300 多千米高空地球静止轨道的一颗美国 DSP 导弹预警卫星率先发现，并立刻向地面指挥中心做出了报警。导弹预警卫星配备的高灵敏度红外扫描器开始紧紧跟踪"飞毛腿"的喷焰，带望远功能的高分辨率可见光和红外摄像机进行跟踪拍摄，并实时将导弹的飞行轨迹和飞行速度、方向、弹道及现在位置等向地面卫星接收站传送。设在澳大利亚的美国空间指挥基地和设在美国本土的美国航空航天司令部同时接收到 DSP 导弹预警卫星发送的"飞毛腿"弹道参数。经地面指挥中心大型任务计算机紧张计算，迅速判断出"飞毛腿"导弹的飞行弹道和弹着点以及大致落弹时间，经高速比对无误后，第一时间立即通过无线电通信发往沙特阿拉伯方面和美军驻沙特"爱国者"导弹发射阵地。沙特阿拉伯上空第一次拉响了凄厉的防空警报。

就在"飞毛腿"导弹划破长空，进入攻击沙特阿拉伯达兰军事基地的飞行弹道时，美军"爱国者"防空导弹阵地上的指挥控制中心已经命令相控阵雷达适时开机，按照美国航空航天司令部传送来的"飞毛腿"飞行弹道搜索来袭导弹。雷达在 100 多千米距离处发现目标，相控阵雷达所测得的数据与卫星提供的数据进行相关比较和精确计算后，将拦截"飞毛腿"的最佳飞行弹道和交会点输入操纵程序，输入"爱国者"的制导装置，发起齐射拦截！一阵巨响和烟火之后，尘土飞扬，"爱国者"导弹升空！"爱国者"在飞行过程中随时接收地面雷达发出的指令，修正飞行轨迹，更加迎向"飞毛腿"！指控计算机根据接收到飞行中的"爱国者"导弹与"飞毛腿"导弹相对角偏差和距离差数据，经精确计算迅速将修正指令反馈给"爱国者"。"爱国者"不断修正弹道，高速接近"飞毛腿"，当终于接近到 20 米杀伤半径之内时，"爱国者"弹上的近炸引信随即引爆战斗部！

一阵剧烈的火光和爆炸之后，天空中出现了四分五裂的爆炸烟焰！地面雷达和指挥中心仍在紧张研判，最终消息传来：这枚"飞毛腿"导弹被炸得四分五裂，残骸落入了沙特荒无人烟的沙漠！这是人类战争史中首次成功地实现

用防空导弹对弹道导弹进行拦截。这次成功让美国中央战区司令部喜出望外，"爱国者"的先进性能指标经受住了实战考验，让美国中央战区司令部顿时感到心里有了底气。一直实况直播整个战争过程的美国超级强势的 CNN 等电视台直播了整个拦截的时刻，"爱国者"防空导弹成功拦截"飞毛腿"的报道立刻传遍全球，从此开始一炮走红，登上了大红大紫的神话舞台。不过其神话的版本，还将随着战后时间的推移发生明显的变化。

# 第五节　以色列挨导弹

从 1 月 17 日战争爆发起，伊拉克就开始向以色列发射了"飞毛腿"导弹。以色列首都特拉维夫地区和以色列最大港口海法地区空袭警报大作，接连遭到飞毛腿导弹落下。以色列并非多国部队成员国，也没有参加海湾战争。萨达姆向以色列发射弹道导弹，表面上看难以理解，怪诞不经，似乎是独裁者萨达姆头脑发热想出来的心血来潮，但实际上明显有着很深的意图考量：

除了泄愤之外，萨达姆的目的明显在于吸引以色列参加战争——从而把海湾战争的性质由"多国部队针对伊拉克侵略科威特的惩罚行动和恢复科威特领土主权完整的行动"，转变为"以色列代表的犹太复国主义和西方基督教势力对阿拉伯世界伊拉克的战争"，伊拉克由此就变成了"阿拉伯世界中唯一独自反抗犹太复国主义和西方基督教势力的旗手"。试图利用阿拉伯世界与以色列的巨大世仇，激起阿拉伯国家人民的情绪，进而分化在多国部队兵力总数里占相当比例的伊斯兰国家，引诱伊斯兰国家退出海湾战争。而且一旦以色列参加多国部队，对于凝聚伊拉克人民将战争进行到底的斗志，将有着非常巨大的强化作用。

这个举动看似荒诞离奇，实际上很符合阿拉伯世界与以色列之间存在多年的深刻世仇背景，萨达姆对阿拉伯人民的心态非常了解。此时的以色列总理恰恰是以极端强硬著称的伊扎克·沙米尔。沙米尔原名伊扎克·伊泽尼茨基，1915 年 10 月 15 日生于波兰，父母都是波兰籍犹太人。"沙米尔"这个名字在在希伯莱文（犹太民族的文字）中意为"坚硬的顽石"，是他自己所改。由于第二次世界大战前犹太人在西欧和东欧很多国家都受到排挤和歧视，沙米尔形成了强烈的希望具有独立的犹太祖国的思想。由于第二次世界大战中犹太人在欧洲受到严重迫害和屠杀，更使其养成了极其强硬、不与对手妥协、重视使用武力、不信任别人的手腕作风（这可能来源于沙米尔的父亲、姐姐和姐夫在躲避德国党卫队追捕时，分别躲到波兰友人和家里佣工的家中藏身，不料，却被自认为信得过的波兰人出卖，最终惨遭杀害。这个历史悲剧可能对沙米尔的政治思想观念形成起到了巨大作用）。沙米尔还曾经有长达十年时间从公众视野里神秘的消失，后来才知道，原来这个时期他竟然在以色列秘密情报部门——大名鼎鼎的摩萨德工作，而且成绩突出，一直担任到摩萨德的副局长。在政策上，沙米尔政府保持着高度的好斗姿态，坚持侵占巴勒斯坦和黎巴嫩、叙利亚领土的政策，坚持对被侵占阿拉伯领土的犹太人移民，对阿拉伯人采取强硬的三不政策，"不撤出 1967 年第三次中东战争占领的阿拉伯领土"、"不承认巴勒斯坦解放组织"、"不承认耶路撒冷是阿拉伯领土的一部分"。他讲话从不使用"约旦河西岸"这一国际通用说法，而是按照《圣经》称其为"犹地亚和撒玛利亚"，大力推行把这片阿拉伯土地"犹太化"，大力推行被占领土上的犹太人定居点建设，使以色列永远占领下去。对巴勒斯坦解放组织，沙米尔采取"不承认、不接触、不谈判，坚决打"的态度，规定任何人，无论是以色列人还是被占领土上的阿拉伯人，违反这一禁令就是犯法，就要受到审讯、拘留或监禁。他一口拒绝归还侵占叙利亚的戈兰高地；对于中东和平进程，他表示要继续谈判，但却拒绝做出任何让步。连美国政府也觉得他过分强硬，认为他成了中东和平进程的麻烦。而阿拉伯世界对他领导的以色列更是极其反感。这使得当时以色列受到绝大多数阿拉伯国家的共同厌恶和敌视，任何一个阿拉伯国家政府对于"和以色列处于同一个战争阵营"都会感到极度难以接受和不可容忍。即使他们政府容许，他们国内的老百姓都会处于极度的愤怒和无法忍受中。不过沙米尔也是一个性格极为复杂的人物，作为一个蜚声海内外的鹰派，沙米尔个人却是一个和蔼温文的老头，完全看不出他在世界闻名的特务机构摩萨德工作过。

1 月 18 日伊拉克"飞毛腿"导弹反复落到以色列后，从来极其强硬的以色列沙米尔总理哪里能吞下这口恶气！以色列果然迅速做出激烈反应，很快发表声明：

以色列绝不能容忍本国遭受别国的武力打击，以色列发誓要对伊拉克进行报复性空中打击！伊拉克将为此付出更多血的代价！以色列空军将升空参与对伊拉克发起空中打击！

这个意外局面使多国部队方面局势急剧复杂化。海湾战争的地面作战还没有开始，如果来自埃及、叙利亚、摩洛哥等阿拉伯国家的地面部队撤兵，海湾战争的局势将出现极其复杂的问题！此时多国部队最大的驻扎国——沙特阿拉伯也对以色列可能加入对伊战争极为不满，强烈要求美国约束以色列，必须阻

止以色列参加海湾战争。沙特阿拉伯的多位重要领导人先后表示，绝不愿意与以色列处在同一战争阵营内。老练的美国总统老布什深刻地看到了此时的局势：伊拉克的目标就是要激起以色列这样的反应。以色列如果参战，将可能使海湾战争的走向高度复杂化。战争性质的错误转化，将给美国在海湾的军事行动带来极大的麻烦！

沙米尔是一个极其强硬的人，在以往的经历中常常对美国也不买账，以至于美国外交官也管他叫"顽固的石头"。想到这一点，美国总统老布什几乎寝食难安，他立刻行动起来。长期身为以色列头号保护神的美国施加了充足的压力，先是美国政府多位要员多次给以色列政府打电话，反复阐明以色列绝不能参战的道理，要求以色列为了海湾战争的大局必须保持忍让，绝不能自行对伊作战。而且为了保证以色列就范、绝不能在这时候添乱，一向是以色列亲密支持者的美国政府此时从军事援助到经济援助，多方面都和以色列政府不要采取任何军事反击行动挂钩起来，以断绝援助作为迫使以色列服从的砝码，要求以色列为了海湾战争大局必须暂时忍气吞声。作为恩威并用的手段，美国政府再次承诺保证以色列安全，美国总统老布什亲自决定：美国空军此后将抽调出部分 F-15E 战斗机，专门对伊拉克的弹道导弹发射平台进行搜索攻击；并立即向以色列加派多个爱国者防空导弹部队，帮助以色列防御飞毛腿导弹；不但如此，而且承诺向以色列额外提供经济技术援助，帮助以色列发展自己的箭式防空导弹系统。同时还紧急向以色列运送了大量防毒面具和解毒药品以及化学武器侦测车等防范化学武器的装备。在美国的恩威并用之下，向来不肯吃半点亏的以色列也只能暂时忍气吞声，一反常态地没有进行任何军事报复。

这一意外的危机终于从失控的边缘拖了回来。此后一些天，任凭伊拉克怎样向以色列发射"飞毛腿"导弹，以色列都始终保持着极其罕见的克制，始终没有还手。

# 第四章 因时应势，调整部署

## 第一节 Q 编队的倒霉一天

1月19日发生了一件值得一提的事件，就是在之前的空中攻击中所向披靡的美国空军遭遇了一次意外的小挫折：

1月18日晚上，鉴于头两天的空中攻击如此顺利和战果显赫，伊拉克防空体系在战争前两天就已经被打得千疮百孔、摇摇欲坠，整个美国中央总部空中力量指挥所洋溢着一种轻松和兴奋的气氛。在前两天的空中打击中，为了避免有人驾驶的战机在伊拉克重点防御的巴格达防空圈被击落，多国部队白天对巴格达的攻击都是由战斧式巡航导弹来进行，而不派出有人驾驶的战机参加。空中力量联合司令部的一部分参谋人员提出了一个更大胆的建议：为了对伊拉克施加更大的空中打击压力，加快战争的进程，彻底摧垮伊拉克人的抵抗斗志，可以在白天以一支大规模的有人驾驶战机群对巴格达市区目标发起空袭。这次行动将给伊拉克带去严重的震撼和损伤，进一步削弱伊拉克的继续作战能力，而且将让伊拉克人在他们的首都地区大白天看到庞大的美军攻击机群，从而使伊拉克军队和人民失去最后的信心、陷入更大的恐慌和动摇。如果这次空袭顺利，以后将有更多有人驾驶战机加入到白天对巴格达的攻击，迫使伊拉克尽快失败或投降。根据这个雄心勃勃的作战计划，多国部队空中力量将出动海湾战争中到当时为止规模最大的一个空袭编队，总计72架挂载炸弹的 F－16 战斗机，8架负责空中护航的 F－15C 战斗机，8架负责 SEAD 作战的 F－4G 野鼬鼠飞机和2架负责电子干扰的 EF－111 电子干扰机参与这项攻击行动，并由若干 KC－135 和 KC－10 空中加油机提供空中加油支持，攻击编队代号为"Q"。攻击目标是伊拉克首都巴格达地区残余的 $C^3I$ 指挥中心、残余电力设施、生化武器研制生产基地和一部分军火弹药储备仓库。Q 编队的航行线路将穿透伊拉克南部广大领土，沿南北方向一路直捣巴格达，还将轰炸沿途多个目标。之所以采取从南北长、东西窄的伊拉克由南往北穿透过去的线路，也是为

了让更多伊拉克人看见这支强大的编队，震慑他们的意志。

为了实现这个宏大的目标，这个巨大的编队包括了来自多个不同基地、不同部队的战机。不同型号的战机，飞行速度不同，距离不同，需要在空中指定会合点集合编队。该作战计划要求：19 日下午 13 时 07 分，第一批 8 架 F－15C 制空战斗机将首先从沙特西北部的塔布基地起飞，飞行 620 海里到达全编队集结点；13 时 30 分，第二批驻扎在沙特西南部塔夫基地的 2 架 EF－111 电子干扰飞机起飞，飞行 485 海里到达集结点；13 时 48 分，第三批 56 架 F－16 多用途战斗机将从阿联酋的迈哈德基地起飞，飞行 460 海里到达集结点；第四批另 16 架 F－16 将于 14 时 30 分从卡塔尔的多哈基地起飞，飞行 200 海里到达集结点；第五批 8 架 F－4G 野鼬鼠飞机将于 14 时 37 分从沙特东部的萨利克—伊萨基地起飞出发，飞行 105 海里到达集结点。所有飞机将于 15 时 07 分～15 时 12 分之间在沙特阿拉伯利雅得东北方向与 KC－135 和 KC－10 加油机会合，完成空中加油后，每 8 架飞机组成 1 个小队，各小队前后和左右相距一定间隔，共同组成一个大型编队，一起往西北方向飞向巴格达。

这样规模宏大和极具攻击力的编队出现在巴格达上空，的确可以让每一个亲眼看见 Q 编队的伊拉克人都受到强大有效的震慑，不由自主深感自己国家已经无力继续打下去。但是，由于这个巨大编队的飞机来自太多相距太远的不同基地，不同型号战机的飞行性能和航程又相差很大，各自到达集结点的距离不同，协同上存在相当困难，对作战计划提出了很高的难度要求。即使对于拥有全世界最强空中力量的美军来说，策划如此复杂的空袭行动也并非易事。美国中央战区总部空中力量联合指挥部制定作战计划的人员紧急为 Q 编队各批次飞机详细规划了起飞时间、飞行线路、会合地点、各自呼号、各自第一目标和备份目标等，还需要把这个临时决定的复杂行动融合进 1 月 19 日整体的空中行动去，协调与其他行动在使用空中走廊、时间上是否冲突。这使得计划制定工作必须争分夺秒进行。

然而，由于情报搜集和整理的困难，美国中央总部空中力量指挥所直到 18 日晚上 20：00 时还不能完全确定一部分前两天对巴格达目标打击的毁伤程度，也就无法确定是否需要在这次行动中对这些目标进行第二轮打击。造成这种问题的原因，是美军大部分攻击飞机上都没有装配侦察拍照装置，在完成轰炸任务时无法自行拍回武器攻击的效果，只能依靠少数装备有战术侦察系统的飞机确认战果。此外，就只有主要依照侦察卫星拍摄的图片来判别。然而，侦察卫星的拍摄不是全天连续拍摄、随时实时传送的，有很大的局限性，有时卫星掠过目标上空时却有很厚的云层，还有时卫星已经拍摄下目标被攻击情况却没有及时传送到中央总部空中力量联合指挥部，这使得空中攻击轰炸效果的及时评估非常困难。制定 Q 编队行动计划的参谋人员认为，白天进入到巴格达上空是一件并不容易的事，既然进入了，就一定要把所有该打击的目标都打击到。前两天如果没能完全摧毁的第一批战略目标，更是要彻底扫清，绝不能遗留祸患。尤其是关系着伊拉克整个防空体系运作的一些指挥节点的毁伤程度评价、是否需要补充攻击，也对整个行动影响非常大，直接关系到目标任务的优先顺序和攻击线路。这使得攻击计划不可避免受到了相当程度的延迟。最后，直到 18 日晚间 23：00 以后，Q 编队攻击计划才最后下发到各联队指挥官手中。面临如此紧张的时间和仓促准备的计划，各联队的准备时间都有点仓促。一部分联队指挥官当即对此提出了意见。特别是 18 号夜间一部分联队有夜间作战任务，这些联队的指挥官此时有繁重的指挥任务，所以对这个攻击计划直到 19 日凌晨才仔细查看。

看完计划后，一部分联队指挥官提出了异议，认为：任务指令到达过晚，准备时间不充分。而且 Q 编队设想的攻击路线过于危险，在大白天穿越了整个伊拉克南部和中部防空区，攻击路线基本上从南到北直穿了伊拉克领土，这也就意味着飞机需要在伊拉克防空火力下暴露很长时间。尽管在前两天的空袭中多国部队重点打击了巴格达空防体系，但是尚不能推断所有的防空节点都遭到了毁灭性打击、完全失效。而且伊拉克军队也有可能在一些已被摧毁的防空节点上补充力量，重建体系。现有的作战计划对巴格达地区防空力量的战斗力是否评估过低，可能过于冒险。F－15C 战斗机联队的指挥官则提出，出动 F－15 的数量是否过少，这样在面对意外情况时可能没有足够的力量提供空中护航。一部分联队指挥官希望调整 Q 编队的攻击线路，减少任务难度。不过此时已经是 1 月 19 日早晨，如果改变计划，整个攻击的准备工作已无法跟上改变。

在前两天空袭异常顺利轻松的形势下，美国中央战区空中力量联合指挥部还是认为虽然有风险，但风险并不大。他们相信这次即使白天深入巴格达市区上空，也足以顺利应付。前两天伊拉克空军的一面倒溃败、根本不敢应战，伊拉克空军根本无力在空中对美国空军造成挑战。考虑到改变计划将带来严重的混乱，空中力量指挥部命令按照原计划执行。

1 月 19 日下午，Q 编队开始按计划行动。13 时 07 分，第一批 8 架 F－15C 从沙特塔布基地起飞，13 时 30 分，第二批 2 架 EF－111 从沙特塔夫基地起飞，13 时 48 分，第三批 56 架 F－16 从阿联酋迈哈德基地起飞，14 时 30 分，第四批 16 架 F－16 从卡塔尔多哈基地起飞，14 时 37 分，第五批 8 架 F－

4G从沙特萨利克—伊萨基地起飞，各自向编队集结点飞去。但是，过于复杂的计划常常受到外界条件影响更多，协调应变却很困难，原来计划没想到的情况很快就发生了：

远从阿曼起飞的KC－135和KC－10空中加油机因为飞行方向始终顺风，且风力很大，提前到达了集结点。而这时绝大部分受油机还没有到达集结点。由于飞机的飞行速度可达每小时几百公里，所以会合时间上几分钟的差距就会使受油机和加油机相距很远，受油机无法找到加油机。而如果体形庞大的空中加油机擅自改变飞行线路、在集结点附近盘旋转圈，等待受油机到齐，数量很大的受油机编队到来后有可能陷入难以言状的混乱。尤其是Q编队的受油机到达集结点的航程不同，消耗的油量也不同，必须进行空中加油的时间也不同，加油队形的混乱可能带来灾难性的后果。故此KC－135和KC－10空中加油机只得自行降低了飞行速度，以最低速度向前直线飞行，以便受油机能追上来。等前两批受油机赶来时，却发现空中加油机已经不在原定的位置，攻击计划从第二个时间节点上就出现了一定程度的混乱，第一批到达的受油飞机不得不同样减小速度飞行。然而后面几批的受油飞机仍在以原定速度向集结点飞行，前后编队的飞行速度已经不同步，后赶到的受油飞机却发现：本应在自己到达之前就加完油的前一批飞机还没有全部加完，自己只能在空中继续追随等待，空中局面很快出现了混乱。而不断新到达的后续编队，更加剧了这种混乱。

当前几批编队受油飞机终于加完油后，为了弥补损失的时间，赶回计划的时间节点，纷纷采取自行加速前行的做法。而后续批次编队此时还在排队等待加油，只能目送加完油的战友绝尘而去。这样一来，当庞大的编队终于全部完成空中加油后，原本应该整齐划一、互相能很好保护的大型编队被拉成了一个稀稀拉拉、前后长短不均的长队。前面的飞机远远在前，不得不再次减速等待后面编队，而后面的编队则顾不上油耗大增，打开发动机加力燃烧室，开加力拼命追赶。这样稀疏而散乱、拉得过长的编队队形使得电子干扰机的保护效果大为降低，美军飞行员们也深知这一点，各小队、各架战机纷纷各自调整位置确保安全，整个编队出现了更大的混乱。后批到达却负有为整个Q编队提供压制防空雷达重任的F－4G野鼬鼠飞机编队甚至根本没有充足的时间加满足够的燃油，看到前面的战机已经飞速前行很远，F－4G野鼬鼠飞机编队只能放弃空中加油，匆匆而过，猛追前面的战友。最倒霉的是最后完成加油的4架F－16战斗机，它们本应在野鼬鼠飞机到达之前完成加油，给野鼬鼠飞机留出足够的加油时间，然而当它们完成加油的时候，前面的攻击编队早已飞得不知踪影，左追右追都追不上整个编队。这4架F-16战机已经完全得不到空中护航战斗机和电子干扰机以及野鼬鼠飞机的掩护，最后不得不放弃任务，直接带弹返回基地。

在混乱的开局之后，Q编队其他飞机继续向伊拉克方向飞进。他们进入伊拉克空域的时候果然没有遇到伊拉克战斗机拦截，只遇到一些高炮在开火，然而高度决定了高炮对他们不构成太大威胁。然而在他们接近巴格达地区时，防空火力开始加剧起来。密集的高射炮火不断地从下方打来，虽然23毫米和37毫米高炮的射高无法威胁到Q编队的飞机，但伊拉克老旧的100毫米高炮的射高足以威胁到编队的飞行高度。虽然在美空军强烈的电子干扰下，这些高炮的火控雷达不能有效锁定美军战机，所以这些高炮也就无法准确命中目标。但是，对谁来说，在前后左右不断爆炸的弹雨中前进的经历也是一件心惊肉跳的事！更危险的是一发又一发伊拉克的苏制萨姆地对空导弹带着长长的尾焰，如同恐怖的焰火一样不时穿梭进整个编队！幸好由于一直伴随的电子干扰机和SEAD编队，这些防空导弹失去了有效制导，只像是漫天无目标乱飞的火箭。Q编队在白昼激烈的防空火力中艰难地向目标区飞近。由于防空火力的影响，攻击编队不时需要做剧烈的机动、规避，整个编队的队形开始越来越混乱，彼此呼应联系也很困难。一些带队飞行的指挥官发现已经找不到自己的部下，而很多掉队的飞机此时实际上却在跟随其他的小队前进，而那个小队自身也有个别飞机因掉队而进入了别人的小队。接近巴格达地区时，美机却发现目标区始终覆盖在厚厚的云层下面，那些没有装备新式红外线观瞄设备的战机根本无法找到自己的目标。为了不至于远远千里地带着成吨的炸弹返回，许多飞机不得不转向备份目标，试一试那里的天气和运气，Q编队的飞行线路进一步发生着变化和散开。

正当剩余的美军Q编队战机即将突入巴格达市区准备攻击目标时，飞行员们从无线电里听到了这一天最坏的消息：

"由于燃油即将耗尽，在前面紧张的空地交战里始终提供SEAD掩护的野鼬鼠编队不得不撤离！"

由于此前空中加油过程中的混乱和延迟，本应进行空中加油的F-4G飞机根本没有机会再进行空中加油——前面正按计划向伊拉克纵深挺进的攻击编队一分钟也不能没有SEAD编队的支援！任务的紧迫，使野鼬鼠编队只能先放弃了为自己加满油，直接超越那些尚未加油完毕的战机，前飞到整个Q编队的前列。到了巴格达附近，油料不足的恶果已经不可避免地显露出来。野鼬鼠编队不得不离开Q编队提前返航了。要不然它们将无法坚持飞到己方空中加

油机那儿。虽然野鼬鼠飞机知道此时自己的撤走会给 Q 编队带来什么样的麻烦，但他们实在爱莫能助了。而且此时野鼬鼠编队的提前脱离整个编队，还带来了另外一个附加后果：

由于野鼬鼠飞机空战自卫能力较弱，一旦遇上伊拉克战斗机，生存力将够呛，所以负责护航的一部分 F－15 战斗机也必须跟随返航，保护 F－4G 野鼬鼠飞机撤退。这样就使 Q 编队的空中护航编队更加削弱。

可是此时已经没有别的办法了，野鼬鼠编队撤离后，随着感觉到开机的雷达不再受到摧毁，伊拉克的地对空导弹逐渐变得越来越危险起来！伊拉克军队也试图抓住这个机会，击落空中的多国部队战机，一发又一发地对空导弹喷着令人生畏的耀眼尾焰，划破了天际向美军战机冲来！最可怕的是在一些空域，Q 编队飞行员们甚至可以看见天空中同时飞起了几十发地对空导弹，正向自己编队飞来！美军飞行员们忍不住一阵头皮发麻，他们一面气愤地大声咒骂 SEAD 编队为什么在这时撤出，一面只有打开自卫电子干扰装置，同时做出最剧烈的规避机动，以甩掉地对空导弹！刹那间，每个人心中此时都充满了气恼和紧张恐惧！为了让飞机减少重量和气动阻力，以最轻便的状态做出最大机动、规避地对空导弹，许多架战机只有扔掉沉重的副油箱和炸弹。可这样一来，这些战机也就已经无法执行预定的攻击任务了，此前历尽千辛万苦飞临巴格达上空的努力，也都化作了无用功。在这波"地对空导弹浪潮"中，Q 编队每架飞机都遭到了导弹的攻击，最惨的一架战机遭到了不少于 6 枚导弹的攻击！那位飞行员奇迹般地带着他的战机从 6 枚导弹先后攻击中成功脱逃。但并不是所有人都有这么幸运，仍有 2 架 F－16 战机被伊拉克地对空导弹当场击落：一架在向巴格达西部一座炼油厂投弹时被命中；另一架则在撤出巴格达返航时被击落。2 名飞行员都成功弹射跳伞，但立刻被地面的伊拉克军队抓获，他们作为战俘的镜头登上了伊拉克电视台的新闻画面。不过萨达姆没有像美国人忌惮的那样对这些战俘做出违反日内瓦国际公约的事，他们都活到了战争结束安全回家。

在这样艰难和危险的条件下，Q 编队攻击的准确性也不可避免地大为下降。一些战机冒着不断而起的地对空导弹，勉强而匆忙地进行了投弹攻击，精度受到了很大影响。加上这一天的目标区域天气又不好，攻击的精度就更加没有保证。这一天 Q 编队的许多目标都没能得到有效摧毁，Q 编队对目标的攻击效果远未达到理想水平。

终于进行完这次倒霉的攻击后，剩余的 Q 编队归心似箭地马上返航。可就在这时候，伊拉克空军终于出现了。E－3 空中预警指挥机通知 Q 编队：发现 2 架米格 - 29 正在从后面来袭，看样子是准备偷袭捞上一把！然而护航的 F - 15 已经掩护 F - 4G 先撤了，此时只能靠 F - 16 自己了。虽然 F - 16 也有很好的空战能力，是第三代战斗机中优秀的代表，但是因为这次行动主要任务是对地攻击，所以每架 F - 16 只携带着 2 枚 AIM - 9M 近距离空对空格斗导弹。AIM - 9 空对空导弹的射程很短，而且最适合从尾后发射，而不完全适合于迎头攻击，而米格 - 29 却可能携带有中距离空对空导弹，这使得 F - 16 处于非常不利的位置。但此时已经顾不上那些了，殿后的一些 F - 16 迅速转向来袭的米格 - 29，准备应战。然而伊拉克米格 - 29 却并无血战一场的决心，一见数量多于自己的 F - 16 转向飞来，米格 - 29 很快转身逃走了。这使得 F - 16 飞行员们避免了一场处境尴尬的空战。Q 编队开始加速向本方基地返回，然而因为在遭受伊拉克防空火力攻击中比计划提早地扔掉了副油箱，以及为了躲避地对空导弹而进行的剧烈机动大大增加耗油量，飞机的燃油消耗已经远超过了预期。很多 F - 16 此时已经快没油了，所剩燃油最少的一架甚至已经不够飞到沙特阿拉伯境内。而 KC135 和 KC10 加油机预定的"加油地带"就是在沙特阿拉伯境内。为了避免庞大笨重、毫无自卫能力的空中加油机被敌机击落，空中力量联合指挥部一直安排空中加油机在安全的沙特阿拉伯境内等待，而不进入伊拉克。然而，此时个别 F - 16 已经实在无法坚持到加油点了，无线电里充满着飞行员焦虑而急躁的呼叫求援声，让整个 Q 编队的飞行员都为之心焦，而又毫无办法！空中加油机同样也听到了即将燃油耗尽的 F - 16 的呼救，一架来自于堪萨斯州空中国民警卫队的勇敢的 KC - 135 加油机毅然冒险闯入了伊拉克腹地，前去接应那架已经即将耗尽燃油的 F - 16！这一英勇的举动让所有目击到这一幕的 F - 16 飞行员们的眼睛都当场湿润了，那些燃油尚稍微足够一些的 F - 16 立刻自动承担起了保护空中加油机的任务。当 KC135 空中加油机以自己最大的速度赶到即将耗尽燃油、只能尽可能多维持一会儿的 F - 16 身边时，那哥们儿已经只剩下最后 800 磅的燃油。如果不开始空中加油，他可能只需几分钟后就会坠毁。这架英勇的 KC - 135 加油机以自己的行动，挽救了 F - 16 和战友！不过，这一切也要感谢伊拉克空军如此没有进取心，他们让自己境内的上空对 KC - 135 这样笨拙而巨大的空中加油机也敞开。

　　Q 编队攻击行动是海湾战争期间多国部队有人驾驶战机对巴格达市区进行的第一次白天轰炸，然而其攻击效果很不理想，损失却在当时所有空中行动中相当突出。这次行动表明，虽然高技术空中力量空中攻击具有很高的威力，但它的行动计划也需要有很高的技战术水平和情报支援，计划的制定需要有充足的时间和准备，而不应以临时心头一动来引导。行动的计划是否合理、周密，

准备是否充分，是决定一场空中攻击行动成败的关键。在制定计划中，必须尽可能充分地考虑到各种因素的影响，充分地评估敌方防御力量，避免盲目轻敌，做到尽可能合理、完善。要注意越是规模大、复杂的计划，受到的影响因素越多，而影响因素一环扣一环可能带来后果的极大偏差，所以要在计划时避免一相情愿地将所有困难轻描淡写、"车到山前必有路"，或将一切条件设想成最有利、缺少应变之道。

多国部队空中力量联合指挥部也吸取了这次经验教训。决定在这个时期不再派出有人驾驶的战机在大白天轰炸巴格达市区，无人驾驶的战斧导弹成为唯一可以在白天攻击巴格达市区的武器。中央战区空军司令查尔斯·霍纳将军还亲自规定了制定空袭计划的一条规则：

对敌境内纵深的战略目标空袭，必须有至少 72 小时的计划、准备时间。在计划制定中应该全面考虑各种不利因素，不应押宝式将作战的变量条件都设想为"都会很顺利"。

虽然 1 月 19 日 Q 编队的行动不成功，但总体上看，海湾战争的空中攻击行动还是非常成功的。在野鼬鼠飞机脱离战场后，伊拉克军队依然仅仅击落了两架美国战机，反映出：即使没有反辐射导弹这一对伊军来说堪称杀手克星、让他们认为自己无法应战的新式武器，伊拉克军队对美国空中力量构成的威胁依然十分有限。这说明伊拉克军队与美国空中力量之间的差距是全方位的，绝不仅仅来自几件美国新式武器，更来自于训练水平和指挥能力上的差距。尤其是在 Q 编队仓皇返航而又缺少 F－15 护航编队的时候，伊拉克空军竟然依然只起飞了两架飞机。面对有利的局面却不敢果断大量投入兵力，由于兵力过少，在 F－16 返身作战的时候，伊拉克战机因为畏惧数量上的巨大差距而只能立即放弃。这样既不能抓住时机取得战果，也无法进一步制造 Q 编队更大的混乱，哪怕是通过纠缠消耗 F－16 更多的燃油，迫使它们在伊拉克境内更纵深地带燃油耗尽而坠毁。伊拉克空军不敢抓住机会采取行动，显示出较低的指挥水平。

1 月 19 日之后，霍纳将军制定的"至少 72 小时的计划、准备时间"这一规定，也确实僵硬地划定了一个时间界限，影响了空中作战的快速反应程度。这也确实给空中力量的行动带来了一些负面影响，受到了一些非议。不过，从战略全局来看，在海湾这场战争里，由于多国部队和伊拉克双方空中实力差距极大，即使由于谨慎而失去一些打击突然出现的新目标的机会，多国部队空中力量还是能一步步摧毁伊拉克战略目标，无非是时间稍晚一些。而在这种情况下，如果因为轻敌盲动而导致过大的损失，就有点得不偿失了。从战略全局的角度看，霍纳的决定还是正确的。

## 第二节 野鼬鼠行动

野鼬鼠行动原本是美国空军的"压制敌方防空作战任务"（SEAD）的昵称。最初是在20世纪60年代越南战争期间诞生，通过这个行动对北越防空导弹阵地进行侦测与压制任务，减轻对美国攻击机群的威胁，降低美国攻击机群的损失率。简而言之，野鼬鼠行动就是以敌方的雷达为目标、追踪雷达波来源，让野鼬鼠飞机或其他队友能精确标定防空雷达和防空导弹阵地位置，进行摧毁。美军之所以将此类作战命名为"野鼬鼠"，是因为野鼬鼠是一种凶猛的小型肉食性哺乳动物，它的猎食对象就是十分危险的蛇类。野鼬鼠常常十分狡猾地先在蛇类的洞穴口挑逗，引诱蛇类出洞攻击，然后利用自己的灵活和迅速以及同伴的配合，突然一击咬中蛇类的脖颈。对于美国空军来说，敌方的防空导弹和防空雷达就像蛇一样危险，美国空军希望自己的SEAD飞机像自然界的野鼬鼠一样狡猾凶狠、机动灵活，能安全深入敌方纵深、引诱、发现和摧毁敌方防空雷达和防空导弹阵地，为自己的攻击编队扫清这方面障碍。

野鼬鼠行动的基本原理就是利用防空雷达的电子信号波束，对雷达进行定位和追寻攻击。打一个简单的比喻，就好像是黑暗中通过手电筒的光束来反推确定手电筒的位置。野鼬鼠行动的对抗结果就变成一个猫捉老鼠的游戏：雷达在搜索动作中不停地迅速反复开关，试图搜寻与攻击目标，野鼬鼠则利用雷达开机的波束来试图反向搜寻、定位并摧毁雷达站台。

野鼬鼠任务通常比常规攻击任务更优先，野鼬鼠飞机通常比攻击机群提前几分钟进入目标区，这个提前量刚好足以使地对空导弹系统不得不开机和准备攻击，而又不至于威胁到后面真实的攻击编队。当雷达开机或防空导弹开火后，野鼬鼠飞机的电子设备立刻显示出雷达已经开机，或防空导弹已经开始攻击，野鼬鼠飞机通过大量专用的电子设备实施对敌方雷达的定位，然后发射反雷达导弹攻击消灭目标区中的防空雷达。当敌方防空雷达被摧毁或因畏惧攻击而不敢开机后，敌方对于空中情况的掌握也就陷入了一片迷茫，也就无法组织起有效的防空反击，从而也就对美军空中攻击编队构不成什么太大的威胁。攻击编队也就可以大摇大摆地深入目标区域上空，进行比较从容和准确的打击。在美军的空中攻击行动中，野鼬鼠飞机通常一定是最先进入目标区的，也是最晚离开目标区的，在整个空中攻击行动中起着十分重要的作用。1966年4月

18日，经过改进的第一代野鼬鼠飞机F－100F在攻击北越雷达站时，第一次使用了"百舌鸟"反辐射导弹。反雷达导弹第一次登上了战争舞台。1967年8月11日，两架野鼬鼠飞机F－100F在一次"铁手"任务中就摧毁了6个SAM防空导弹发射阵地，并迫使另外4个雷达关机，为美国空军攻击越南首都河内著名的杜梅大桥扫清了道路。野鼬鼠行动的巨大作用，让美国空军更加重视这一机型的发展，仅在越南战争短短几年内，就快速发展出四型野鼬鼠飞机投入使用，分别是F－100F、F－105F、F－105G、EF－4C，性能不断提高。

随着战争的进行，野鼬鼠行动配套武器不断发展完善，发展出了更多野鼬鼠行动的具体战术，以增加防守方应对的困难。例如"猎人团队"战术，通常由少量野鼬鼠战机与更多的常规攻击机组合，野鼬鼠先摧毁敌方雷达，常规攻击机趁敌方防空导弹失去雷达制导而不能使用的机会，再轰炸防空阵地上的防空导弹，杀伤防空阵地上的操作人员，从而彻底摧毁敌方防空作战的能力，使其以后更换新雷达后也不能恢复战斗力。还有著名的"Here, Kitty Kitty"战术，即当防御方较强时，难以用一两架野鼬鼠飞机直接从正面摧毁它，于是采用一架野鼬机从正面追踪一个防空导弹或雷达阵地，利用野鼬鼠行动猫捉老鼠的游戏——雷达在搜索动作中不停地迅速反复开关，试图不时躲避野鼬鼠定位攻击和自身搜寻敌机进行反击这一过程，以正面这一架野鼬鼠飞机吸引敌方防空导弹或雷达注意力，并造成敌方掌握空情因雷达断续开机而不完整，而另外一架或两架野鼬鼠飞机则趁机从背后偷袭这个阵地并摧毁它。然而在越南作战的中国高炮及防空导弹部队，以及在苏联教官指导下作战的越南防空部队，也通过总结野鼬鼠作战行动的特点，摸索出了一些击落野鼬鼠飞机的战术战法，并取得了多次实战战果。在整个越南战争中，野鼬鼠飞机也多次被地面防空火力击落，成为非常高危险性的工作。整个野鼬鼠行动就是进攻方和防御方斗智斗勇的过程，战役的结果常常取决于双方的战术和训练水平以及电子战能力。有一条不成文的野鼬鼠飞行员格言在野鼬鼠部队中广泛流传，那就是"YGBSM"，就是"你得欺骗我（You Gotta Be Shittin′Me）"。

越南战争结束后，美国空军仍没有放松野鼬鼠飞机的研制发展。考虑到自己大量装备的第二代主力战斗机F－4E内部空间宽大，有足够的空间放置专用的电子作战设备，并且续航能力强，载荷能力大，飞行速度足以跟上主力战斗机，飞机成熟度高，同时有两个座位，可以布置电子作战军官的位置，可以满足野鼬鼠平台的要求，美国空军开始在F－4E的基础上研制改装F－4G新式野鼬鼠飞机。加装的主要专用电子设备主要包括AN/ALR－38全向式雷达定位与警示系统（RHAWS）、AN/APQ－120数位化机载雷达、AN/ALE－40

干扰设备，针对各个波段和频率的 AN/ALQ-119、AN/ALQ-141、AN/ALQ-184 电子干扰荚舱等，由后座的电子作战官负责操作电子作战系统，前座的飞行员负责驾驶飞机。F-4G 的全向式雷达定位与警示系统采用可编程升级式设计，以随时增加最新式的雷达威胁，升级十分便捷。该系统的程序在中队级别就可以进行升级，并能够区分敌雷达型号并按照威胁程度进行排序，以供野鼬鼠飞行员确定优先打击的顺序，确保首先消除对本方威胁最大的目标。作为野鼬鼠飞机，F-4G 全身有多达 52 个接收发射天线，主要的接收天线位于机鼻下巴上的独木舟状的整流罩内，其余的大部分安装在垂尾顶端的设备舱内。8 片突出机身外的刀状天线提供了低频全向接收功能，另外各有 5 片高频和中频全向接收的天线分布机身各处，AN/ALR-38 全向式雷达定位与警示系统不但可以告知飞行员雷达的威胁程度，而且能够给出威胁目标的方位和大致型号，并显示在后舱电子作战官面前的屏幕上。后舱有三个主显示器，分别是平面地图显示器、全景分析显示器、定位显示器。在飞行员的面板上也有一个平面地图显示器。后舱电子作战官面前的显示器会给出由 AN/APR-38 系统确定的危险辐射源方位和距离，而目标的大致型号也会被标注出来，其中最危险的目标被标记成高亮度的三角形，以便野鼬鼠进行攻击。如果敌方防空导弹已经发起攻击，来袭导弹作为高亮闪烁亮点也会显示在电子作战官和飞行员面前的显示器上，帮助 F-4G 的飞行员和电子作战官进行规避和反制。用于干扰敌方导弹、降低本方工作的危险程度的 ALE-40 箔条/红外诱饵弹投放系统，安装在机翼下的挂架上。此外，为了加强野鼬鼠飞机在高危险的作战环境中的生存力，F-4G 还可以挂载 AN/ALQ-131 干扰吊舱。F-4G 服役后还进行了两次性能升级项目，第一次是提高机载电脑性能、增加一套 CP-1674 处理器，第二次则是将 AN/ALR-38 升级为更新式的 AN/ALR-47 全向式雷达定位与警示系统。

作为实施反雷达作战的主要配备，F-4G 早期主要可携带 AGM-45 "百舌鸟" 反辐射导弹和 AGM-78 "标准" 反辐射导弹，1980 年之后，开始装备 AGM-88 "哈姆" 高速反辐射导弹。F-4G 也能携带一些其他的武器甚至执行对地攻击任务，包括 AGM-65 "小牛" 空对地导弹、CBU-52/58 "石眼" 集束炸弹、通用炸弹、CBU-87 综合效应弹药、AIM-9 "响尾蛇" 空对空导弹等。但因其任务的专业性和重要性，所以一般只携带反辐射导弹进行 SEAD 作战。作为野鼬鼠飞机，F-4G 除了有野鼬鼠飞机必要的通常特点，还有自己的独特特点：①对敌防空雷达具有软硬杀伤双重能力，既能干扰又能对其实施硬摧毁；②速度快、航程大，可以与多用途战斗机共同行动；③载弹种类多，

武器先进，可以打击多种地面目标。作为一种老式的第二代战斗机，F－4的缺点是大迎角机动性能不佳，机动性差，起降距离长。但是作为野鼬鼠飞机来说，并不需要过高的机动性，也通常不需要从简易的野战机场起降，所以F－4这些缺点都不那么重要。而从F－4战斗机现成机体改装而来，还可以获得较低的造价，F－4战机机体寿命很长，20世纪70年代还远未到寿命尽头，改装成野鼬鼠飞机也可以物尽其用。这一点选择，体现了美国空军这个全世界最强大、同时相当有钱的空军在军费合理使用上的精打细算。

美国空军共把116架F－4E改型为F－4G"野鼬鼠"型，共有四支空中作战联队装备有F－4G。其中作为快速反应部队一部分的，是驻扎在加利福尼亚州乔治空军基地的第35战术战斗机联队和驻扎在德国斯班德林空军基地的第52战术战斗机联队。35联队第561中队，在"沙漠盾牌"行动期间就调往沙特阿拉伯，一共有24架F－4G。而第52联队的F－4G则分别加入了驻巴林和沙特阿拉伯的第35联队和驻土耳其因契尔利克基地的第7440临时混合联队。在海湾战争期间，F－4G是美军唯一专门执行"野鼬鼠"任务的专用飞机。F－4G在战争中扮演了重要角色，充分起到了压制敌方防空作战、保护本方攻击机群完成任务的作用。在海湾战争的"沙漠风暴"空袭中SEAD任务出动架次占到多国部队飞机作战出动总架次的比例是11.6%，达到了每9架次出动里就有一架次是SEAD任务。仅在战争第一天晚上，F－4G就已经先后发射了118枚哈姆反雷达导弹，对伊拉克防空雷达造成了极大的震撼和打击。在整个海湾战争期间，美国各军种空中力量共发射哈姆反雷达导弹1961枚，使伊拉克大部分防空雷达即使未被摧毁也无法正常开机工作。在整个海湾战争期间，F－4G自身仅有一架损失。一架原来自斯班德林空军基地的F－4G，在一次结束任务返航途中被防空武器击伤油箱，勉强支持飞回沙特阿拉伯卡哈吉备降机场。但因机场上正值沙尘暴大作，且备降机场导降设备不够完备，F－4G未能在沙尘暴中找到跑道，最终坠毁于机场跑道不远处，飞行员和电子作战官弹射跳伞成功，安全生还。

# 第三节　反辐射导弹

"哈姆"导弹研制始于20世纪70年代，是美国的第三代反辐射导弹。在此之前，美国先后发展了两种反辐射导弹。

第一代反辐射导弹"百舌鸟"最初是针对越南战争的需要而发展的，并在越南战争里得到了大量使用。主承包商是德州仪器公司（现在归属美国雷锡恩公司）。百舌鸟的工作原理，是沿着雷达发出的电磁波飞向目标，于1964年10月开始服役，累计生产数量超过17000枚。作为第一代反辐射导弹，"百舌鸟"在实战中暴露出了明显的缺点：

第一，导引头覆盖频段太窄。"百舌鸟"导引头覆盖频段太窄，为了对付工作在不同频段的雷达，不得不研制许多导引头，并在出击前根据已知情报选用。"百舌鸟"早期型号只能依靠多达18种导引头才覆盖了D~J波段（1~20吉赫兹），后期型在这方面也不理想，使用很不灵活，也限制了它的实战适用性。如果在飞机升空前不能充分了解敌方雷达的工作波段，也就无法正确选择携带的导引头，带错导引头的"百舌鸟"也就成了无用的摆设。这个缺陷导致它的型号特别繁多，到1981年停产时已经发展成包括20多种改型的大系列。

第二，"百舌鸟"系列缺乏记忆功能，只能沿着雷达发出的电磁波飞向目标，一旦对方雷达采取关机等措施，导弹就将失去制导而无法命中目标。在越南战争中，中国和越南防空部队多次采用关机、多部雷达交替开机、大角度摆动雷达天线等措施，有效地使"百舌鸟"导弹陷入迷茫而丢失目标。"百舌鸟"虽然在初期取得过很好的战果，但中越防空部队采取对抗措施后，"百舌鸟"的命中率在1970年下降到只有3%~6%。

第三，"百舌鸟"导引头测向精度总体偏低，即使对方没有采用有效的对抗措施，实战中很多时候"百舌鸟"的落点也距离目标超过20米，有的时候不能确保摧毁目标雷达。

第二代反辐射导弹"标准"是针对"百舌鸟"的缺陷和新的威胁研制的，主承包商是通用动力公司。与"百舌鸟"相比，"标准"主要在以下方面做了改进：

第一，大幅度提高了导引头的频段覆盖范围、灵敏度和视场。"标准"导引头的覆盖频段宽得多，只用两种导引头就可以覆盖当时苏联主要防空雷达的频率范围。"标准"导引头灵敏度大幅度提高，可以利用信号强度弱的雷达旁瓣波束来为导弹提供制导，而"百舌鸟"必须从信号最强的雷达主波束进入，使用上受限制多，而且易被对方发现导弹。"标准"导引头天线安装在陀螺环架上，跟踪视场达到+/－25°，扩大了载机搜索和攻击目标的飞行包线，而"百舌鸟"的固定天线视场只有8°，这样大大增加了导弹可以攻击的范围。

第二，"标准"的制导系统加上了目标记忆装置，在敌方雷达关机时能按照关机前记忆的目标位置攻击。或者一旦目标雷达再次开机，又可以通过目标

频率记忆装置对它进行重新捕获和攻击。

第三，增大了战斗部威力：确保摧毁对目标雷达的摧毁程度。

"标准"式反雷达导弹从 1968 年开始服役，到 1978 年停产时累计生产了 1300 多枚。它曾在越南战争后期、1982 年以色列攻击贝卡谷地等行动中实战使用。然而，在实战使用中发现：尽管采用了目标位置和目标频率记忆装置，但"标准"反辐射导弹仍然不能很好地对付突然关机的雷达。虽然目标记忆装置使"标准"不像"百舌鸟"那样在目标雷达突然关机一头扎向地面，但仍不能很好地飞到目标雷达真实位置，落点偏分散。这个缺点，加上"标准"的单价是"百舌鸟"的 6 倍、重量是"百舌鸟"的 3 倍多，所以"标准"的装备数量比"百舌鸟"低很多。

1972 年，针对"百舌鸟"和"标准"系列的缺点，美国空军和海军要求研制"高速反辐射导弹"（HARM）。美国军方编号 AGM－88。"哈姆"低空最大射程 25 千米，高空最大射程 80 千米，最大速度 2.9 马赫，最大使用高度 12.2 千米，全弹重 366 千克（比"标准"轻了 260 千克），尺寸（长×最大直径×翼展）4148 毫米×254 毫米×1130 毫米。装有宽频带被动雷达导引头，足以覆盖大多数防空雷达的工作频段，而数字处理机的软件可以进行重新编程。战斗部是高爆炸药预制破片杀伤型，重达 66 千克。装药由近炸引信在计算确定的最佳高度上引爆战斗部。飞行控制系统包括捷联式惯性导航装置、数字式自动驾驶仪和机电控制舵机。由于采用了惯导装置，即使在飞行过程中如果敌方雷达关机，"哈姆"仍然能够在惯导装置引导下，采用比例导引的方式飞向记忆的目标位置。

与"百舌鸟"和"标准"相比，"哈姆"在以下几个方面有了明显提高：首先，导引头覆盖频段很宽。"哈姆"只用一个宽带被动雷达导引头，就达到了频率覆盖范围达到 0.8～20 吉赫兹（C～J 波段），基本覆盖了当时苏联 97% 以上防空雷达的工作频段。是目前所有反辐射导弹导引头中覆盖范围最广的。其次，其导引头灵敏度很高。不但能像"标准"那样从敌方雷达旁瓣进行攻击，而且还宣称能从辐射最弱的雷达后方进行攻击。

第三，通过采用捷联惯导装置，"哈姆"导弹理论上具有了对抗敌方雷达突然关机的能力。可以在敌方雷达关机后，仍引导到距其很近的地方爆炸。

第四，采用了可编程技术，使导弹能够只通过软件升级，就能对付新出现的雷达信号和威胁。极大扩充了它的潜在能力，降低了改进升级所需的费用。

美国海空军的现役的 F/A－18、F－15、F－16 各自的 ALR－67、ALR－56、ALR－69 雷达告警接收机都能与"哈姆"配合，所以也就都可以直接使用"哈姆"导弹。但是这些飞机使用"哈姆"导弹通常实际使用射程都较短，这和更远距离上这些雷达告警接收机的测向精度不能满足"哈姆"的制导精度要求有关。如果要在较远的射程上保证对雷达目标有较高的命中精度，还是需要野鼬鼠飞机上的专用的目标定位装置。

"哈姆"导弹基本型 AGM－88A 在 1980 年 11 月投入小批生产，到 1983 年进入全速生产阶段（每月产量高达 210 枚），1999 年 AGM－88C 停产时总产量约 21300 枚，平均单价约 28.8 万美元。"哈姆"自投产后还不断地进行改进，1982 年发展了 AGM－88B，1989 年正式服役产。它通过更换 A 型的导引头内的插件式硬件模块，获得了一个低成本、高性能的新型导引头。制导系统的软件不仅能在地面进行预编程或重编程，还能在载机飞行过程中进行重编程，这样就有可能匹配出航前没有充分掌握信息的敌方雷达目标信号特征，跟踪、摧毁它。美军在海湾战争空袭中就曾遇到伊拉克使用的部分防空雷达来自欧洲国家，虽然工作频段已知，但 AGM－88A 的数据库中没有它们的信号特征，也就无法对它们进行攻击。然而具有"战场重编程"能力的 AGM－88B，就有可能在最快时间内摧毁这些雷达。

"哈姆"在美军 1986 年的"草原烈火"、"黄金峡谷"两次对利比亚的攻击行动中由美国海军首次实战使用，至少击毁了利比亚 5 部防空雷达。在海湾战争中，共发射了近 2000 枚"哈姆"导弹，压制或摧毁了伊拉克几乎所有开机的地面雷达，为多国部队战机在伊拉克上空的行动提供了强有力的保障。"哈姆"导弹不但装备美国空军和海军，还装备英国、德国、意大利和其他国家和地区。但是，"哈姆"也存在一些缺点，最主要的就是对付突然关机的雷达效果仍然不好，在这个问题上达不到生产商宣称的水平。雷达的反复开关机，仍然会使"哈姆"陷入迷惑。另一个缺点是它主要依靠被动雷达导引头，只能炸毁雷达天线和行波导管，而这些只不过是防空雷达系统中的一部分，敌方如果有较高的技术水平和自产能力，只要换上预备的天线，或进行修复，就能继续执行防空任务，所以被"哈姆"摧毁过的目标雷达经常会复活，有时本以为已被摧毁的雷达目标却需要多次重复的攻击。不过，摧毁敌方雷达天线和行波导管可以使敌方雷达至少陷入瘫痪，至少一段时间内不能正常工作。这就为攻击方安全穿越这一空域、顺利完成攻击任务赢得了宝贵的时间。而且"哈姆"导弹带来的死亡阴影也会给敌方防空雷达操作人员带来很大的心理压力，给他们制造恐慌，影响他们的士气，甚至让意志不坚、技术水平也较差、不知如何对付反雷达导弹的伊拉克防空人员丢下武器索性逃跑。

# 第四节　第一次改变空中战术

到 1 月 19 日，一个有趣的现象已经越来越引人注目：这一天，伊拉克已经宣布"击落多国部队 142 架战机和数十枚巡航导弹，在防空作战中取得了显著战果"。不过多国部队宣布 1 月 19 日又损失 3 架战机，这样，开战以来，多国部队总损失战机数量仅为 13 架。与伊拉克公布的击落战绩相差已达 10 倍之多。其实双方公布的战绩差距从第一天就存在，战争第一天到 6 点 35 分，伊拉克战报宣布已击落 14 架多国部队战机，而美国和多国部队只宣布有 1 架飞机被击落。到了战争后面阶段，双方战报的差距越来越大，已经到了各说各话、各唱其调的地步了。到底双方的战损如何，其实最终战局是最能说明实际情况的。

1 月 20 日和 1 月 21 日，伊拉克中部和南部地区上空的"锋面"气象还没有过去，天气依然十分不良，多国部队空中力量被迫又取消了 431 架次和 256 架次攻击任务。然而，只要气象条件能满足最低要求，战略空袭还是必须要继续的，对其他天气不那么差的地区的空袭也在抓紧进行。

在前三天的空中攻击中，多国部队共有 13 架战机被击落，其中 1 架 A－4、4 架狂风、1 架 EA－6B、1 架 A－6E、1 架 F－15E、1 架 OV－10 均是在低空飞行中被击落，数量超过了被击落战机的一半。在多国部队所有损失的战机中，欧洲联合研制的狂风战机损失最重，4 天内损失了 4 架。

在前三天的空中攻击中，狂风战机主要执行对伊拉克机场跑道的攻击任务。来自英国空军的 61 架狂风战机和意大利空军的 10 架狂风战机参加了对伊拉克阿尔－阿萨德机场、H－2、H－3、哈拜尼亚、塔里里、塔克达姆、阿尔扎、贾里巴机场等 8 个机场的打击任务。狂风战机的主要战术使命是挂 JP233 反跑道子弹药撒布器，和挂 ALARM 反辐射导弹的压制地面防空的同伴狂风飞机组成攻击编队，在 F－15C 和狂风 MK3 护航编队支援下，飞行高度下降到 61 米，进行超低空飞行突防。到达目标机场上空后，狂风保持在 55 米的高度上向机场跑道和滑行道投放 JP233 专用反跑道子弹药。狂风对伊拉克机场跑道的破坏是有效的，但是其自身的超低空攻击被地面火力还击也相当严重。截止到 1 月 20 日，在 4 天内损失了 4 架"狂风"GR. MK1。1 月 17 日，1 架英国空军狂风 GR. MK1 战斗机在攻击贾里巴机场时，被地面防空炮火击中。1 月 18 日，1 架英国空军和 1 架意大利空军的狂风 GR. MK 1 战斗机分别在攻击贾里巴机场和伊拉克南部时被地对空导弹击落；1月20日，1架英国空军狂风GR. MK 1又在攻击塔里里机场时被击落。他们执行任务的高度均低于100米。损失4架狂风，听起来不算很多，但如果都按狂风战机这个损失比例，整个多国部队空中力量在前三天的损失战机数量就将高达100多架，接近此时实际损失数量的10倍。

霍纳空军中将和空中力量联合指挥部对这种现象进行了分析，他们认为，这并非由于狂风战机的性能太差，也并非由于为狂风战机护航的电子干扰机和野鼬鼠飞机不够，而是因为狂风战机的战术不得当。狂风战机作为西欧英、德、意三国联合研制的第三代多用途战斗机，性能再怎么着也不可能比美国老旧的A-6、A-7差，而损失率竟然大大高于老旧的A-6、A-7，应该从别的方面找原因。西欧空军的狂风战机以前将超低空突防和超低空攻击作为自己的标准战术，是为了用超低空突防手段来避开敌方雷达发现和跟踪，从而提高执行任务的安全性。通常在执行对地攻击任务的情况下，中空是比较危险的高度，这个高度既不像超低空那样可以利用地面杂波的干扰掩蔽飞机的雷达信号，又不像高空那样可以躲开大部分防空武器的有效射击范围，中空正是最适合许多防空导弹发挥威力的高度。在它们的有效射程范围内，许多防空导弹都对中空的敌机有很高的命中率，往往能达到90%的杀伤率。因此，在常规的空中对地攻击战术中，都不提倡从中空突防和进行攻击，而要进行超低空和低空的突防和攻击。

然而，在海湾战争中，美国为首的多国部队空中力量已经完全掌握了制电磁权，水平悬殊极大的电子战已经让伊拉克防空导弹近乎失效，而野鼬鼠飞机和反雷达导弹也使伊拉克雷达工作效果近乎于失效。在这种情况下，对中空威胁最大的防空导弹不能发挥作用，而在低空却有大量可以不依赖雷达和电子信号的高射炮和肩扛式红外线防空导弹能够使用。理论上，攻击机发射红外诱饵就可以使肩扛式红外线防空导弹混淆丢失目标，但是实战中有时候飞行员没有及时看到自己侧方、后方飞起的肩扛式红外线防空导弹，因而未能及时地施放红外诱饵，就被击落。这些高射炮、肩扛式红外线防空导弹就成了多国部队低空战机的主要威胁。而原来以为最危险的中空此时却反而成了更安全的高度。在这种情况下，更改攻击战术也就成了最合理的选择。因此，多国部队空中力量联合指挥部司令官霍纳中将亲自签署了一条命令：

从这一天起，多国部队的所有执行攻击任务的固定翼战机飞行高度都要达到10000~15000英尺（约合3000~5000米），即中空高度，攻击任务中原来的超低空飞行和低空飞行不再被允许。这是海湾战争中多国部队空中力量第一次

明显地改变战术。之所以不选取更高的高空进行攻击，主要是因为高空投弹的精度太差，炸弹下落过程受风力、气流变化影响巨大，对攻击效果不良。

但是这一攻击战术的更改，却导致了一个连霍纳本人都未曾预料到的后果：就是某些国家的军事研究部门在战后对海湾战争进行总结时，得出了一个航空兵部队超低空和低空突防攻击已经落后过时的结论。并在一段时期内对于该国空军和海军航空兵的战术训练和装备发展上造成了某些影响。需要注意的是，多国部队在海湾战争中采取攻击机在中空进行突防和攻击，是在海湾战争特殊条件下才能成为最佳选择的做法。这首先是因为美国空军在海湾战争中对伊拉克防空力量形成压倒性的制电磁优势。在软杀伤方面，美军强大的电子战能力使伊军的防空导弹处于基本失灵的状态；在硬杀伤方面，美军利用反辐射导弹迫使伊军的防空雷达处于基本不能正常使用的地步。最重要的是，美国空军对伊拉克空军形成了压倒性的绝对空中优势，掌握了战略制空权。多国部队才得以从容地从中空突防和攻击，使这一从军事常规而言相当危险的战术成为了非常安全的选择。所以，并不能简单认为超低空和低空突防及攻击是一种落后过时的做法。之所以得出这样的错误结论，主要的原因是某些研究部门与一线作战部队严重脱节，部门中的研究人员当中也鲜有具备飞行业务能力的飞行员和指挥员，出现这样的错误判断也在所难免。

真正具有实际操作经验的飞行员和指挥员才会了解，每一种战术战法都有其适用的条件和环境，只有在一定的条件和环境下，这个特定的战术战法才是最合理有效的。而当作战条件和环境不同的时候，就不能盲目照搬别人的战术战法，以为仿佛这就是先进、这就是可以使自己获得胜利的真宝奇才。研究和学习各种战术战法，以及研究和学习战术战略思想，一定要认真研究它所处的实际环境和条件，有选择地使用、创造性地使用，而不教条盲目。

# 第五章　决胜于庙堂

## 第一节　早有预案

美国为首的多国部队空中力量昼夜不停地对伊拉克各种军事目标开展压倒式的空袭，在这种高强度大规模空袭肆虐下苦苦挣扎的伊拉克军队毫无喘息之机。从 1 月 17 日凌晨到 23 日夜的一周时间内，多国部队的空中力量共出动各型飞机 1.2 余万架次，投弹量超过 6 万吨，重点打击了伊拉克境内和科威特战区内的伊领导指挥设施、发电设施、一体化防空系统、电信和 $C^3I$ 中心、核生化设施以及伊空军和机场等战略目标群。美军自己宣称，多国部队空中力量空袭的目标摧毁率达到了 80%，使伊军指挥控制系统、空军基地、防空体系和导弹基地等受到严重破坏，伊拉克共和国卫队也遭到沉重打击。多国部队击落伊作战飞机 14 架，在地面摧毁伊飞机 25 架，比击毁敌机数量更重要的是，完全牢牢掌握了制空权。在本阶段作战中，多国部队共损失飞机 22 架，其中美国损失 14 架，英国损失 5 架，科威特、沙特阿拉伯、意大利各损失 1 架。

从空袭的强度和效果来看，这个损失是相当微小的。也证明了伊拉克方面在失去了对制电磁权后，防空火力的有效性受到了很大影响，防空作战的战局在向严重不利发展。多国部队空中力量在第一周的行动，获得了相当高的成功。这种成功程度远远超过了战前其他军事力量预测的水平，在第一周内多国部队空中力量行动的顺利，让伊拉克大部分防空武器的提供者苏联、法国都几乎感到脸皮丢光。拥有相当完善和现代化防空体系的伊拉克在多国部队空袭面前几乎无力还手，多国部队战机损失的轻微，出乎了所有军事专家事前的预料。比起越南战争，多国部队空中力量几乎只用一个星期就达到了越南战争一年还没有达到的目标。而多国部队空中力量的损失，却让人难以置信地还不到越南战争的零头。战果与损失之比的悬殊，甚至足以让华盛顿的美国政治家们可以初步地把越南战争的阴影抛到脑后。这种全新的高科技空袭作战面貌，以后将越来越成为美国政治人物们喜爱和倚重的战争模式。

这场战争与越南战争空袭迥然不同的过程和结果，可以说是由与越南战争空袭迥然不同的指挥和策略造成的。特别值得一提的是，早在伊拉克入侵科威特的第三天，美军中央战区就能向美国政府提交初步的空中作战计划。这里面，中央战区指挥人员的能力和战备水平是不言而喻的——绝非所有人都毫无准备，就能自动地应对战争！

1990年8月2日，伊拉克大举入侵科威特，负责掌管西亚及海湾地区军事防务问题的美军中央战区司令部同时也陷入了巨大的危机之中。他们想要的不但是如何准备恢复科威特的独立，还要防备伊拉克可能对沙特阿拉伯的入侵。如果真的发生伊拉克进一步占领沙特阿拉伯，就意味着伊拉克独自控制了世界一半以上的石油资源，那将是对美国国家利益和地缘政治的最大挑战。中央战区总司令诺曼·施瓦茨科普夫上将立刻行动起来，开始着手进行防卫沙特阿拉伯和解放科威特的战争准备工作。1990年8月4日，美国总统老布什紧急召开了国家安全委员会最高会议，从中央战区司令部赶来的诺曼·施瓦茨科普夫陆军上将和中央战区的空军司令查尔斯·霍纳空军中将（注：他名字的昵称为查克，比他的本名还要流行）立刻向总统呈交了初步作战方案。这一举措令在场所有的人眼前一亮，看来这群军人在第一时间就有了清晰的大致计划草案和路线图，这使得所有在场的美国政客们心里都踏实了一些。

然而这一切是怎样做到的呢？没有从天上掉下来的馅饼。中央战区总司令施瓦茨科普夫上将心里有数，虽然对于坐在华盛顿办公室里的一部分美国政府官员来说，伊拉克入侵科威特的战争是一场突如其来、毫无准备的危机，和天上突然掉下块大陨石差不多地目瞪口呆，但中央战区总部却并非如此看待。

一直到1989年，西亚和海湾地区在美国的全球部署里依然属于二等或三等地区，华府的将军们很少以为自己会在这里进行一场大规模战争。施瓦茨科普夫和霍纳所在的中央战区司令部事实上也是美军编制序列里一个相对无关紧要的冷闲部门。对抗以苏联为首的华沙条约组织，在欧洲进行大规模全面战争才是美国军事战略的重心。而且以前的美国里根政府一直很偏袒伊拉克，在两伊战争中一直不遗余力地支持伊拉克和萨达姆，美国政府也从不相信伊拉克和萨达姆会成为美国利益的直接威胁。直到1989年10月，新上任的美国参谋长联席会议主席科林·鲍威尔上将看到中央战区总部几乎无事可做，就让他们考虑一下对付潜在的西亚冲突的办法。中央战区总部和参谋长联席会议的一些部门立刻在1990年春天就拿出了草案，制定阿拉伯半岛作战的军事计划，即"作战计划1002—90，阿拉伯半岛的防御"草案。不过按照美国国防部和美国军队的正常程序，——如果没有伊拉克入侵科威特，这份计划预计要到1991

年夏天才可以通过（实际上，1991 年 1 月 17 日海湾战争就已爆发）。

不过施瓦茨科普夫和霍纳等人并没有因为美国国防部和军队官僚体系的牵制而气馁。他们在自己职务力所能及的范围内依然做了大量的准备工作。在"作战计划 1002—90"草案中，中央战区总部已经设想海湾地区出现了一个地区安全的威胁国——"Q 国"，它可能对周边产油国家发起侵略。为此，施瓦茨科普夫将军初步考虑，美国军队的军事行动需要三个阶段：

第一阶段，威慑。当地区威胁 Q 国已经表现出侵略意图时，美国军队将施加充分的威慑。美国空军战术战斗机部队、空运部队将最先抵达战区。美国海军两个航空母舰战斗群也将随即赶到战区。海军陆战队和陆军航空旅将在两周内抵达战区。其他飞行部队和三个航空母舰战斗群也将随后赶到战区。

第二阶段，防御。在防御 Q 国的侵略时，美军应该充分地利用自己的空中优势，通过猛烈的空中打击瓦解敌军的进攻部队，并切断他们的补给和通信线路，并为己方地面部队提供任何需要的近距离空中支援。施瓦茨科普夫和霍纳都认为应该充分地动用本方占绝对优势的空中力量打击敌人，避免过早地让本方的地面部队与敌人陷入混战，从而减少本方的伤亡，避免陷入复杂的局面。他们这个思想集中地体现在"作战计划 1002—90"草案中，在第二阶段里空中力量是毫无疑问的主力。

第三阶段，反攻。施瓦茨科普夫设想，经过第二阶段动用本方优势空中力量打击后，敌军的作战能力已经遭到了严重的损伤，而本方的兵力增援和调动已经全部完成，因而可以发动地面和空中双重的反攻，彻底粉碎 Q 国的野心。这个阶段在"作战计划 1002—90"草案中并不长，篇幅也不多，没有深入。这实际上是因为中央战区总部的军人不明确美国政府对此的态度，如果美国政府根本不批准越过边境打击 Q 国，中央战区总部作更深入的计划就没有任何意义。

1990 年 8 月 2 日伊拉克侵占科威特后，美国中央战区司令部和美军的行动基本就按照了这个"作战计划 1002—90"草案的大致思路。只不过他们还没有来得及实行第一阶段"威慑"，伊拉克就已经占领了科威特全境。

就在"作战计划 1002—90"草案报上去、在美国国防部和政府的文牍会海里一步步慢慢搬家的时候，施瓦茨科普夫和霍纳将军再次开始另一场大胆的前瞻。1990 年 7 月，美国中央战区司令部开始组织代号为"内部观察 90"的指挥所演习。中央战区司令部设想：地区威胁 Q 国已经开始侵略战争，美国中央战区必须做出反击。反击的先导，依然是空中打击。打击的目标已经不限于被侵略国的领土内，而赋予参加演习的指挥所"越境攻击权"，即直接攻击

Q 国内部的目标。施瓦茨科普夫和霍纳这一举动，得到了参谋长联席会议主席鲍威尔上将的准许，但特别要求他们绝不能将演习的目标和针对对象泄露出去，以避免引起外交上和美国政府内部有些人找麻烦。

在"内部观察 90"指挥所演习中，中央战区空军司令部制定了初步的空中进攻计划。把 Q 国 3 个领导机构、14 个指挥通信中心、72 个防空系统节点、37 个机场、1 个核设施、1 个生物武器设施、1 个化学武器设施、22 个军工生产与支援设施、6 个电力目标、22 个石油设施目标、7 个"飞毛腿"导弹目标、7 个海军港口设施和 25 处交通线要点列入了空中打击目标。演习还考虑使用了大量美国中央战区当时还没有配属的精锐空军部队，包括隐身战机F－117A部队。战区总司令施瓦茨科普夫将军亲自过问了这个空中进攻计划，并和自己的来自陆军的部下研究补充了攻击目标，增加了打击目标数量，并要求将 Q 国地面部队和共和国卫队列入打击目标。他们把中央战区空军司令部最初拟定的 218 个空袭目标增加到 293 个。施瓦茨科普夫没有把自己看做空中行动的外人，更没有把空中力量担任阶段主力看做对自己陆军的不敬，而是努力地融入联合作战，提高自己掌管每一个军种的知识，在演习中增强自己联合指挥的能力。

其实看到这，每一个人都已经能清晰地看出：这个 Q 国其实就是伊拉克。中央战区司令部此时的假想敌已经非常明确，就是伊拉克，他们已经在为这场战争做准备。而且通过指挥所演习的推演，中央战区司令部很清楚在战役初期美国军队没有完成驰援和集结的时候，整个战场的防御非常虚弱，甚至没有能力保护美军驻扎国（实际就是沙特阿拉伯）的领土和领海免遭伊拉克军队攻击。因此中央战区总部希望能事先在海湾地区陆地上部署一部分美军以应急。

不过在当时，上任还不太久的美国总统老布什并不希望万里迢迢去到海湾地区参加一场战争。其实这也完全能够理解：新上任的总统还有许多国内的事要做好呢，而且美国民意也不会同意一位新上任的总统在战争迹象很不明显的时候就把若干美国部队派往海湾。老布什总统要考虑的事情也更多，在当时沙特阿拉伯和其他阿拉伯国家也没有向美国提出请求驻军的要求，也都没有美军基地，在海湾地区给美军找个提前介入的地方真也不容易。这使得中央战区总部的想法无法实现。

1990 年 8 月 2 日，伊拉克入侵邻国科威特。老布什总统临危不乱，迅速带领那群尚处于震惊中的美国政府官员开始应对危机。1990 年 8 月 4 日，美国总统老布什召开了国家安全委员会最高会议，从中央战区司令部紧急赶来的施瓦茨科普夫上将和霍纳中将就向总统呈交了初步作战方案。其实这个方案与

"作战计划1002—90"草案以及"内部观察90"指挥所演习的方案有很多联系之处，并紧急增添了许多内容。包括如果美军遭到伊拉克化学武器攻击，美军应对其实施何等报复；以及增加了空袭的17个战略目标，包括伊拉克石油生产和转运设施、发电厂、新侦察到的伊拉克核生化设施和伊拉克总统官邸。这使得美国在第一时间就有了清晰的大致计划草案和路线图。

如果没有"内部观察90"指挥所演习，中央战区总司令部就不可能在这么短时间内就拿出如此冷静有效、可行的计划。如果没有经常的、带有足够实际背景想定的指挥所演习，美国中央战区司令部就不可能保持常备不懈的精神和态度，不可能通过指挥所演习锻炼出战区总部军官们足够的军事业务能力，也不可能通过指挥所演习来暴露和找出自己存在的问题，更不可能通过指挥所演习来检验哪些军官称职、哪些军官不称职，从而汰劣选优。指挥所演习的次数、经常程度和水平、规模，实际也是一支军队军事训练水平和作风精神面貌的重要组成部分。相比起美军来，我军的指挥所演习无论数量还是层次都有明显的差距，这一点还是应当引起注意。

由于情况紧急，事务繁忙，尤其是因为自己有大量与沙特阿拉伯等盟国外交协调事务和向华盛顿领受战略意图的工作要干，8月6日，诺曼·施瓦茨科普夫上将委托战区空军司令霍纳中将负责处理即将到达海湾地区的所有美军接待和调度任务。施瓦茨科普夫则行色匆匆地在华盛顿和利雅得之间往返，在沙特阿拉伯王室和美国政府、参谋长联席会议之间商讨情况。由于两人长期在中央战区总部共事，相互非常了解和信任对方的能力，施瓦茨科普夫委派霍纳为中央战区司令部前方指挥官，在自己不在沙特阿拉伯的时候代行职责，同时要求霍纳和中央战区空军司令部立即开始制定更详细的空中作战计划，预备可能出现的战争情况。

## 第二节 避免覆辙

在美国总统老布什召开的国家安全委员会紧急会议中，与会的美国政治领导人们在商讨对伊拉克动武前景的同时，都不由自主对战争有可能"长期化"表示了担忧。20世纪60年代的越南战争，美国费时费力，深陷泥潭，遭受了严重的伤亡代价，为此陷入了严重的国内政治危机。越南战争过去还不算久远，与会的政治家们都记忆犹新。越南战争的教训如同一道沉重的阴影，笼罩着与会所有人的心头。越南，是美军的一次灾难，给美国带来了重大的损失。

美国总统老布什要求指挥官们必须拿出有效方案来，切实避免重蹈越南的覆辙。

施瓦茨科普夫和霍纳以及参谋长联席会议主席科林·鲍威尔将军等人都是曾经参加过越南战争的老兵，他们对越南战争的指挥提出了最严厉的批评。他们认为，越南战争的军事指挥违反了最基本的军事原则，为了满足当时约翰逊总统的政治需要，错误指挥，把战争搞成了逐次添兵、打打停停、边打边谈、目标不明确的消耗战。前期对北越军队的实力总是估计过低，因而投入的兵力和施加的军事打击力度也都不够。结果到战场上无法解决问题，又只好陆续增兵。然而在增兵中依然低估了越南军事力量在战争中的成长，以及中苏两国在背后的支持力度，美军增加的兵力和军事打击力度仍不足以消灭越南军事力量。这样就只能持续增兵和增加军事打击，却依然不能完全解决对手，使美军陷入了痛苦的消耗战泥潭，而不是一击致命的速战速决。消耗战这种战略思想，是严重不符合美国国家强点和弱点的。

3名老兵将军都对越南战争进行了痛苦的回忆，指出了那时美军在方方面面存在的错误。在国家安全委员会会议上，施瓦茨科普夫上将直言不讳地指出：“在越南，我印象最深刻的事情就是美国指挥阶层的渎职和堕落无能。”他愤慨地指出，越南战争里的许多美军指挥官仅仅在敷衍应付，不求有功，但求无过。指挥官们毫无进取心，只想在后方的司令部机关里养尊处优，与花枝招展的小姐花天酒地、共度良宵。在军事上他们不求铲除敌人，却处处被动应付、等待挨打，一切只会依赖武器装备。所有这一切，最终造成了美国士兵的士气低落和愤世嫉俗，战场上举步维艰。霍纳中将也简明中肯地说：“在越南出的问题，在于战争没完没了地拖下去”。鲍威尔上将也明确支持他们这一观点。

施瓦茨科普夫还多次提到了来源于朝鲜战争中国人民志愿军总司令彭德怀元帅的军事观点“牛刀杀鸡”——直接的意思是用杀牛的大刀来杀小鸡，比喻在战争中应充分重视对手、集中优势力量一举而迅速彻底击败敌手。这个“牛刀杀鸡”战略思想在20世纪80年代也已开始得到美国军队的充分研究、认识和推崇。他表示，这一次在海湾一定要做到“牛刀杀鸡”、目标明确。美国总统老布什听完将领们的表述后，明确表示：

“这次我们绝不能重蹈越南战争的覆辙，绝不能无休止地拖长战争的时间，务求速战速决！”并明确地告诉施瓦茨科普夫等人：

“如果你们需要两个人，请告诉我们，我们将派去四个人！”并立即同意了施瓦茨科普夫提出的所有调集兵力要求。

经老布什总统批准，经过美国国防部和美国参谋长联席会议统一部署，美国空军迅速向中央战区调来了大量战机，并提供了大量运输机用于紧急战略空运；美国海军总部调来了两个航空母舰战斗群和大量军用物资；美国本土陆军调来了精锐的快速反应部队——第十八空降军，并提供了大量后勤支援和保卫部队，做了大量后勤支援及战区后方安全保卫工作；美国太平洋战区调来了精锐的海军陆战队第一和第二远征特遣部队，以及两个航空母舰战斗群；美国大西洋战区调来了两个航空母舰战斗群；美国空军航天司令部提供了卫星和空间支援；美国欧洲战区调来了精锐的重型机械化地面部队——第七军和部分军用物资；美国特种作战司令部调来了所有可用于机动作战的特种部队。在越南战争中，美国从1965年3月到1969年4月逐次增兵，用时五年零一个月，将其驻越总兵力达到约50万人。而在海湾战争中，美国仅用时六个月，就将海湾美军兵力达到了50万人，并在1991年海湾战争中集中投入使用，做到了集中兵力，充分体现了牛刀杀鸡的思想。

# 第三节 "迅雷"计划

国家安全委员会最高会议后，霍纳中将受命立即组织人员开始进行海湾战争空中行动的全面最新计划。他知道，原有的"内部观察90"指挥所演习的初步作战方案不够详细，规模也太小，在非战时得到的情报也远远不够，还远不能满足这场战争的需要。然而编制十分精干、平时只有百余常编人员的中央战区空军司令部的人员此时正忙于繁忙的战区交通运输组织计划，把数以万计的美国军队和物资紧急空运到沙特阿拉伯。这就必须按照美国军队的传统组织模式，从全美国空军抽调精干人员临时组合、补充需要，以备作战。施瓦茨科普夫上将向美国空军参谋部提出了抽调精干人员共同制定作战计划的求助。位于后方的美国空军参谋部迅速行动起来，一些官员也开始制定将伊拉克军队赶出科威特的空中作战计划，一支精干的作战计划小组迅速调集。

1990年8月5日，还在外地休假的美国空军主管计划与作战的副参谋长特别助理约翰·沃尔登上校被紧急召回华盛顿，授命他召集一个由计划和作战参谋军官组成的特别小组，制定出一个空中战役计划。这个小组第一天只有6名成员，但很快得到了来自全空军各部门的数十名同事加入。后来这个特别小组就被称为"逼将"小组，"逼将"一词来源于国际象棋，其意类似于中国象棋里的"将军"。约翰·沃尔登上校是美国空军内部有名的战术专家和新战术

理念提倡者，在 20 世纪 80 年代末曾出版过一部自己的著作，名为《空中战役》。在书中，沃尔登用大量实例论证了战争"重心"对制定作战计划的重要性，强调在各个战争层次上都要直接打击敌人的重心，即直击要害。沃尔登认为，战争应该围绕"重心"来进行，"重心"就是敌国政权和武装部队的关键组成部分。他主张：用不着再以第二次世界大战时期的战术思想去追求大兵团消耗性作战来消灭敌人的大量军队有生力量和武器装备，而应摧毁敌国政权和统帅机关领导和控制他们国家和军队的能力，来使敌手指挥失效、政权失控，从而被迫服从美国的意愿。因此，攻击敌方通信设施和指挥中心就是一切战争工作的重中之重。

沃尔登的理论把目标划分为 5 个同心圆环，形象地确定了战争的"重心"及其重要程度，其中越靠近圆心的圆环重要性程度越高，打击顺序越靠前。而越靠近外围的圆环重要程度越低，打击优先程度越靠后。在 5 个圆环中，最内环是敌人的作战指挥及通信系统，包括其指挥机构、军民用通信、广播电视系统等；第 2 个圆环是敌人的能源系统，包括石油、电力等生产设施；第 3 个圆环是敌人的交通系统，包括铁路、公路和桥梁等，计划只摧毁关键的铁路和公路桥梁，切断伊军的重要补给和交通；第 4 个圆环是对伊拉克军队及国民的心理战，通过广播、传单等形式，削弱伊军的作战能力，影响伊拉克国民的意志；最外面第 5 个圆环才是敌人的军事力量，这一环里的重点还是伊军"飞毛腿"导弹、战斗轰炸机、多用途战斗机等报复力量，而非伊拉克地面部队。

"逼将"小组很快初步制定出了自己的作战计划，这一计划完全贯彻了沃尔登上校一贯主张的思想。这个计划被命名为"迅雷计划"，其意为迅猛的雷。沃尔登等人也经历过久拖不决、最后失败的越南战争，对那场战争的指挥同样深恶痛绝，认为那时军事领导人制定的"滚雷计划"实在是失败的根源，（"滚雷"，意为滚动持续的雷，以此比喻如果北越拒绝按美国要求行事，美国将像滚动持续的雷一样逐步施加军事压力，使北越付出重大代价），因而在计划名称上都与越南战争鲜明对立。该计划准备以 6 天高强度的空中战役，对伊拉克领导机构实施"斩首"式的打击，消灭其指挥作战能力，迫使伊拉克撤出科威特。沃尔登和"逼将"小组计划的核心就是：

通过对伊拉克发起猛烈的空中进攻战役打击，迫使伊拉克从科威特撤军。打击的重点是伊拉克境内的战略目标，而非在科威特的伊拉克军队。"迅雷计划"重点瞄准了伊拉克的通信指挥中心、核生化设施和国家防空体系，其他还包括电力、石油、铁路、桥梁和军工生产设施。

　　沃尔登的理论与传统的空袭理论大相径庭，可以说是背道而驰，在美国空军内部也引起过轩然大波，远非大多数人都能接受的"毫无争议的共识"。沃尔登的五环理论把打击敌方地面部队放在最后一环里的最后一个，这与包括美国空军自身在内的传统空袭理论都是截然相反的。包括美国空军自身在内的传统空袭理论，都是把打击对方地面部队、对己方地面部队提供空中近距支援作为空军最基本的任务来看待。其次是对敌方工业生产能力和大城市、国民经济设施的轰炸，以图从根子上削弱敌国将战争进行下去的潜力。然而一向狂傲不羁的沃尔登对这些传统空袭理论嗤之以鼻、鄙夷不屑。他认为：

　　在新的时代新的战争条件下，任何一个国家和军队都越来越依赖通信和指挥。只有确保有效的通信和指挥，才能有效地作战。在新的时代新的战争条件下，已经根本用不着像第二次世界大战时期那样依靠大规模兵力火力的大兵团会战去消灭对方地面部队，而只需直接破坏对方的通信和指挥体系，迫使敌方进入信息失灵、指挥失效、眼瞎耳聋、反应瘫痪、一片混乱，就可以轻松有效地使敌人在战争中失败。战争的胜利，已经不再以第二次世界大战时期那样大兵团消耗战杀死对方地面部队多少人来衡量，而是以促使对方指挥失效、作战体系崩溃、陷入任我方宰割地步来衡量。所以在新的时代新的战争条件下，空中攻击敌方地面部队已经远不是什么重要事项，而攻击敌方通信和指挥设施才是最重要的。

　　关于对敌方工业生产能力和大城市、国民经济设施的轰炸，沃尔登也认为传统空袭理论走入了误区。他认为，对敌方工业设施和大城市、国民经济设施进行全方位大面积的狂轰滥炸，实际上是分散了空中打击的力量和中心，实际是用许多不那么紧迫的普通轰炸任务淹没了空军有限的能力，耽误了空军最核心任务的完成。他主张，根本用不着再像"二战"那样对敌方工业设施和大城市、国民经济设施进行全方位、大面积的狂轰滥炸，只需要对敌国的电力和能源系统进行重点攻击。现代工业和整个现代社会的运作都无法离开电力和能源，只要摧毁了敌国的电力和能源工业系统，敌国的整个国民经济和工业生产就必然陷入严重困境。那些没有被轰炸的工厂和经济设施就算完好无损，也依然无法正常运作、无法正常发挥功效。这才是抓住重点，釜底抽薪，犯得着去一一把敌国工业设施和大城市都摧毁吗？那是费力不讨好的蠢举。

　　对于传统空袭理论高度注重打击敌手交通线的做法，沃尔登没有异议。不过他认为这个事排在五环理论的第三环，投入的兵力也不应该比前两环多。

沃尔登把心理战的高度提高到打击敌方地面部队之前来，他认为：对一支军队，只要摧毁了他们的意志，就等于消灭了这支军队。一群认为自己国家不正义、无力量、不可能获胜、悲观失望、只想到自己能否活着回到家人中间的军人，即使还穿着整齐的军装，拿着子弹充足的枪支，保持着建制，也是没有什么战斗力的，可以忽略不计。他极度主张心理战的作用，主张更重视往敌军部队头上扔心理战传单而不是扔炸弹，认为这就可以让敌军成为"穿着整齐的军装，拿着子弹充足的枪支，保持着建制，却没有什么战斗力的摆设军团"，就可以根本不进行残酷的血战而获胜。

即使在美国空军这样一支高度现代化的军队，沃尔登的理论也显得十分离经叛道，加上他桀骜不逊的个性，更增添了他的阻力。沃尔登的理论有着划时代的眼界和勇气，但也的确有许多不成熟之处。他的理想化色彩过于浓重，把问题看得过于简单，很多地方有脱离实际的倾向。尤其在和平年代指挥所演习里具体制定作战计划、践行理论的时候，就显示出对作战考虑不全面和把困难看得过分简单，时常设想只需空袭两下、对手就已经失去战斗力。而且沃尔登性格非常刚毅，有些接近刚愎，听不进别人观点，因而受到许多关于他是"大空军主义的狂想者和空想家"的负面评价。在美国空军内部，他也谈不上是个招人喜欢的家伙。不过，美国空军里有两个人物始终坚定地支持他，鼓励他的理论在军队内部进行研讨和尝试。这两个人分量够重，足以推动沃尔登理论的实践，他们就是美国空军参谋长迈克尔·杜根上将和副参谋长约翰·洛尔上将。（注：美国空军实行参谋部制，空军参谋长就是事实上的空军最高领导人和司令官。）

1990 年 8 月 7 日下午，沃尔登上校向美国空军副参谋长约翰·洛尔上将提交了一份 12 页的对伊空中战役计划梗概。洛尔将军和美国空军参谋长迈克尔·杜根上将都很欣赏这个计划，他们立刻向参谋长联席会议和中央战区司令部推荐。8 月 10 日，沃尔登上校及其计划制定小组到麦克迪尔空军基地向施瓦茨科普夫上将做了汇报。施瓦茨科普夫认同这个计划里着重使用美国优势的空中力量、而尽力减少美国地面部队在地面鏖战流血的特点，这和他与霍纳等中央战区同事的想法是不谋而合的。但是施瓦茨科普夫不认同这个计划的总线，他感觉这个计划"单纯空军制胜论"的味道太浓，而且把一切想象得太顺利，充满自大味道，脱离实际、一相情愿的地方很多。施瓦茨科普夫后来向朋友说了他这个真实观点。并且这个计划根本没有考虑战略空袭一旦未达到目标该怎么办，而只是坚信萨达姆受到空袭一定会撤军。做为军事计划来讲，这种片面押宝、而事先不做全面准备的态度是绝对不可行的。但是鉴于这是沃尔登和"逼将"小组成员在几个昼夜里不眠不睡辛勤拿出的方案，施瓦茨科普夫没有说出自己全部的想法，只简单说了几句，然后携带了计划梗概的副本回战区司令部与同事们商讨。沃尔登上校及其计划制定小组则将按计划于8月11日到参谋长联席会议主席鲍威尔处继续汇报。

回到战区司令部后，施瓦茨科普夫和中央战区总司令部的人员对这份计划进行了仔细商讨。出人意料的是，来自空军的中央战区空军司令查尔斯－霍纳中将对这一计划提出了严厉的批评。他的批评比其他军种的同事还要尖锐。他指出，"迅雷计划"存在一个明显的问题：

——这份计划里竟然只考虑了动用美国空军的飞机和导弹解决问题。连已经部署到海湾的美国海军和海军陆战队的战机和导弹都没有考虑，美国陆军航空兵的直升机也不在其内。特别是美国海军数百枚战斧式巡航导弹，竟然都没有包括在计划内。霍纳认为，对伊拉克的空中打击决不可能只靠美国空军一个军种，这种明显的军种色彩不但不利于整个军事行动，而且也无法完全解决敌手。在做计划时决不能只计划美国空军的行动，而要把各军种的航空兵和对地攻击导弹都做进计划。把空中打击任务简单等同于空军自己单干，这是不行的。

听到霍纳将军也这样想，施瓦茨科普夫将军欣喜地放下了心中一块包袱。从一见到"迅雷计划"，他就感觉这个计划"单纯以空军制胜"的色彩太强了，不够切合实际。但是，他没有想到，空军出身的霍纳将军也同样这样看。这让他非常高兴，他感到自己的助手是个正派的人，一切只为了获得战争的胜利，而不是狭隘的军种利益。这也让他再次感到，自己选择霍纳担任中央战区前方指挥官是一件正确的事。

8月11日，沃尔登和"逼将"小组向参谋长联席会议主席鲍威尔上将进行了汇报。鲍威尔听后，没有说更多别的，也是首先要求把其他军种的空中行动加入这个计划，另外指示海军和海军陆战队、陆军的人员以及参谋长联席会议的人员也要参加空中进攻行动计划的制定。他还提醒了沃尔登一句："我的目的不是让伊拉克人撤退，而是要消灭他们，摧毁他们所有的坦克。"很显然，鲍威尔将军这时候心里也认为，如果不消灭伊拉克的军事力量，而仅仅是通过战略空袭迫使他们撤出，那么以后不知什么时候，伊拉克还会成为地区安全的找麻烦者，而美国将成为疲于奔命的消防队员。那种治标不治本的做法是不行的。鲍威尔上将后来对其他人说，他很不喜欢这个"一看就是单纯空军制胜论的计划"。但在当时，他也像施瓦茨科普夫一样没有表达他的全部看法，希望"逼将"小组能在后面工作中调整过来。

按照鲍威尔的命令，迅雷计划的制定小组中迅速增加了陆军、海军和海军陆战队的人员，计划制定小组的成员也增加到了100多人。一周以后，"迅雷"计划的新版本提交到了参谋长联席会议。这一计划的首要宗旨就是：从战斗一开始就投入全部可使用的空中力量，形成绝对压倒对方的空中优势，通过空中打击伊拉克的要害部位，来迫使伊拉克按照美国意愿就范。

8月17日，施瓦茨科普夫将军看到了最新版本的计划，并听沃尔登作了汇报。施瓦茨科普夫将军非常赞同依靠空中力量发挥关键作用，也认为这份计划比一周前已经增强了许多，但是觉得这份计划依然有很多不成熟的地方。因为施瓦茨科普夫上将马上还要参加国防部的会议，他命令沃尔登上校亲自带领部分"逼将"小组核心成员前往沙特阿拉伯首都利雅得，并听取正在那里的中央战区总部空军司令霍纳中将的意见。不过，霍纳将军对这份新的计划坦率指出，他认为这个新计划在各方面依然有一些不足：

——"迅雷"计划只考虑通过战略空袭来迫使伊拉克撤出科威特，没有考虑如果战略空袭未能迫使伊拉克撤军的下一步行动。这无异于一种押宝，而对押宝不灵的情况没有任何应变措施。霍纳表示，作为一个空军军官，他相信美军战略空袭的威力，但很怀疑单纯依靠战略空袭就可以迫使萨达姆撤出科威特。如果规定期限的战略空袭过后，伊拉克军队拒不撤离科威特怎么办？难道还无休无止地进行战略空袭吗？这岂不是成了又一场越南战争了？

——霍纳不赞成"迅雷"计划打击伊拉克地面部队的内容过少，认为计划过分忽视了打击伊拉克地面部队。不利于削弱伊军战斗能力，把获胜希望仅仅寄托在战略空袭和切断伊军通信指挥上，过于理想化。一旦伊军硬撑着不撤，不打击伊拉克地面部队就不利于施加足够的压力。

——霍纳中将表示，中央战区总部认为，必须制定战略空袭阶段之后的空中进攻行动计划，以作为如果萨达姆不撤军的后续步骤。他表示，像所有空军军官一样，他也希望仅仅通过战略空袭就迫使萨达姆撤出科威特，这样还可以避免地面作战惨重的人员伤亡。但是，如果萨达姆不就范，美军必须事先做好进一步行动计划。如果战略空袭成功地迫使伊拉克撤出科威特，那么后续的计划可以用不上。但如果战略空袭没有达到目的，又没有事先的计划，到时候岂不是要抓瞎？宁可后续计划做出来摆在那用不上，也不应事先没有计划到时候抓瞎。

实际上，可以毫不夸张地说，霍纳提出的意见不只代表他自己，更代表了施瓦茨科普夫和中央战区总部整体的观点。

# 第四节 "黑洞"小组

中央战区空军司令部的意见和沃尔登上校的观点显然存在一些难以融合之处。8 月 19 日，沃尔登上校和一部分人返回了华盛顿。而参加"迅雷"计划制定的德普杜拉等 3 名中校则留了下来，加入一个新的行动计划小组。这个小组就是后来公诸于众的、绝密的"黑洞"小组。此后还会有一批原来"逼将"小组的成员加入"黑洞"小组工作。霍纳选择了巴斯特·格洛森空军准将作为特别计划小组的负责人。小组主要包括空军军官，但也包括了所有军种的军官，共同制定空中作战计划，选定目标，分析情报，并具体安排每日空中任务指令。后来，小组还吸纳了部分盟国（如英国和沙特阿拉伯）的军官参加，共同制定涉及盟军空中行动的计划。"黑洞"小组的成员来自全军各军种，其中空军军官来自全空军，多数并非中央战区空军原工作人员，可以说是抽调了全军的精干力量。"黑洞"小组的工作都是绝密的，他们在主要地面部队到达海湾之前，就已经开始制定空中作战计划，最初只有中央战区总部的高层人员和美国空军参谋部以及参谋长联席会议知道"黑洞"小组的存在。"黑洞"这个名字的由来，就是因为与他们工作关系很近的中央战区空军司令部都有很多人不知道这个小组的存在，直到 1990 年 10 月才得知还有这么一个小组存在。由于深感它的神秘，中央战区空军司令部很多人给小组起了这个外号，意指他们犹如"宇宙中的黑洞一样，神秘不可探其究竟"。"黑洞"小组这个名字不胫而走，最后成了他们的正式名字。实际上，在沃尔登的"逼将"小组工作的同时，"黑洞"小组也已经存在。一些人认为，这也是霍纳中将一定要让"逼将"小组无法直接取代"黑洞"小组来工作的原因。不过事实显然并不那样简单对立。

现在，霍纳将军要求"黑洞"小组：吸取"逼将"小组"迅雷"计划的精华，尤其是沃尔登关于战争应该围绕"重心"来进行，"重心"就是摧毁敌国政权和统帅机关领导和控制他们国家和军队的能力，来使敌手指挥失效、政权失控、从而被迫向美国屈服的思想。同时，加入中央战区空军司令部原来在"内部观察 90"指挥所演习和"作战计划 1002—90"草案中的精华，来制定一个更完善、更全面的空中作战计划。其实在中央战区空军司令部原来的计划中，攻击伊拉克通信设施和指挥中心就已经是第一重点，但是那个设想还考虑了战略空袭未能达到目的时的后续步骤。霍纳将军的这些观点，与施瓦茨科普

夫将军是一致的，也可以毫无疑问地说：同样代表了施瓦茨科普夫将军的意见。格洛森准将据此做出了更多努力，并要求部署在海湾地区的每个空军、海军航空兵联队、海军陆战队航空兵、陆军航空兵旅都应派来2名熟练掌握本部队武器装备使用的空勤人员，以保证制定出的计划符合武器装备的特点，不要流于纸上谈兵。并向霍纳将军请求中央总部空军司令部的计算机专家来操纵空中力量计算机辅助兵力管理系统。随着到达海湾地区的空中部队的增加，"黑洞"小组的成员也不断增加，每一个空中部队都在计划小组有自己的代表。在计划完善过程中，格洛森准将还征求了参战的各联队长的意见，使计划更加完善。这一切都使新的计划更接近于实战要求，而较少带有原来"迅雷"计划的理论派味道。

1990年8月25日，中央战区总司令施瓦茨科普夫上将向参谋长联席会议主席鲍威尔上将提交了一个分4阶段将伊拉克军队赶出科威特的计划，代号为"沙漠风暴"。第一阶段称为战略性空中战役，其内容即为战略空袭，保留了"迅雷"计划的大部分精华，并完善了它。另外在本阶段全新增加了一个重要目标：执行纵深遮断，切断伊拉克南部和科威特战区与巴格达的联系，防止伊拉克军队在这两个地区之间自由调动。第二阶段称为夺取科威特战区完全制空权战役，在这个阶段应彻底消灭伊拉克空军的战斗能力，保障多国部队在战区上空自由行动的权利，为下一阶段做准备。第三个阶段称为战场准备，即对伊拉克南部和科威特战区的伊拉克地面部队进行空袭打击，摧毁伊军阵地工事，在地面战斗开始之前大幅度削弱伊拉克军队的战斗力。第四阶段为地面进攻，投入地面部队将伊拉克军队消灭或逐出科威特，空中力量提供近距离支援。鲍威尔上将对这个作战方案十分满意，认为这才是一个全面、均衡、可行的方案。

到9月2日，"黑洞"小组已经制定好了第一阶段空中行动计划的大部分，"黑洞"小组的计划将"逼将"小组原来计划的一个重心——伊拉克国家政府中枢和通信指挥中心，扩展为3个重心：伊拉克国家政府中枢和通信指挥中心；伊拉克核生化武器生产研制设施及储备仓库；伊拉克共和国卫队。其中把伊拉克最精锐地面部队——共和国卫队的打击列为重心之一，明显听取了施瓦茨科普夫等陆军将领的合理建议。9月3日，施瓦茨科普夫上将听取了"黑洞"小组计划报告，并参与了完善计划。9月13日，新计划被报告给参谋长联席会议主席鲍威尔上将和国防部长切尼。他们对这份新计划也比较满意。10月11日，更完善版本的计划被呈交美国总统老布什和国家安全委员会。高层军事领导们都对这个计划感到可行、有效，但认为计划的第二阶段和第三阶段尚不够完善，应加快完成。

为此，霍纳将军命令格洛森准将领导的"黑洞"小组集中力量完善最重要的第一阶段计划，而原中央战区总部和中央战区空军司令部的常编人员集中力量制定和完善第二、第三阶段的作战计划。施瓦茨科普夫上将为此专门点名调来李文沃斯堡的美国陆军高级军事研究学院的乔·普尔维斯上校，任命他为陆军特别计划小组的组长，参与第二、第三、第四阶段的空中行动计划制定，更好地实行地面部队与空中力量之间的联合指挥。"沙漠风暴"作战行动的计划进入了提速阶段。

到 1990 年 12 月，"沙漠风暴"的空中作战计划已经成熟。施瓦茨科普夫上将计划，第一阶段战略空袭用时 3~9 天；第二阶段夺取科威特战区完全制空权用时 2 天左右；第三阶段战场准备，即对伊拉克南部和科威特战区的伊拉克地面部队进行空袭打击，用时 5~8 天；然后进入第四阶段——地面进攻。必须指出的是，作战四个阶段的任务并不是互相分割的，即在第一阶段中也会有消灭伊拉克空军的行动和打击伊拉克共和国卫队的行动，而在第二、第三、第四阶段中也同样会有战略空袭的行动。"黑洞"小组的负责人格洛森空军准将自信地宣称，只用 5 天，多国部队空中力量就可以将伊拉克共和国卫队力量削弱 50%；只需要用 12 天空袭，伊拉克占据科威特境内的陆军部队也可以被削弱 50%。还有一部分参与制定空袭计划的年轻军官更是自信满满地坚信：这场战争将在一个月内结束，用不了一个月，被炸得焦头烂额的萨达姆就只有让他的陆军部队逃离科威特，或许还会更快。伊拉克最大的可能是一败涂地，萨达姆·侯赛因政权将受到难以挽回的失败，其统治力将难以恢复。很有可能在战败的废墟上失去大部分伊拉克军队的效忠，伊拉克全国陷入内乱，萨达姆被部下推翻……虽然整个战争的结果最后实现得相当完美，但是在战争进度这一点上，施瓦茨科普夫上将最初的考虑还是过于乐观了。而格洛森准将和"黑洞"小组一些年轻军官的观点，更是乐观得有点脱离实际了。"沙漠风暴"计划按顺序列出了 12 类空袭目标，分别是：

（1）战略防空体系；

（2）核生化武器设施；

（3）伊拉克国家和军队领导机构；

（4）指挥和控制通信设施；

（5）伊拉克国家电力设施；

（6）石油生产及储运设施；

（7）铁路和桥梁；

（8）飞机场；

（9）海军港口设施；

（10）军工生产及支援设施；

（11）伊拉克地面部队及共和国卫队；

（12）后列入单独一类目标的"飞毛腿"导弹。

空中行动作战计划编制了详细的每日空中指令，它包含每个编队的时间、目标、航路、高度、呼号、无线电频率、每个攻击编队和护航编队，以及提供SEAD作战的野鼬鼠编队、电子作战飞机编队、空中加油编队各自的行动、不同武器装备的配合关系、确认攻击效果的方式、建立电子措施保护的"安全走廊"的窗口和时间、各编队使用"安全走廊"的时间、各步行动的协同配合、和盟国战机之间的协同配合、规定互相通用的敌我识别编码、在陆军和海军陆战队派驻空军的空地联络官、空地联络方式等。

从这12类目标的分类来看，集中体现了美国空军对于战略空袭的最新思想认识。战略防空体系之所以被大幅度提前至第一类目标，是基于这场空中战役的总指挥霍纳将军的认识：如果不把敌方战略防空体系摧毁，那么任何空袭行动都是充满高风险和低效率的。虽然敌方战略防空体系不是战略空袭的任何一个重心，但却是实现任何一个重心所必须的前提。这一点，正是基于霍纳自身对于越南战争战略空袭的经验总结。

核生化设施被列为第二类目标，是因为这些武器具有典型的大规模杀伤效力。一旦使用，可以造成地区性的伤害，给美国造成严重的损害。首先上来就摧毁敌手的战略反击能力，防止敌方同样摧毁自己，被施瓦茨科普夫和霍纳认为是战略空袭的首要任务。尤其是此时美国军队在伊拉克邻国沙特阿拉伯有几十万驻军，如果伊拉克孤注一掷对沙特阿拉伯投放化学武器，同样会可能给美军造成严重伤亡，并危及整个战争的走向。

伊拉克国家和军队领导机构被列为第三类目标，指挥和控制通信设施被列为第四类目标，这体现了"战争重心就是摧毁敌国政权和统帅机关领导和控制他们国家和军队的能力，来使敌方指挥失效、政权失控，从而被迫服从美国的意愿"的思想。实际上，这反映出在施瓦茨科普夫和霍纳、阿瑟这样的美国优秀军事指挥官心中，也已经放弃了"以第二次世界大战时期的战术思想去追求大兵团消耗性作战来消灭敌人的大量军队有生力量和武器装备"这一思想，而把"摧毁敌国政权和统帅机关领导和控制他们国家和军队的能力，迫使敌手指挥失效、从而被迫服从美国的意愿"这一取巧的方式作为战争的首要原则。

伊拉克电力设施被列为第五类目标，石油生产和储运被列为第六类目标，体现了美国战略空袭一贯的通过对敌国国民经济战略行业实施破坏，来以釜底抽薪的方式彻底削弱敌国进行战争的实力这一战略思想，但加上了沃尔登的改进。

伊拉克铁路和桥梁被列为第七类目标，是战场遮断的需要，阻止伊拉克继续通过铁路和公路调整部署，以及为前线部队运输给养。这类目标远列在直接打击敌方地面部队目标之前。通过切断敌方与后方交通联系、迫使敌方陷入缺衣少食、给养匮乏、不战自乱的境地，比直接打击敌方地面部队更有效。

伊拉克机场被列为第八类目标，港口设施被列为第九类目标，军工生产及支援设施被列为第十类目标，这很容易理解。其实，正因为伊拉克空军和海军对多国部队空军和海军来说不构成多大威胁，所以这两类目标才会被排在这么靠后的位置。如果敌手的空军和海军实力强，相信其在目标排序中的位置一定会大幅提前。

在伊拉克的各种武器中，"飞毛腿"导弹被单独提出来列为一类目标，反映了美军认为它确实能给美军带来严重麻烦。这是对"飞毛腿"导弹作用的另一种肯定。其实战前美国情报手段就已经基本清楚：伊拉克的"飞毛腿"导弹固定发射阵地就那么十来个，伊拉克的"飞毛腿"导弹机动式发射车就只有大约 36 辆左右。而最后在战争中给多国部队带来了最大困扰和麻烦的伊拉克武器，还依然就是"飞毛腿"。

伊拉克地面部队和共和国卫队被列为排在靠后的第 11 类目标（注："飞毛腿"导弹是开战后紧急单列为一类目标的），反映了美军战术思想至此已经发生了重大变化，空中力量已经不再主要被仅仅看做地面部队的空中支援者和飞行炮兵，而在战争中作为一支独立的军事力量发挥更大的作用，从战略层面影响战争的发展。陆军出身的中央战区总司令施瓦茨科普夫上将同样参与了计划制定，虽然他也曾对此与霍纳中将发生过意见分歧，并曾经怒吼：如果霍纳不增加对伊拉克地面部队的打击，就将霍纳解职！但经过霍纳的解释和让步，最终同意将伊拉克地面部队和共和国卫队被列为排在最后的第 11 类目标。实际上也反映了施瓦茨科普夫上将"空军在这场战争中应该作为独立的军事力量发挥更大的作用"这一思想。这几乎让整个美国空军喜出望外，在事先他们很难想到这样一位陆军出身的指挥官会大力支持这样一个突出空军独立作战行动作用的计划。霍纳也对施瓦茨科普夫将军的开明、深明新战略思想而大为感激，他向施瓦茨科普夫上将保证，虽然伊拉克地面部队和共和国卫队在目标分类中排名靠后，但美国空军在执行战区总部要求打击伊拉克地面部队、尤其

是精锐的共和国卫队时绝不会有任何松懈和怠慢。美国空军对伊拉克地面部队及共和国卫队的打击，一定会做到高强度、高压力，分配的任务架次不会受到分类排序的影响。并保证在地面作战阶段，空中战机一定做到随叫随到，甚至做到在地面部队前方上空保持不间断巡航，以提供最猛烈、最及时的空中支援。空中打击伊拉克地面部队的目标是：在地面进攻开始前，空中力量的攻击将把伊拉克地面部队的作战能力必须至少削弱50%。

在这种情况下，"沙漠风暴"空中行动的计划也受到了陆军出身的中央战区总司令诺曼·施瓦茨科普夫上将的大力支持，但施瓦茨科普夫毫不犹豫地否决了美国空军内一部分人想用B－52战略轰炸机对科威特和伊拉克南部战区以外的伊拉克纵深境内进行大规模水平投弹的念头。施瓦茨科普夫认为，战略轰炸机的效能被美国军队内一部分人无限制地加以崇拜。在越南战争里，B－52对越南进行的不加区分军民、滥杀无辜式的卷地毯轰炸，造成的政治影响恶果很大，而真正带来的军事上的收益却有限。许多人私下甚至认为，B－52毫无精确性的卷地毯轰炸，是给媒体造成美军在越南滥杀无辜印象的重要标志因素之一。但美国军队内还有一部分人认为，B－52的卷地毯式狂轰滥炸对敌方士气具有极度的压制和恐吓作用，可以恐吓伊拉克老百姓迅速收回他们对萨达姆的支持。但施瓦茨科普夫和霍纳私下都认为，B－52这样大型轰炸机使用无制导炸弹的水平投弹，毫无精确打击可言、只能狂轰乱炸一气，真实攻击效果并不理想，在现代战争里已经严重过时。中央战区空军司令霍纳中将对B－52的水平投弹毛病看得更清楚，但他作为美国空军的人，不便于不停地打消自己空军内部战略空军司令部的人关于想让属于战略司令部的B－52发挥更多作用的念头。何况其中一些人比他军衔和职务都高。

不过把这些问题的决定权交给中央战区总司令施瓦茨科普夫上将来掌管，实在是很好的选择。陆军出身的施瓦茨科普夫上将面对B－52水平投弹的支持者，可没有那么多不方便。他毫不犹豫地否决了使用B－52战略轰炸机对科威特和伊拉克南部战区以外的伊拉克纵深境内进行大面积水平投弹的想法，只批准B－52使用精确制导的空射战斧式巡航导弹对伊拉克纵深战略目标进行攻击，并可以使用无制导炸弹对科威特和伊拉克南部战区共和国卫队和伊拉克地面部队目标进行攻击。因为卫星图片显示，一部分伊军地面目标位于荒无人烟的沙漠地带，即使水平投弹的精度不理想，也不至于给伊拉克平民和科威特平民造成严重的伤亡。其实在海湾战争中，施瓦茨科普夫陆军上将和霍纳空军中将客观上在进行一场默契的"变换分唱红白脸"配合。当面对美国空军总部支持的、可施瓦茨科普夫将军认为不够好的"迅雷"计划时，施瓦茨科普夫就把事情交给霍纳来出面，由同样出身空军的霍纳去与空军总部沟通，避免形成"美国陆军反对美国空军作战计划的对峙"。而当美国空军里一部分职务高于霍纳的人主张在空中计划里大量使用 B－52 时，霍纳又把决定权交给施瓦茨科普夫，由施瓦茨科普夫来否决这些观点，避免形成"美国空军内部霍纳对上级的对抗"。这两位出身于不同军种的指挥官的默契配合（后来又加上了斯坦利－阿瑟海军中将给予海军方面的配合支持），使美军在海湾战争中顺利地解决了许多问题。

随后，施瓦茨科普夫上将把"沙漠风暴"计划提交中央战区各军种部队的领导层讨论。不过施瓦茨科普夫将军万万没有想到的是，这一下子首先掀起了美军内部一场"指挥部沙漠风暴"！！

# 第五节　指挥所里的"沙漠风暴"

"沙漠风暴"空中行动计划一发到与会的战区各部队司令官手中，就引起了一阵相当大的骚动。一部分陆军指挥官看到计划后，简直无法相信自己眼前的文字——打击伊拉克地面部队和共和国卫队竟然被排在如此靠后，他们忍不住纷纷怒火中烧，发出了质疑：

"打击伊拉克地面部队和共和国卫队居然排在最后?！你们把空军支援陆军地面作战的传统使命置于何处?!?!"

"美国地面部队前面的伊拉克地面部队和共和国卫队威胁，在你们的眼中似乎无关紧要！如果美国地面部队因为美国空中力量不重视打击伊拉克地面部队而付出更多生命和鲜血代价，你们会为那些年轻士兵的生命感到自责吗?!"

"把打击战略防空体系作为第一类目标重点打击……问题是你们空军需要多长时间来干这个？可是这类任务对我们陆军的目标有什么帮助??"

"如果依靠空军打击伊拉克国家领导机构和指挥控制通信中心就能达到战争目标，你们觉得让我们陆军和海军陆战队不远万里来到这里是干什么??"

"计划里处处着重使用空军的固定翼战机和海军的战斧式巡航导弹，我们陆军强大的阿帕奇武装直升机干什么？难道被无视了?"

"这个计划完全是空军按照自己的要求制定的，在这里面我只能看到空军的需要，看不到对陆军和地面部队有什么有力的支持！"

"整整第一阶段都在用于战略空袭，而陆军急需的对伊拉克地面部队和共和国卫队攻击却放在如此靠后。这个计划的目的明显是幻想用空军制胜，满篇

都是空中力量要发挥最大作用的梦想!"

"这样的一份计划,竟然也能作为战区的作战计划摆到战区的桌面上来。显然还是摆在空军参谋部的桌面上更合适!"

来自美国海军和海军陆战队的一部分将领也尖锐地发表了自己的意见:

"既然说是联合作战,为什么我看到就只是美国空军起主导地位?我们海军为这场战争集结了多达6个航母战斗群编队,除了航母上的航空兵,各军舰和潜艇上的多达数百枚战斧式巡航导弹也能起到的巨大作用。为什么在计划里处处是美国空军起主导地位?美国海军呢,处于附属地位吗?"

"我们陆战队在各个战场上都血战于各个滩头,立下无数汗马功劳。如果空军不打算给我们必要的支援,那我们只有靠自己了。"(美国海军陆战队有自己的航空兵)

即使是被公认在"沙漠风暴"作战计划最受益的美国空军,内部也不是没有不同意见。来自战略司令部的一部分人抱怨 B - 52 被限制了手脚,它的作用无法完全发挥出来。他们一再强调 B - 52 本来可以的无与伦比的巨大作用,指责计划忽视了战略轰炸机的战略威慑作用。这部分意见不便于针对已经对空军十分支持的施瓦茨科普夫上将,便迅速向霍纳中将身上集中过来。

会场上顿时吵作一团,夹枪带棒的激烈程度如同在指挥部刮起了一场沙漠风暴。施瓦茨科普夫上将事先也没有想到一部分将领对"沙漠风暴"计划反应如此强烈,但他很清楚:这个计划是符合现实情况的最佳策略。施瓦茨科普夫上将奉劝所有同仁保持冷静,客观看待战场的情况。他提醒诸位,伊拉克地面部队正是伊拉克武力量最强的一点,他们在人数、装备数量、坦克和火炮数量上都具有明显的优势,而且众多的伊拉克人口都是伊拉克潜在的预备队。很难断定多国部队在地面力量上比伊拉克占有压倒优势,相反,伊拉克地面部队毫无疑问是伊拉克全部武装力量中与多国部队差距最小的。如果过早进入地面作战,双方很可能陷入拉锯战和消耗战,战争将很可能持续半年都不决。打一场地面消耗战正是萨达姆希望的。如果在地面的血战中损失几万伊拉克军人,伊拉克会泰然接受,不会引起任何震动。萨达姆才不会在意几万士兵的生命来换取他对抗美国取得地区霸主地位。然而如果在地面的血战中死亡一万美国军人,那么美国国内将变成一片反战的海洋,像越战一样炙热的民众反战浪潮将毫不留情地烫掉这里每一名美国将军的屁股!吞噬掉美国军队的士气!连坚定支持军队的老布什总统到那时也自身难保。他列举了美国军中此时广泛流传的一个笑话:"美国民众和国会能支持我们到多久?——到第3000个美国士兵的运尸袋返回国内为止。"而且施瓦茨科普夫表示,地面作战还需要动用更多的部队，在 1991 年 1 月以前没有可能进行。施瓦茨科普夫上将指出，在海湾战场，使用多国部队占绝对优势的空中力量来削弱伊拉克军力，是最好的选择。有利于造成让伊拉克人无法还手的"不对称优势"，可以让美国军人的牺牲控制在最小，这是最明智的做法。最后，他加重了语气提醒道：

"我想在座的诸位大部分都去过越南，难道你们希望越南的一幕重演吗？"

这一番话使在座的各军种军官都冷静下来。大家实际上不得不接受了施瓦茨科普夫这种观点。

# 第六节　军种纷争

好不容易消除了前一个争议，然而下一个话题马上就引发了更激烈的龃龉。实际上，早在这次会议之前很久，施瓦茨科普夫将军就已经很清楚军内一些隐藏在水面之下的军种利益矛盾和争端。施瓦茨科普夫上将是一位亲身参加过越南战争的基层出身的军人，他清晰地记得越战时期美国空中力量有时给地面部队带来的困惑。虽然越南的地面部队远称不上强大，也没有多少现代化的装备，然而他们时常能够利用地形和环境给美国地面部队带来麻烦。而地形的崎岖复杂和道路的糟糕透顶又经常限制了美国陆军火炮的使用，呼叫空中支援就成了美国大兵们救命的招数。然而前线地面部队呼叫空中支援却经常遇到一些意想不到的情况。在有些地区，呼叫空中支援会引来空军和海军或海军陆战队的战机重复到场，而在另一些地区，呼叫空中支援却会时时等不到空中力量及时到来。士兵们只有冒险一边咒骂，一边趴在烂泥中用手中的武器先竭力挽救自己的生命。到中央战区总司令部工作后，施瓦茨科普夫曾经查阅这方面的书籍寻找原因，并向来自空军的霍纳中将询问这里面的原因。霍纳将军告诉了施瓦茨科普夫他认为的原因：

在越南战争期间，美国军方没有统一空中力量的指挥、使用，因而各军种航空兵力量都是自行其是，自己决定攻击目标，自己组织空中行动。这必然会造成一定的混乱，当时的美国军方高层为了解决这一混乱，又将越南北部地区划分成 7 个近似长方形的地理区域，称为"航路分区"。各个航路分区被各自分配给美国空军和美国海军航空兵，各自进行独立的计划指挥，各自进行独立的空中行动。然而，在这些航路分区之外，美国战略空军司令部又保留了 B－52 重型轰炸机独立的控制权，可以在整个越南战场上自行其是。不但如此，对于经常发生地面战斗的越南南部和靠近老挝、柬埔寨等地的地区，美国

空军和美国海军航空兵以及美国海军陆战队航空兵又在各自争夺在南越地区的空中作战指挥权和行动权，导致行动只能各家单干，各行其是。与此同时，美国陆军的航空兵在整个南越地区也拥有全程自主使用的权利。这使得空中作战出现了极为复杂的指挥情况，协同变得几乎不可能。有时候同一个地面作战地点的呼叫支援会引来几家的战机支援，重复狂轰滥炸。有的时候却因敌人重新出现而需要新的空中支援，而几家的战机都刚刚结束了上一轮重复轰炸，正丢完炸弹在各自返航重新装弹的路上。有的时候因为呼叫空中支援的地点很多，几家都派出大批战机向先呼叫的地点重复飞去，而导致后呼叫的地点没有战机能马上到达。这种糟糕至极的情况，抛开扯皮和浮在面上的种种理由，根本原因正是由于空中力量指挥不统一。霍纳还告诉施瓦茨科普夫，其实很多美国战机被击落本都是可以避免的。例如两个相邻的航路分区分属于美国空军和美国海军航空兵，某月某日上午两者攻击的目标其实相邻很近。美国空军派出给自己攻击机群保驾的野鼬鼠编队和电子战编队本来完全可以捎带着给美国海军航空兵的攻击机群保驾。然而由于两者指挥不统一，互相不通气，都不想借助其他军种力量，所以美国空军的野鼬鼠编队和电子战编队在空军攻击机群完成攻击后离去，而美国海军航空兵还要派自己的电子战编队为自己的攻击机群提供掩护。两者只相差十几分钟，却依然各自行事，纷纷各自派机群进入危险的"萨姆地带"（意为防空火力很强的地区）。而美国海军航空兵掌握野鼬鼠战术要比美国空军晚很多，美国海军航空兵的电子战飞机也远不如美国空军强大，这使得一部分海军飞机付出了本可完全避免的损失。此种事例数不胜数。

美国军队领导层为了解决这种混乱情况，曾经试图在地面战斗频繁的南越地区也推行航路分区体制，分区进行近距空中支援。但因南越地域狭窄、难以划分地理上界限清晰的航路分区，美国空军、美国海军航空兵、美国陆军航空兵、美国海军陆战队航空兵为了突出本军种的地位都互不相让，争吵不休，使得这个问题的解决更杳无希望。就连美国空军内部，战略司令部和战术司令部也在为了扩大自己利益范围争吵不休，互相暗中较劲。还有的时候，美国空军执行完任务返航的战机因受到防空火力打击而掉队、失去了原有的编队队形，然而此时附近就有正在攻击的美国海军航空兵的战斗机编队。如果掉队的美国空军战机能就近跟随美国海军战机编队返航，沿途就能得到海军战斗机和电子战飞机的掩护，到远海上空后再经过海军空中加油机加油，即可从海洋上空方向绕道安全回到空军基地（因为海上没有越南方面的防空力量，越南空军的米格机也很少追击到远海上空）。然而实际上囿于指挥体制，这些美国空军的战机却只能自己按计划返回，而不是得到美国海军航空兵编队的掩护。这就增大了这些掉队战机被击落的风险。

实际上由统一的指挥官来全权负责整个空中作战的观念，至少从第二次世界大战时期就初步树立起来。1943 年 7 月 21 日美国陆军部颁发的《100－20号野战条令》里就明确规定：

"若要完全发挥实施决定性空中打击的灵活性和作战能力，现有的空中力量必须实行集中控制，空中力量的指挥必须由空中力量指挥官来掌握。"

不过，在越南战争中显然违背了这一基本的军事原则。

作为一名从前线基层一步步干起来的高级将领，施瓦茨科普夫上将对这种由于官僚体系争夺地位而造成的扯皮争斗问题深感其害和深恶痛绝。他深知，这种扯皮争斗现象的根源就是出身各军种的领导者为了突出本军种利益和个人地位、个人权力欲的满足而在作祟。一些军队更高领导者缺乏足够的专业知识而把空中行动作为随便分割的蛋糕胡乱切分，表面上看平衡了各军种的利益，大家各自吃自己的蛋糕，都有蛋糕吃，实际上使整个美国军队的利益都为了狭隘的军种利益而被牺牲。这种军种暗斗，完全无视了基层前线那些冒着生命危险的士兵和战争胜败的命运，而使美国军队的作战效能受到很大影响。

按照"沙漠风暴"空中作战计划，海湾战争的空中行动高峰每天在战区的有限空域里会有 2000～3000 架次战机飞行，如果不进行统一、有效的空中指挥和统筹协调，空中行动局面将出现更加巨大的混乱，甚至可能出现严重的飞行安全隐患，以及伊拉克空军趁势利用混乱来偷袭的危险。施瓦茨科普夫决定一定要吸取越南战争的教训，把海湾战争里的空军、海军、陆军、海军陆战队的战机全部统一指挥。他指定由中央战区空军司令查尔斯·霍纳中将统一负责海湾地区的一切空中力量，任命他为多国部队联合空中力量指挥官。多国部队空中力量的所有分队，不分军种、不分原隶属关系，一律受空中力量联合指挥部指挥，由联合指挥部指定攻击目标、确定飞行线路、制定作战计划、安排无线电呼号。

这一命令如同一颗重磅炸弹扔进了马蜂窝，顿时掀起了一场轩然大波。原来隐藏在一团和气外表下的军种矛盾立刻爆发出来！美国海军和海军陆战队首先表示，他们赞同成立一个单独的权威机构来对空中行动进行协调，对每天有限的空域里 2000～3000 架次本方战机行动进行有效的规划和航线布置，但是，这个统筹协调者凭什么就得是中央战区空军司令霍纳？

美国海军航空母舰不远万里从各个地方紧急集结到海湾附近，不是为了归属一名空军将军指挥调动。远在后方的美国海军总部也绝不会同意海军航母编队上的航空兵服从空军的指挥调动。而且美国航母上的航空兵首先是要保证航

空母舰编队的安全，保证对海洋的控制，保证自己海军官兵的安全，有什么理由要把海军航空兵的行动交由一个空军司令批准？从美国海军航空兵建立以来，在历次战争里都没有配属于美国空军作战过。连最激烈、规模最大的第二次世界大战，也是美国空军的前身在欧洲战场、美国海军航空兵在太平洋战场各自独立一个方向独立作战。美国海军的航空兵同样在太平洋战场上浴血奋战，创造了辉煌的战绩，海军的航空兵战绩丝毫不比空军差！今天有什么理由要打破常规，把海军的航空兵力量置于空军统一指挥下？！我们带来了海湾地区各军种中最多的战斧式巡航导弹，承担了又多又危险的战略空袭任务，照你们那空中行动统一指挥的调子，为什么不是我们海军担任空中力量联合指挥的指挥官？而且你们美国空军有什么了不起，今天居然神气活现的想把美国海军航空兵置于麾下，别忘了：你们的老底儿也不过就是美国陆军航空队，那时候和我们美国海军航空兵是一样平等的！你们换脸改名叫美国空军才不过几十年，就敢这样对待我们海军！今天你们气粗了，腰圆了，居然要领导我们海军的航空兵？——我们海军带来了强大的空中力量，海军完全有能力领导自己的航空兵力量！

美国海军陆战队也表示，自从海军陆战队航空兵独立成军以来，就从没有在美国空军管辖下作战过。海军陆战队航空兵是为了支援处于最危险作战环境登陆滩头的海军陆战队而诞生的，它有着自己本军种的高度特殊性。而将海军陆战队航空兵的行动置于一个名为联合机构实为空军机构的领导下，将可能会严重影响海军陆战队在最危急关头获得自己航空兵的支援，将使海军陆战队官兵付出更多鲜血和生命的代价！

美国陆军表面上看没有美国海军航空兵和美国海军陆战队航空兵那么多意见，他们只是明确地表示：

我们陆军所用都是低空飞行的直升机，飞行高度通常不超过 1000 米，所以我们根本就不占用你们空军航空兵、海军航空兵、海军陆战队航空兵的固定翼飞机飞行空域。所以我们根本用不着参加你们的什么统一指挥协调，你们几个去统一指挥协调好了，我们陆军的直升机将在我们自己的指挥下进行。

当霍纳告知多国部队的固定翼战机照样可能使用 1000 米以下高度的空域后，美国陆军部队的将领们依然坚持：如果你们使用低空，那我们使用超低空。如果你们也使用超低空，那我们使用的是树梢高度。至于攻击目标，我们陆军的航空兵将根据陆军地面部队的呼唤随时而到，用不着先请一个空军机构来批准和分配。

霍纳将军陷入了焦头烂额的境地。在美国各军种部队开始到达海湾地区后几个月后,他竟然还是没有一个联合参谋机构为其工作。最可依赖的,依然只有那些原来就在中央战区空军司令部和原本就隶属于中央战区空军的第九航空队司令部的人员,还有从美国空军其他单位新调来的人员。不过,"沙漠风暴"计划的制定仍然在照常进行,霍纳命令计划制定小组不要管其他非议,坚定地把各军种航空兵力量的行动做入计划,规定他们的目标、时间、线路、呼叫代号、占用频段、敌我识别编码、相互配合关系。而这种情况加剧了其他军种对他的猜疑,一些来自其他军种的谣言甚至说:"霍纳野心勃勃,任人唯亲,连同样来自空军内部的沃尔登上校都不能被他容纳。霍纳指名一定要自己的亲信格洛森准将负责制定空中攻击计划,而将做了大量工作的沃尔登挤走"。

其实霍纳根本谈不上要用"自己的亲信"格洛森取代沃尔登,因为格洛森准将虽然是空军出身,但在1990年7月以前已经在美国国防部担任主管法律事务的助理。由于他在基层部队工作过多年,并且和施瓦茨科普夫一起工作过,施瓦茨科普夫将军深知格洛森的才华,因此把他调来中央战区工作。霍纳中将随后也了解到格洛森的干练,也十分器重他,格洛森因此被任命负责"黑洞"小组。虽然成立"黑洞"小组的时候,其他军种的人员也积极的加入了进来,但等到空中力量联合指挥权实际上归属霍纳和他的空军机构以后,各军种就不再像组建"黑洞"小组时那样积极地致力组建联合参谋机构。

这反映出一个严酷的现实:联合指挥的大道理,是人人都欢迎的。然而一旦到了联合指挥的人员任命上,分歧就立刻产生了。当联合指挥的指挥官不是自己军种以后,当联合指挥不是自己军种说了算时,大道理立刻就让位于各自的军种利益了。美军是世界上联合指挥程度最高的军队之一,也一直很倚重空中力量,但在联合指挥的初期依然面临这样严重的问题。世界其他一些原来以陆军为主体的军事大国在向联合作战进步中,就更难避免遇上这样那样问题了,更应该注意吸取外军在这方面的经验和教训。

到了1990年10~11月,海湾地区的美国空军、美国海军和美国海军陆战队指挥层之间的矛盾已经激化到了半公开的地步。中央战区海军司令斯坦利·阿瑟中将在背后海军一部分人撺掇之下,当面向中央战区空军司令霍纳将军表示,他希望由战区总司令施瓦茨科普夫上将来仲裁海军和空军之间的意见分歧。海军陆战队的一些将军也跃跃欲试地想看这场争端的解决方案,来决定自己下一步的做法。

霍纳表示同意这个建议。这样,诺曼·施瓦茨科普夫上将成为了海军和空军的协调者,在仔细听取了双方的意见分歧之后,施瓦茨科普夫认为:霍纳中将的做法是较为妥当和严谨的。他多次找斯坦利·阿瑟海军中将沟通，说明空中力量统一指挥的合理性和必要性，以及霍纳做法的合理之处，终于使得阿瑟海军中将改变了初衷。其实斯坦利·阿瑟海军中将是一个正直的人，他像施瓦茨科普夫和霍纳一样更关注战争的胜利。阿瑟中将在军舰上工作了多年，他热爱海军，对海军有感情，有很高的荣誉感和尊严感，愿意尽一切努力为海军争取荣誉。因此，将海军的航空兵置于一个空军司令统率之下，最初让他感觉严重伤害了海军的荣誉。但是在施瓦茨科普夫的说服之下，更重要的是在战争胜利的需要面前，阿瑟中将最终选择了服从战区总部的安排。施瓦茨科普夫一直感到阿瑟有隐衷，有他的压力，但是阿瑟从没有对他明确提起，所以这个话题他到战争结束前一直再未提到。霍纳也被阿瑟的让步而感动，做出了一个合理的重大让步：美国海军出于舰艇编队空中防御的需要，而在海洋上空进行的空对空和空对舰行动仍由美国海军控制，无须经过联合空中力量指挥部批准。此权限可扩大到美国海军动用航空兵在海洋上对伊拉克海军进行打击的行动。只有进入陆地上空、执行对伊拉克和科威特地面和空中目标的打击行动，需要由空中力量联合指挥部指挥。美国海军航空兵的联合指挥至此不再是一个问题。

实际上，施瓦茨科普夫很喜欢和斯坦利·阿瑟海军中将共事，因为阿瑟是一个很有进取心和胆识的将领。不像之前美国海军的某些高级将领，对于航空母舰编队进入海湾都顾虑重重，总是担心海湾入口——霍尔木兹海峡狭窄，水深太浅，水域太小，容易被敌军偷袭，不利于航母作战。其实他们还有一个难以公开的顾虑：美国海军在两伊战争期间曾经进入海湾，向伊朗海空军作战，击沉了一些伊朗海军舰艇，以此与伊朗海军结下了很深的仇怨。为此伊朗后来购买了安静性很好、在浅海大陆架环境难以被探测的俄罗斯的基洛级柴油—电力潜艇，实际有直接针对美国航空母舰战斗群再进入海湾的意思，而且伊朗也的确是一个非常反美的国家。美国海军一部分高级将领十分顾虑，如果航空母舰战斗群穿过狭窄的霍尔木兹海峡进入海湾，伊朗在霍尔木兹海峡附近一旦使用潜艇和战机向美国海军发起进攻，美国航空母舰战斗群将只有很短的预警和防御时间，这是非常危险的时刻。因此任凭施瓦茨科普夫等人在中央战区总部急得火烧眉毛、急切期盼海军的航母开入海湾帮助当时人数单薄的陆军和空军把守一下沙特阿拉伯，海军某些人也依然犹豫不决。但阿瑟中将是力主航空母舰编队进入海湾的，他认为伊朗不大可能帮助自己8年两伊战争的仇敌伊拉克，也不大可能在美军没有攻击他的情况下成为整个联合国安理会的敌人。他认为通过霍尔木兹海峡的风险可以通过事先做好周密战备、并且不挑衅伊朗来解决。阿瑟中将亲自带来了3个航空母舰战斗群，并且从一进入战区就开始积极执行战区总部分配的任务，求战心理很强。

见到美国海军转变了态度，规模小一些的美国海军陆战队也不再制造问题。施瓦茨科普夫和霍纳也同意海军陆战队航空兵保留一定的飞机架次用于随时支援海军陆战队的呼唤。美国海军陆战队航空兵的战机在"沙漠风暴"第一、第二阶段将按照空中力量联合指挥部的指挥来行动，但保留一部分战机的自主使用权。从第三阶段起，由海军陆战队航空兵自主控制的战机架次将得到大幅上升，海军陆战队战机将主要用于执行海军陆战队指示的任务。第四阶段里海军陆战队航空兵的战机行动将完全按照海军陆战队的需要来行动。美国海军陆战队航空兵的问题至此也已解决。

## 第七节　陆、空矛盾

至于美国陆军的问题，可远远不是单纯的陆军航空兵归谁指挥问题。这其实是这次军种争夺指挥权一幕中最复杂的一环。美国陆军远远不止希望自己的陆军航空兵随时听从自己的吩咐，参战的美国陆军指挥官们的真实想法其实是整支空中力量都要归属陆军指挥官们调遣和使用，把配合陆军作战作为空中力量的主要任务。长期以来，在西欧美苏两大阵营对峙一线的很多美国陆军指挥官，一直把"空军就应该是配属支援陆军的"这一信条当做天经地义的军事原则，把"陆军的需要，就是空军的目标"当做最经典的军事教条，把"陆军只能是战场上唯一的主战军种"当做不可动摇的信念。他们希望空中力量的指挥权实际置于陆军指挥官手上，由陆军指挥官根据陆军的需要指定打击目标，保证空军完成支援陆军的任务。在他们看来，最好的空袭计划，就是陆军提出自己需要打击哪些目标，然后由空军去完成这些目标。在西欧美苏对峙前线，美国陆军一直在提倡"应由陆军的集团军指挥官提出空中攻击目标和所需架次，空军按陆军的要求予以空中支援，从而达成高度快速、有效的空地一体化作战"理念。从西欧来海湾的那些陆军指挥官，大部分心中都热切地怀有这个期待。然而现实让他们感到自己的理念被忽视了。

客观地说，美国陆军在西欧地区有这种想法也很正常，因为毕竟苏联的空军和防空军比较强大，对苏联进行战略空袭很难收到这么高的效果。相对而言，对驻西欧的陆军进行最快捷高效的近距空中支援、抵消掉苏联强大的陆军装甲部队对北约地面部队的数量优势，可能是更现实、更紧迫的任务。但是施瓦茨科普夫将军认为，在海湾这里，情况就完全不是这样了。况且，在新的战

争形式里，情况也完全不是这样了，战争将发生新的改变。

然而看到空中行动的计划里竟然把主要的空中打击重心放在战略空袭上，而非放在陆军希望的对伊拉克前沿地面部队近距空袭上，一部分美国陆军将领就感觉十分不快。当看到施瓦茨科普夫命令所有空中力量都置于霍纳空军中将主导的联合指挥部之下，这种不快的情绪就更加流露出来。少数陆军军级指挥官甚至在私下嘲讽说："诺曼·施瓦茨科普夫，难道是个空军上将吗？怎么能制定出这种计划来？"还有陆军将领竟然说："诺曼纯粹就是被那个最擅长拍马的空军将军霍纳洗脑了，他现在简直就是空军的司令。我怎么就没长个霍纳那样能言善辩、能把上级吹捧得团团转的嘴？"

他们对施瓦茨科普夫和霍纳将军"让空中力量在海湾战场独立发挥重要的主导作用"观念十分不以为然，私下里认为这不过是"空军制胜论者又一次的膨胀和忽悠"，战争终究还要靠美国陆军来左右。在他们看来，空袭的目标就应该是美国陆军面前的伊拉克陆军，空军应该做的事就是去把美国陆军面前的伊拉克军队炸得人仰马翻，把那些该死的坚固前沿工事都炸个底朝天，让伊拉克军队无法抵挡美国陆军。对伊拉克部队狂轰滥炸之后，伊军死伤过半，好让美国陆军开路干活，大显神威。美国空军应该打击的纵深是多少？就是美国陆军前面的伊拉克阵地。最多再去执行一下300千米内的战场遮断，阻止伊拉克军队从后方增援前线，这就已经足够了。至于什么战略空袭吗？就是往巴格达扔几个炸弹，让萨达姆受一点惊吓，让他知道和美国对抗没有好日子过而已。难道能靠战略空袭来解决一场战争？一些人甚至认为，像霍纳和"黑洞"小组这样，竟然把打击重心放在对伊拉克内部纵深的战略目标进行全面战略空袭，跟解放科威特有多少关系？纯属是为了突出空军自己的地位而为！——美国空军终于可以扬眉吐气地说："我已经是一个真正的独立军种了，不再是你们陆军的航空队了。对不起，给你们打杂的事，以后我不干了"。这才是他们的真实意图！

其实对陆军的想法，施瓦茨科普夫上将非常了解。在华盛顿参加参谋长联席军事会议时，他也耳闻到自己的上级、陆军参谋长卡尔·沃尔诺上将就说过"萨达姆那个狗娘养的真的有种和我们美国军队较量吗?! 他真的有这个种吗？"对伊拉克的战斗力非常轻蔑，认为美国陆军大干一把的时候到了。不过施瓦茨科普夫不想多做任何争论，沃尔诺在调遣部队供中央战区使用方面还是很尽心尽力的，尤其在调集陆军新式武器先供海湾战争使用方面不遗余力。施瓦茨科普夫对他很感激，也知道沃尔诺上将希望陆军在越南战争摔跤后重振威风。但是眼前有些人，把空军和霍纳在这场战争的位置，与自己军种和个人的地位、权力受到挑战混同起来，把正常的军事观点之争与个人之间的人身攻击混同起来，对空军和霍纳的攻击不断升温，施瓦茨科普夫实在是很反感，他用了一句重话予以回击："如果你们实在不愿意看见空军发挥更大作用，那就干脆让美国空军回国好了。不要光想着不要霍纳中将，你们还可以不要美国空军的战机。"

相当一部分美国陆军将领把沙漠风暴第一阶段以战略空袭为主看做对"陆军需要的近距支援任务被无视"，认为这纯属是分配目标错误、不公。等到美国陆军需要向前进攻的时候，面对的依然是伊拉克陆军坚固的地面工事和层层防御，还要从头开始空袭伊军前沿阵地，空袭的第一阶段纯属是被浪费的时间。这整个计划的实质，就是空军要以自己的力量独立结束战争的表现，是和美国陆军抢夺战争主导地位的小动作。在这种情况下，除了施瓦茨科普夫以外，在海湾的美国陆军大部分将领和霍纳为首的空军将领之间的关系相当"微妙"，双方远谈不上"亲如一家兄弟"。但这部分人没有想到，"沙漠风暴"计划竟然在参谋长联席会议得到了参联会主席鲍威尔上将的认可，文职的国防部长切尼当然也不能提出什么问题，然后总统又批准了这个计划。这使得一批自认为掌握着真理的陆军将领们郁郁难平，只能用各种预言"空袭不会起到决定作用，战场主导终究会回到地面上来。到那时，美国空军吹的大牛皮就将在总统面前吹破"来显现着自己的先见之明。

等到看见不但"沙漠风暴"计划将付诸实施，而且所有空中力量竟然都将置于霍纳和中央战区空军司令部主导的联合指挥部之下，而非陆军各军指挥官原先希望的那样"由军指挥官负责主导空中攻击目标和所需架次"，美国陆军的一些指挥官已经十分不满了。陆军将领们一直强调陆军直升机的特殊性因而不用置于空中力量统一指挥之下，同时冷眼旁观美国海军和美国空军先为了空中行动的主导权而"打得火热"，并表示："美国陆军部队有着与美国海军陆战队同样的担忧，我们都要在一线上面对最炽烈的火力，空中力量能否有效支援，这是一个关系生死的问题"。实际上是暗示海军陆战队，陆军有着和他们一样的担忧，陆军和他们站在同一边。

美国海军和海军陆战队的问题解决后，美国陆军的问题就突兀起来。不过对陆军，施瓦茨科普夫没有像对待兄弟军种海军和海军陆战队那样费那么多力气耐着性子做工作。他自己就是陆军出身的高级将领，并从陆军的精锐师师长一路干出来，他很了解陆军的情况。他和中央战区陆军司令、原任第三集团军司令的约翰·约索克中将和从西欧调来的第七军军长弗雷德里克·弗兰克斯中将和美国本土调来的第十八空降军军长加里·莱克中将等人商讨了问题。第十

171

八空降军军长莱克表示他从不反对空军发挥更大作用，也认为第十八空降军的大量直升机很有必要在统一的空中行动指挥中妥善协调，并必须得到空军战斗机的协同掩护，他能接受空中力量联合指挥的观念。不过他的另一些陆军同事嘲讽：那是因为第十八空降军有大量空降机降手段必须仰仗空军的支援和掩护，否则寸步难行，所以空降军只能仰美国空军的鼻息。中央战区总司令施瓦茨科普夫对这种扯皮终于发火了，他很反感一些人把自己的地位和权力感看得比战争的需要还重要。诺曼·施瓦茨科普夫上将在美国军队内"风暴诺曼"、"凶恶的熊"的外号不是白来的，陆军参谋长沃尔诺上将一直管施瓦茨科普夫叫"冒烟的诺曼雪茄"——意思是脾气暴躁的施瓦茨科普夫看起来总是那么随时都可能火冒三丈、杀气腾腾。何况美国总统老布什在命令中赋予了施瓦茨科普夫上将高度的权力：

来到海湾战区的所有美国部队，不论其原来属于哪个战区、哪个总部辖属，也不论其属于哪个军种、何种部门，一旦来到海湾战区，即归属施瓦茨科普夫和中央战区总部主管。所有部队的原上级指挥机构就无权再实施指挥。施瓦茨科普夫不但对战区所有部队享有控制、部署、指挥权，还可以向美国国防部长提出要求从美国全军调动他需要的部队。来到海湾战区的所有美国军人，不论其原来属于哪个战区、哪个总部，也不论其属于哪个军种、原来在国防部和参谋长联席会议哪个部门工作，一旦来到海湾战区，即归属施瓦茨科普夫和他的中央战区总部管辖，原所属机构就无权再实施人事任免权。施瓦茨科普夫上将拥有对这些部队团以下级别军官的直接任免权，也可以向上报请参谋长联席会议改变一部分团以上级别军官的职务。由于中央战区大量部队都是根据战争的需要，临时从各个原属单位灵活调来的，所以可以集中全军之力方便地打一场大战。然而在管理和协作上就存在着很大的挑战。不过，诺曼·施瓦茨科普夫上将在这方面绝对称得上一个优秀的总司令，他的公正、律己、睿智和雷厉风行的铁腕，很快使这些部队良好地进入了共同作战的正规。

经过努力，陆军航空兵的一部分行动也被纳入统一的空中行动指挥和计划中。但霍纳空军中将也做出了必要的合理让步：同意美国陆军的直升机只需向空中力量联合指挥部提前提供行动的空域、线路、目标、任务，接受联合指挥部给予的空中呼号、无线电通信频段、敌我识别编码等，美国陆军直升机的行动，只有一部分在联合指挥部的计划中事先规定，大部分架次由美国陆军根据前线实际情况自行掌握。

这样，最后经过协商确定的空中统一指挥权问题，就是霍纳空军中将和他的空中力量联合指挥部对空军部队拥有"完全的作战控制权"，但对海军和海军陆战队的战机拥有"战术级控制权",对陆军的直升机只有"受局限的战术级控制权"。这几个军语的使用,实际上准确地界定了霍纳空军中将和他的空中力量联合指挥部对各军种战机的控制权限。总体而言,美国军队空中力量的统一指挥问题第一次如此好地得以解决,海湾战争里绝大多数空中行动都是经由空中力量联合指挥部制定计划、并指挥的。在长达 42 天的高强度空中行动里,许多时候每天多国部队起飞战机架次都超过了 2000 架次,但基本未发生本方指挥不统一而造成的秩序混乱、各行其是、互不帮忙、击落本方战机或相撞事故。空中指挥总体上是相当成功的。

# 第八节 争论的尾音

不过,一部分美国陆军指挥官还是对"沙漠风暴"计划对伊拉克地面部队的漠视提出了质疑。他们情绪激动地质疑,空袭计划对伊拉克地面部队的打击排在过于靠后,会让美国陆军部队在地面进攻发起时付出额外的伤亡!对这一点,霍纳中将做出了郑重的承诺:"沙漠风暴"的空中进攻计划中对目标的分类顺序,只表示打击的顺序排序,绝不等同于派出战机架次的数量排序。虽然在空中进攻计划中对目标的分类顺序只在第 11 类,但执行此类任务出动架次绝不会排在第 11 位,美国陆军面前的伊拉克地面部队,尤其是装甲部队和共和国卫队,一定会受到大量战机的猛烈打击。美国空军和整个空中力量在打击伊拉克地面部队这一点上绝不会吝啬战机和炸弹。施瓦茨科普夫上将进一步指出:"战争早期的目标选择显然是由空中力量联合指挥部完成的。但是随着进入战场准备阶段和地面进攻阶段,目标选择过程中,地面指挥官们的指示将变得越来越重要。地面部队指挥官及其下属军官必将拥有更多的选择目标机会,获得空中飞行架次来摧毁他们指定的敌方目标"。

大部分陆军指挥官基本接受了这个做法。但是,来自西欧的第七军军长弗兰克斯中将和第七军其他一些指挥官仍然坚持表示:他们对伊拉克炮兵很担忧。众所周知,伊拉克这样的苏联式军队一直把炮兵称为"战争之神",对火炮极为倚重,对火炮的最新发展极为重视。伊拉克不但拥有数量庞大的火炮群,而且有着丰富的作战经验,并且伊拉克进口的大量火炮从射程上还比多国部队的火炮远。多国部队的火炮性能有可能处于下风。他们列举了伊拉克从20 世纪 80 年代两伊战争时期就进口的大量先进陆战武器,声称其中仅 1989年一年就进口超过 150 亿美元的武器装备。其中很多是来自法国、苏联和英国

的新式装备，这绝对是一支装备精良、足以造成很大麻烦的强大地面部队。第七军的军官们尤其强调了伊拉克的火炮威胁，伊拉克购买了世界著名火炮设计大师、一代怪才杰拉德·布尔博士设计的新式155毫米加农榴弹炮，这种大炮全新概念的底部排气远程弹射程竟然高达39千米，而美国陆军的M109A3式自行155毫米加农榴弹炮最大射程只有可怜的24千米，根本够不着对手的边。而且布尔的155毫米火炮发射革命性的底部排气弹和底凹弹的精度也好于M109A3的火箭增程弹。布尔这种新式加榴炮结构也很紧凑，一点不笨拙，可以很方便地由中型车辆牵引和转向，达到60千米/小时的行驶速度。伊拉克分别从奥地利和南非进口了都来自布尔设计的100门GHN—45和200门G－5大炮，这些大炮工艺质量很好，并具有西方式的优秀计算机火控系统，可以保证准确地击中目标和快速地做出反应。G－5大炮还装有自走式辅助动力系统，可以在紧急情况下自己开出原发射阵地，具有很好的战场灵活性。此外，还有消息表示，伊拉克还不满足于仅仅购买300门一流的155毫米加榴炮，而且致力于引进生产技术并将新式火炮自行化。伊拉克从西方和东欧寻求技术帮助，自行发展优秀的155毫米自行加榴炮。这种自行加榴炮保持了牵引式原炮的一切优点，而且把火炮结合在了一种六轮装甲车上。具备了很高的越野行驶能力，最大行驶时速超过70千米/小时，机动灵活，具有"打完就跑、不断转移、换一个地方迅速开火"的能力。还有传闻布尔博士还帮助伊拉克发展了一种210毫米口径的"法奥"巨型加榴炮，射程高达60千米，每分钟可发射4发重达120千克的高爆炮弹，实在令人生畏。此外，西方还传闻伊拉克还进口过法国AUF1式155毫米自行加榴炮，该炮最大射程30千米，也大大超过美国M109A3火炮，射速更是高达10发/分钟，几乎是以下雨的速度发射炮弹。这些火炮都对美国陆军构成了非常大的威胁。美国陆军的现有加榴炮几乎够不着伊拉克的加榴炮的射程，这是美国近代历次战争里前所未有的严峻挑战。除此之外，伊拉克拥有大量苏制BM—21冰雹式等各型火箭炮，这些苏联火箭炮虽然精度较差，但一旦发射就如同下了一场爆炸钢铁的弹雨，谁也无法忽视它对美国地面部队造成很大杀伤的可能性。第七军的军官们评估，伊拉克至少拥有3100门现代化火炮，足以在地面进攻发起前和发起后给美国陆军造成严重的威胁。他们严厉地质疑，"沙漠风暴"的空中行动计划只关注空袭战略目标和伊拉克第二线和第三线的装甲部队，而对美国陆军部队面前的伊拉克第一线炮兵置之不顾！会使第一线的美国地面部队处于高度危险中！第七军的一位高级军官用手指敲着桌子说："谁敢无视战争之神的威力呢?! 如果你们（空袭计划制定者）漠视战争之神的威力，必然要使地面部队为你们的错误付出巨大的代价！"

　　听到这里，一位"黑洞"小组负责人忍不住从桌子后面跳了起来："谁？谁是战争之神？我们航空兵保证彻底压制那种过时的土老帽！"

　　会场上的气氛顿时紧张起来。施瓦茨科普夫控制住了局面，中央战区空军司令霍纳中将也暗示手下说话要谨慎，避免引起不必要的争端。霍纳表示：近几个月以来，美国空军侦察机部队和航天司令部的侦察卫星一直都对伊拉克和科威特进行了反复的侦察。可以确认，伊拉克军队整体上持被动防守态势，其火炮均部署在第一条防线后面，用于在多国部队攻到其防线前的时候才进行火力支援。而美军和多国部队不是紧贴着边境部署的，而是距离边界线后退一段距离布防。从部署位置上看，如果伊拉克不调整他们的火炮位置，有效射程就难以覆盖多国部队地面部队阵地。霍纳中将和格洛森准将承诺，空中力量将时刻监视伊军地面部队的调动，一旦发现伊军火炮有向前调动的迹象，美国空中力量把它们消灭在路上。而且现在的军事技术完全能够做到对开火的火炮进行准确定位，只要伊拉克火炮开炮，美国的空中力量一定会第一时间赶到，把伊拉克火炮打成碎片。在发起地面进攻之前，美国空中力量一定彻底削弱伊拉克的炮兵力量，使其不能威胁美国地面部队的进攻。

　　不过弗兰克斯中将和第七军其他军官对这种答复显然很不满意，他们继续强调伊拉克炮兵的威胁，并表示如果伊拉克使用化学毒气炮弹，那么即使不准确击中美军阵地也能造成很大杀伤！他们还讲到，根据一些西方媒体报道，布尔博士一直在帮助伊拉克研制一种超级大炮，射程可以达到200英里以上，每枚弹头可相当于250磅炸弹的威力，没有任何一种火炮能与之匹敌，足以在第一道防线后很远就威胁美国军队。西方媒体还报道，虽然世界杰出的火炮天才杰拉德·布尔博士因为这个项目而在自己的住处比利时布鲁塞尔被人政治谋杀（注：1990年3月22日，布尔博士在位于比利时的自己家门外散步时被一名神秘的职业杀手使用无声手枪冷静地枪杀，凶手接近布尔博士后一枪击中眉心，还冷静地扶着博士在博士颈动脉又补了一枪确保死亡，然后从容混入人群逃走。凶手确保夺取布尔博士性命，却未抢劫任何财物，现场干净利落，不留蛛丝马迹，政治谋杀的色彩浓厚。此案成为比利时警方至今未侦破的一桩悬案，但许多西方媒体都猜测是以色列摩萨德情报机构所为，用以警告那些帮助以色列的阿拉伯宿敌研制先进武器的外国科学家。以色列对此予以否认，指那都是毫无证据的传言，以色列与此事毫无关系），但超级大炮的设计已经完成，许多关键部件已经在西欧各工厂被委托加工完成。到布尔被谋杀、西方媒体大力关注超级大炮时为止，许多关键部件已经运出了西欧。第七军的指挥官

们质疑，美国空军能保证没有这种超级大炮吗?！美国空军能保证美国地面部队不受其害吗？如果美国地面部队受到其害，美国空军又该怎样弥补这样的过错呢！霍纳和格洛森表示，如果伊拉克真的有这么强大的超级火炮，美国的侦察机和侦察卫星一定不会什么迹象都没有发现。超级火炮具有庞大的体积，需要专供其机动和输送弹药的道路或铁轨，而且伊拉克和科威特又多是沙漠地形地貌，缺少复杂的隐蔽条件，是很难在侦察机和侦察卫星面前隐身的。

会议再次陷入了僵局。最后又只有施瓦茨科普夫上将拍板。他表示，对空中打击目标的确定不但是霍纳和空军进行的，而且作为中央战区总司令的他和自己的副手卡尔文·沃勒陆军中将，还有中央战区总部其他一些人员也全程参与了计划的制定。"当前部署下，伊拉克火炮并不构成主要威胁，因而不用把它们在空中打击里列为靠前的目标"，也是经过他和沃勒中将同意的。弗兰克斯中将和第七军其他指挥官这才不再坚持。

最后，在海湾战争的实践中，事实证明施瓦茨科普夫陆军上将和霍纳空军中将等人的看法是正确的。在整个等待地面战的时间里，伊拉克的炮兵几乎没有给多国部队造成多少麻烦。除了部署和使用太保守，难以威胁到多国地面部队，而且伊军的战场侦察，以及为火炮指示目标位置和及时传递信息的能力也极为差劲。空有庞大的炮兵数量，伊拉克炮兵却根本不知该往哪里开炮，战争从始自终，他们绝大多数时候都在胡乱打一气。而且伊拉克炮兵缺少对火炮定位雷达技术的了解，他们不能及时转移火炮，多国部队空中力量的确很快就彻底压制了伊拉克火炮。对于缺乏足够士气的伊拉克炮兵来说，他们觉得自己没有能力和空中力量对抗，对开炮带来的己方噩运恐怖之极，最后索性逃离了自己的火炮。至于所谓超级大炮，更是从没有向多国部队发出过一发炮弹。

不过，这场发生在中央战区司令部里的"指挥部沙漠风暴"虽然终于由喧嚣吵闹归于平静、合作，但是美国军队内部的军种斗争却绝没有到此结束。在后方的美国首都华盛顿，还将奏响海湾战争中军种争斗的最强音符！这个音符的巨响，将在事情过去几年后依然不断地引发美军内部的军种争论和互相挖苦讽刺。作为局外人，我们必须感谢那些无所不在、以挖掘内幕为天性的美国记者们，正是由于他们孜孜不倦地追寻内幕、对当事人循循善诱的追问和千方百计的打听，才使得这些事情在为海湾战争的英雄们作人物传记和专栏访谈时公诸于众，让我们得以了解到：原来美国军队内也有这样的事情。

# 第六章 海洋战争

## 第一节 战前态势

开战之前，伊拉克方面曾认为，因为自己总共只有 50 千米海岸线，科威特也只有不宽广的海岸线，所以就算自己的海军弱小，对战局也不会产生什么大的影响。然而，开战后的形势却完全颠覆了他们这种认识。从 1990 年 9 月开始，美国海军先后有 6 个航空母舰战斗群和 1 个战列舰特遣编队等 100 余艘作战舰艇到达战区附近，对伊拉克和科威特周边海域进行封锁，并对伊拉克海军舰船发起打击。而且这些海上舰队绝不仅仅在海洋上发挥作用，美国部署在海湾附近的 6 个强大的航空母舰战斗群还带来了强大的空中打击力量，直接从海洋上参与了打击伊拉克境内纵深目标。

美国部署在波斯湾上参战的航空母舰有 3 艘：

舷号 CV41 的中途岛号航空母舰。它是美国中途岛级航空母舰的首舰，是一艘 1945 年服役的老舰。到海湾战争时它的舰龄已达 45 年，但前后经历了多次现代化改装，以适应现代化战争的需要。中途岛号满载排水量 65000 吨，最大航速 30 节。中途岛号拥有 300 米长的舰体，经过现代化改装后布置有一条轴向直通跑道和一条斜角跑道。经现代化改装后，共有 3 部起飞战机所用的蒸汽弹射器，可以同时在弹射器上起飞 3 架战机，并在另一条跑道上降落一架战机。3 部将战机从甲板下的机库抬升至甲板跑道上的液压式升降机。舰上搭载舰员和航空联队人员共约 4000 多人。中途岛号因为舰体原始结构较老，所以虽经现代化改装，仍不能搭载起降 S—3B 等大型舰载反潜机，故此以执行攻击和空中支援任务为主，外围反潜任务需交给配属航母编队的其他反潜护航舰只配合。作为本航母编队的核心，中途岛号配备了完善的电子设备，并装有 2 座 8 联装"海麻雀"舰对空导弹发射装置，2 座"密集阵"近距防空火炮武器，此外还有 4 座用于干扰诱骗来袭反舰导弹的 SRBOC 诱饵发射装置，和 1 部用于干扰诱骗来袭鱼雷的 SLQ‒25"女水妖"拖曳式诱饵。

根据美国国防部战后对海湾战争的回顾报告，中途岛号当时所搭载航空力量有：F/A-18"大黄蜂"多用途战斗机 30 架；A-6E"入侵者"重型攻击机 14 架；EA-6B"徘徊者"电子干扰机 4 架；E-2C"鹰眼"预警指挥机 4架；KA-6D 伙伴空中加油机 4 架；SH-3H"海妖"反潜直升机 6 架。

其中 30 架 F/A-18 和 14 架 A-6E 是直接用于空中打击任务的作战飞机，4 架 EA-6B 电子干扰机、4 架 E-2C 预警指挥机以及 4 架 KA-6D 伙伴空中加油机是空中打击任务的保障飞机。6 架 SH-3 反潜直升机除了执行反潜警戒任务之外，因伊拉克没有潜艇战力，主要执行航母编队周边空中巡逻任务，防止伊拉克快艇或装载炸药或水雷的小船接近航母编队。

中途岛号作为前沿部署航母，平时主要部署母港在东亚的日本横须贺，参加过越南战争。1990 年 8 月 2 日伊拉克侵占科威特后，按照美国全球战略部署迅速调动到波斯湾。在整个海湾战争中，中途岛号老骥伏枥，它搭载的舰载机共起飞 3000 多架次，执行了大量对伊拉克和科威特境内陆地目标的攻击任务。

舷号 CV61 的突击者号航空母舰是美国福莱斯特级航空母舰的第二艘，1957 年服役，也是一艘比较老的舰只。到海湾战争时它舰龄已 33 年，但也已进行了几次现代化改装，能够满足现代化作战的需要。突击者号满载排水量80000 吨，最大航速 32 节。突击者号拥有近 320 米长的舰体，该级航母飞行甲板首次采用英国航空母舰的设计经验，将传统的直通式飞行甲板改为斜角跑道、直通跑道混合布置的飞行甲板，将整个飞行甲板分成起飞、待机和降落 3个区，可同时进行起飞和着舰作业，从而形成了美国当今航空母舰的基本模式。突击者号共有 4 部起飞战机用的蒸汽弹射器，可以同时起飞四架战机，最短可在 4 分钟内紧急起飞 32 架飞机。这一速度比以前的老式航母有了很大提高，并可同时在另一条跑道上降落一架战机。具有 4 部液压式升降机，加快了从甲板下的机库向飞行甲板运送飞机的速度。突击者号搭载舰员和航空联队人员共约 5000 人。突击者号不但可以搭载起降 S-3B 等大型舰载反潜机，而且舰上设有反潜识别分析中心。突击者号配备的电子设备更为新式，并装有海军11 号和 14 号战术数据链；对空自卫武器装有 3 座 8 联装"海麻雀"舰对空导弹发射装置，3 座"密集阵"近距防空火炮武器，此外还有 4 座用于干扰诱骗来袭反舰导弹的诱饵发射装置，和 1 部用于干扰诱骗来袭鱼雷的拖曳式诱饵。

根据美国国防部战后的报告，突击者号当时所搭载航空力量如下：F-14"雄猫"空中优势战斗机 20 架；A-6E 攻击机 22 架；EA-6B 电子干扰机 4架；E-2C 预警机 4 架；KA-6D 空中加油机 4 架；SH-3H 直升机 6 架；S-

3B "海盗" 喷气式反潜机 8 架。

其中 20 架 F-14 主要执行空战护航任务，22 架 A-6E 执行对地攻击任务，4 架 EA-6B 电子干扰机和 4 架 E-2C 预警指挥机以及 4 架 KA-6D 伙伴空中加油机提供保障。6 架 SH-3 直升机和 8 架 S-3B 反潜机执行反潜警戒和航母编队周边空中巡逻任务。

突击者号平时主要部署母港在美国本土西海岸，也参加过越南战争。1990 年 8 月 2 日伊拉克侵占科威特后，奉命快速调动到波斯湾。在整个海湾战争中，它搭载的舰载机除了对伊拉克和科威特境内陆地目标进行攻击，它的 F-14 中队还担负为波斯湾各航母攻击机群编队护航的任务。

舷号 CVN71 的罗斯福号航空母舰是美国尼米兹级核动力航空母舰的第三艘，由美国著名的航空母舰制造专业厂——纽波纽斯造船厂制造。1986 年刚刚服役，是波斯湾美国航空母舰里最新式、最强大的一艘。罗斯福号满载排水量 96000 吨，最大航速 33 节。罗斯福号舰体长约 330 米，该级航母采用斜角跑道、直通跑道混合布置的飞行甲板，可同时进行起飞和着舰作业。共有 4 部蒸汽弹射器，并可同时在另一条跑道上降落返航战机，回收速度是 35~40 架/秒。具有 4 部液压式升降机，战机从甲板下的机库运送到飞行甲板并起飞，只需要 15~20 分钟，快速反应能力比以前的航母又有了进一步提高。罗斯福号舰体新、设计晚、舰上空间大、布局好、动力足、功能和设施全、居住条件好，舰上具有自己的电视台、大型洗衣房、可进行外科手术的医院、牙科诊室，多个大厨房提供不同风味的餐食，还有自己的咖啡厅、健身房和一家银行。罗斯福号航母上还有基督教教堂、图书馆、邮局、理发店和 24 小时开业的超市。舰上可容纳舰员和航空联队人员共约 5200 人。罗斯福号也可以作为舰队反潜识别分析中心使用。罗斯福号也配备有完善的新式电子设备，对空自卫武器装有 3 座 8 联装 "海麻雀" 舰对空导弹发射装置，4 座 "密集阵" 近距防空火炮武器，此外还有 4 座诱饵发射装置和 1 部拖曳式诱饵。

罗斯福号当时所搭载航空力量如下：20 架 F-14 战斗机；19 架 F-18 多用途战斗机；18 架 A-6E；5 架 EA-6B；4 架 E-2C；4 架 KA-6D；6 架 SH-3H；8 架 S-3B。

其中 20 架 F-14 主要执行空战护航任务，19 架 F/A-18 和 18 架 A-6E 执行对地攻击任务，5 架 EA-6B 电子干扰机和 4 架 E-2C 预警指挥机以及 4 架 KA-6D 伙伴空中加油机提供保障。

罗斯福号作为美国快速反应军事力量的重要组成部分，出现在需要出现的世界各个海区。海湾战争它当然不会缺席，在整个海湾战争中，它搭载的舰载

机除了对伊拉克和科威特境内陆地目标进行攻击，它的 F/A－18 中队挂载哈姆反辐射导弹后还担负为波斯湾各航母攻击机群编队提供 SEAD 保护任务。

美国部署在红海上参战的航空母舰也有 3 艘：

舷号 CV66 的"美国"号航空母舰是美国小鹰级航空母舰的第三艘，1965年服役。到海湾战争时它舰龄已 25 年，通过不断现代化改装，保持着满足现代化作战的能力。美国号满载排水量 83000 吨，最大航速 30 节。美国号拥有近 320 米长的舰体，斜角跑道、直通跑道混合布置式飞行甲板，共有四部蒸汽弹射器。美国号舰可搭载舰员和航空联队人员共约 5000 多人，美国号经过现代化改装后配备的电子设备与罗斯福号大致相近。对空自卫武器装有 3 座 8 联装"海麻雀"舰对空导弹发射装置，3 座"密集阵"近距防空火炮武器，此外还有 4 座诱饵发射装置和 1 部拖曳式诱饵。

美国号当时所搭载航空力量如下：20 架 F－14；18 架 F/A－18；14 架 A－6E；4 架 E－2C；4 架 KA－6D；6 架 SH－3H；8 架 S－3B。其中 20 架 F－14 执行空战护航任务，18 架 F/A－18 和 14 架 A－6E 执行对地攻击任务，4架 E－2C 预警指挥机以及 4 架 KA－6D 伙伴空中加油机提供保障。

美国号航母平时作为大西洋舰队的重要一员，主要部署在美国本土纽波纽斯，也作为越战主力参加过越南战争。1990 年 8 月后奉命快速调动到波斯湾。在整个海湾战争中，它搭载的舰载机担负着从红海、伊拉克西部方向对对伊拉克境内纵深目标进行攻击的任务。但由于缺少 EA－6B 电子干扰机，所以它的攻击机中队和战斗机中队必须和其他航母上起飞的 EA－6B 会合后方可进入伊拉克境内纵深执行任务。

舷号 CV67 的肯尼迪号航空母舰是美国小鹰级航空母舰的第四艘，"美国"号航母的姊妹舰。1968 年服役。到海湾战争时舰龄 22 年，也经过了不断现代化改装。它的配置和基本性能与"美国"号基本相近。

肯尼迪当时所搭载航空力量如下：20 架 F－14；24 架 A－7E 中型攻击机；13 架 A－6E；5 架 EA－6B；5 架 E－2C；3 架 KA－6D；8 架 S－3B。

肯尼迪号航母平时主要部署母港在美国本土佛罗里达州迈波特，以前参加过美国对利比亚的军事行动。1990 年 8 月后奉命调动到波斯湾。在整个海湾战争中，它是美国海军红海战斗部队的旗舰。搭载的舰载机担负着从红海、伊拉克西部方向对伊拉克境内纵深目标进行攻击的任务。在整个海湾战争，肯尼迪号上的舰载机共向伊拉克的军事目标发起 114 次攻击，出动飞机 2895 架次，飞行 11263 小时，投下 1587 吨炸弹。

舷号 CV60 的萨拉托加号航空母舰是美国福莱斯特级航空母舰的第二艘，

突击者号航母的姊妹舰。1956年服役，到海湾战争时舰龄也已达34年，经过了多次现代化改装。它的配置和基本性能与突击者号基本相近。

萨拉托加号当时所搭载航空力量如下：20架F-14；18架F/A-18；14架A-6E；4架EA-6B；4架E-2C；4架KA-6D；6架SH-3H；8架S-3B。

萨拉托加号航母平时主要部署母港在美国本土东海岸，参加过古巴导弹危机美苏海军对峙，也参加过越南战争。1990年8月后奉调到波斯湾。

从海湾战争打响的第一天起，按照美国中央战区海军司令部事先做好的分工计划，波斯湾上的中途岛号和突击者号、罗斯福号航空母舰上的战机主要突击科威特境内和伊拉克南部的军事目标。红海上的肯尼迪号和萨拉托加号航空母舰上的战机则主要突击伊拉克境内纵深的目标。美国号航空母舰上的战机作为美国海军航空兵的总预备队，负责机动支援各个战场。6艘美国航空母舰共搭载了30架反潜直升机，40架喷气式大型反潜机，这还不包括航母特混舰队里其他舰只上搭载的反潜直升机，反映出美国海军对反潜艇作战的极度重视。实际从海湾战争的实际情况看，伊拉克海军根本没有潜艇力量，周边也没有具有强大潜艇部队的国家，反潜机派不上太大用场。

美国航母编队似乎本无此必要携带如此多的反潜飞机，而似乎应将搭载反潜机的空间改为搭载更多攻击机和多用途战斗机。实际上，美国海军这个令人有些不解的举动，反映出美国开赴海湾战场的航母编队真实反潜对象——是苏联海军的核潜艇和伊朗潜艇部队。虽然当时戈尔巴乔夫领导下的苏联在联合国对多国部队对伊军事行动投了放行票，但毕竟苏联和美国竞争多年，互相视为头号假想敌，敌意甚深。伊朗更是视美国为世界头号撒旦，并对两伊战争中美国极力支持伊拉克打击伊朗怀恨在心。如果苏联海军的核潜艇和伊朗潜艇在海湾战争中浑水摸鱼，趁乱打劫，在水下暗算一下美国航母，那岂不是心腹大患？面对伊拉克这样没有潜艇战力的敌手，美军航母编队对反潜任务丝毫不放松的慎重，反映出美国海军对于"潜艇是航空母舰最大的天敌"这一认识，也反映出美国海军指挥层对海湾战争局面战略情况的思考周密。在一场敌人明确的战争里，也充分考虑到虽不是敌人、但尚不明朗的可能潜在的敌人，提前做好应对的准备，使对方无隙可乘，这是一种值得肯定的做法。

除上述直接部署在航空母舰上的航空兵力量以外，美军部署在海湾地区、来自于海军航空兵和海军陆战队航空兵的空中力量，还有两栖支援舰上的海军陆战队航空兵26架AV-8B"鹞"垂直起降攻击机，在沙特阿拉伯的陆地基地上还有62架AV-8B攻击机，84架F/A-18多用途战斗机，20架A-6E

攻击机，12 架 EA‑6B 电子干扰机。来自海洋军种的空中打击力量非常强大。

　　这还不是来自于海洋方向的全部空中威胁，还有一位重要的"杀手"一直徐徐不断从海洋方向飞来，它就是战斧式巡航导弹。美国海军派往海湾的多艘驱逐舰、核潜艇，总计能携带和发射 400 多枚战斧式巡航导弹，它们的射程足以达到 1300 千米之远，并能够携带核弹头，"由海及陆"的纵深攻击、精确攻击、战略攻击能力十分强大，完全改变了原来海洋作战的模式，原先只能在海上作战的驱逐舰和巡洋舰也能轻松地参加对地面纵深作战，带来了现代战争中一种全新的局面。海军的意义对于面对海洋的国家出现了空前的提高。

　　除了直接打击伊拉克军事目标，美国和多国部队在海上集结的强大舰队还拦截断绝了伊拉克的海上对外交通，严厉检查执行联合国对伊拉克的各项禁运措施。美国海军舰艇活动范围从海湾，到霍尔木兹海峡，到亚丁湾，再到红海，盘查了登船检查了 3000 余艘过往船只，完全切断了伊拉克的海上交通线。许多人都习惯性地以为：只要敌方海军没有进入我国领海，就算在外海封锁我国航路又有什么了不起？实际上这种观点是只注重了军事直接打击的影响，忽视了海洋封锁对于一个国家经济正常运行的巨大影响。任何一场战争都不是单纯简单的打军事，还不可避免是对双方综合国力的消耗。哪一方的国力先消耗不下去，哪一方的工业经济活动先无法正常进行下去，也同样会导致战争结局的失败。美国和多国部队对伊拉克的海上封锁，阻断了伊拉克石油对外的海运通道，使伊拉克国民经济主要收入来源和必需品运进渠道都被切断，使伊拉克的国民经济陷入严重困难。对于伊拉克这个国家来说，尤其可怕的是他的所需大部分食品都无法自给，而要大量依靠进口。伊拉克缺乏大致配套、能独立运行的工业体系，自身只有石油、能源和电力工业比较发达，国民经济和人民生活所需的大部分工业产品都需要进口。遭到禁运封锁后，伊拉克被迫在国内实行了食品定量供应制度，一部分工业产品也实行了定量供应，还有一部分工业产品市场断货。伊拉克的主要外汇收入来源就是出口石油，侵占科威特也有扩大手中控制石油资源的意图，然而遭到禁运封锁后，守着石油却换不回急需的钱，国家主要经济收入中断。多国部队对伊海上封锁和禁运的效果是显著的，据一部分阿拉伯媒体战后报道：海湾战争期间伊拉克的粮食储备只能够全国 6 个月消耗。伊拉克政府对食品等多种物资实行了限量配给、定量供应，同时号召国民"多吃枣，多喝水"，勒紧裤带，节衣缩食，同时国内黑市活动猖獗。这是伊拉克国内物资严重困难的清晰写照。这实际已经决定了：即使伊拉克进行一场美国不喜欢的持久战，也同样最终无法获胜。

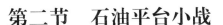

# 第二节 石油平台小战

从 1 月 18 日起，继第一天参与对伊拉克战略防空体系和 C³I 指挥中心进行重点攻击和破坏后，多国部队海军航空兵也开始对伊拉克的海上力量发起攻击。开战之前，伊拉克主要的舰艇大多已经离开军港乌姆盖斯尔及周边巴士拉港等地区，分散隐蔽到伊拉克海岸线附近。一部分舰艇甚至利用吨位小、吃水浅的特点开到了阿拉伯河和祖拜尔河内河沿岸进行隐蔽。伊拉克海军的主要战略想法是分散隐蔽、保存实力、伺机反击和主要依靠布设水雷给对手制造麻烦。海军是伊拉克和多国部队之间差距最悬殊的领域，伊拉克海军共有导弹快艇 13 艘，其中 7 艘为苏联的"奥萨"级导弹快艇，装备有最大射程约 68 千米的"冥河"导弹；6 艘为从科威特虏获的 TNC－45 和 FPB－57 快艇，装有最大射程 150 千米的"飞鱼"导弹。此外，伊拉克还有各类舰艇约 165 艘，其中大部分是小型巡逻艇和运输船，其他为布雷艇和小型辅助舰船等。伊拉克海军拥有 1 艘护卫舰，但因训练水平和战备水平低，一直只能被用作训练舰，没有作战能力。而多国部队海军力量在海湾地区集结了 247 艘舰船，且多为主力作战舰艇，包括美国强大的航空母舰战斗群。在多国部队海军力量中，美国海军舰船约占 50%，英国海军和法国海军分别提供了 16 艘和 14 艘，其他成员国派出的多为辅助支援船只。所以伊拉克海军的战略，倒是可以理解和正确的。由于伊拉克海军舰艇四散隐蔽，多国部队海军航空兵力量无法直接大规模集中打击它们，只有先选择打击伊拉克出港布设水雷的小船和伊拉克海岸外的石油平台。作为世界第二大石油生产国，伊拉克在近海分布有一些石油开采平台。侵占科威特后，伊拉克又占据了属于科威特的一些海上石油开采平台。战争爆发前，伊拉克在这些海上石油平台上派驻了军队进行驻守，这些海上石油平台已经变成了监视多国部队海空行动的监视哨和小型前沿基地。

1 月 17 日白天，一艘执行完布雷任务的伊拉克船只返航途中被美国海军俘获，船上 19 名伊拉克人成为海湾战争里第一批被多国部队俘虏的伊拉克战俘。1 月 18 日白天，从美国"突击者"号和"中途岛"号航空母舰上起飞的 A－6 攻击机攻击了 2 艘出现在海面上的伊拉克舰艇，不过这两艘伊拉克舰艇吨位小得可怜，1 艘是 TNC－45 级导弹快艇，另 1 艘是往来于海岸和石油平台的一条运输勤务船。更糟糕的是，这两艘小船利用吨位小、船身小、目标小、转向灵活，左躲右闪，东奔西跑，都没有被击沉，而只是被击伤。实际上，用

速度较高的 A –6 喷气式攻击机和较大型的反舰导弹打击这样的小型快艇，是相当别扭的。而这些目标的价值，甚至还不值得使用喷气式攻击机出动一趟。美国海军航空兵也很快从这次空对海首战里吸取了经验，总结出："打击小型快艇目标，应主要靠直升机挂载专用于打小型舰艇目标的小型反舰导弹，直升机和挂载的小型反舰导弹是快艇目标的天敌"。这一经验得到了海湾战争的验证，海湾战争后来的海空作战里清晰的说明了这一点，也被全世界海军强国公认。

1 月 18 日夜，美国海军和科威特"独立"号快艇向伊军占领的道拉油田海上开采平台发起了海湾战争中的首次海对海战斗。在夜幕下，美国海军"尼克拉斯"号驱逐舰和科威特"独立"号快艇从南面接近了道拉油田的几座海上石油平台。然而他们绝不会贸然登上平台进行短兵相接的作战，而是保留在平台上的伊军火力射程之外。多国部队的直升机成了出击的主力，美国OH –58D、英国"大山猫"和美国 SH –60B 等直升机驾驶员利用夜视瞄准仪，以超低空飞行接近两座伊军设防的钻井平台，随即用导弹从视距外发起了猛烈的攻击。石油平台很快发生了一阵阵剧烈的爆炸，燃起了大火，而多国部队的直升机却始终保持在视距之外，更不进行登平台作战，驻守的伊拉克军队毫无还手的办法。驻守的伊军很快就意识到这样坚持下去只不过是白白烧死，只有开始逃跑。除一部分伊军在平台上被炸死外，6 名伊拉克士兵企图乘橡皮艇逃跑，被科威特"独立号"快艇全部抓获。这也是开战后科威特军队第一次俘获伊拉克军人，为祖国被侵略出了一口气。

随后，多国部队又对伊拉克另外 9 座海上石油平台发动了攻击，美舰"尼克拉斯"号和科威特"独立"号快艇也加入了直升机们对石油平台的攻击，从视距外用舰炮轰击了石油平台。这些石油平台很快就陷入浓烟和火势中。平台上伊军面对不对称的火力差距根本毫无还手之力，随后，美国海军特种部队才乘坐 SH –60B 直升机对其中数座平台发动机降作战，俘获 23 名伊军，而自身无一伤亡。驻守海上石油平台的伊拉克军人早已被完全不对等的火力轰得晕头转向，信心全无，几乎没做什么抵抗就束手就擒。在整个攻击伊拉克海上石油平台的战斗里，多国部队没有阵亡一人，双方的战损完全是彻底一面倒。驻守石油平台的伊军携带有几枚便携式防空导弹，没有发挥任何作用，也被完好无损的缴获。

这次夺取海上石油平台的军事行动，在战果上非常微小，可以说对全局没有什么作用，但是它使多国部队得到了一个重要的收益：通过对这次行动中俘获的战俘，多国部队知道了战俘所在伊军部队的真实士气情况。当美特种部队机降的时候，这些伊军已经慌作一团，丧失了战斗的勇气。在审讯的时候，一部分伊军战俘自己说，让他们据守孤悬的海上石油平台是白白送死，而且他们在石油平台上不能经常得到食品和淡水补给。这部分伊拉克军人低落的意志，让多国部队司令部看到：伊拉克军人的斗志可能没有萨达姆和他的宣传机构宣传的那样坚决——"伊拉克会与美国和西方侵略者血战到底，每一名伊拉克男子都发誓愿意用血使美国和其他西方侵略者浸泡在更多的鲜血中活活淹死"。战前美国中央战区总部一直最担心的就是伊拉克军人像宣传的那样狂热地顽强死战，以五六条命换多国部队一条命，也可以让多国部队付出西方难以接受的损失。在伊拉克，看不到除巴格达宣传机构宣传口径以外的任何有关伊军士气的报道。虽然已经有大量伊拉克士兵逃过边境向沙特阿拉伯投降，但是美国军队却遇到了一个意想不到的麻烦，这一点在沙特阿拉伯部队司令官哈立德·本·苏尔坦中将的回忆录里也有明确记载：

同属阿拉伯民族的沙特阿拉伯出于对伊拉克战俘的同情和尊重，不愿意他们受到美军审讯和拷打虐待之类对待，因此明确不准许美国在沙特阿拉伯领土上审讯任何伊拉克战俘。伊拉克和沙特阿拉伯两国主要人口同属阿拉伯民族，语言和文字相同，只不过以前一个由费萨尔王朝统治，一个由沙特王朝统治。美军对此规定极为不满，多次要求沙特阿拉伯政府收回这一规定，但沙特阿拉伯依然拒绝了美国这一压力。后来的伊拉克战争中，美国军队占领伊拉克全境后在阿布格莱布监狱发生的美军残酷虐待伊拉克犯人的丑闻，也从侧面证明了十多年前沙特阿拉伯的担忧并非杞人忧天。由于这一意想不到的的障碍，美国军队只能自己想办法另抓俘虏，并且一定要在沙特阿拉伯领土以外的地方自行审讯。因此拔除海上石油平台俘获的这批战俘，成为了多国部队观察伊拉克军队真实士气的一个小小窗口。这部分俘虏的实际表现，让多国部队感到伊拉克军队的实际士气可能和巴格达宣传机构宣传的有很大差距。

如果我们回首看伊拉克的海防战略，从军事上说，如果无法保证制海权和制空权，那么以少量伊军据守这些孤悬海外的海上石油平台是没有什么军事意义的。因为这些海上石油平台上缺少像样的防空和反舰导弹力量，在多国部队强势的海上和航空力量面前毫无防御和反击能力。即使平台上伊军配备便携式防空导弹和小型反舰导弹，多国部队大型导弹也完全可以在这些小型导弹的射程之外就摧毁整个石油平台，平台上伊军完全处在既无法防御也无法反击的地步。海上石油平台不同于较大的岛屿，它体量有限，既无防御纵深，也无坚固阵地可利用，本身就极为脆弱，连每天所需食品淡水都要从陆地补充。实际上，对于那些不想投降的伊拉克军队驻守的海上石油平台，多国部队的海军战

机也都不费吹灰之力就炸毁了它们，平台上的伊军毫无还手之力，完全是白白无谓牺牲。如果伊拉克想要坚持占据这些海上石油平台，就必须在海上和空中采取更积极的行动，至少夺取一部分制空权和制海权。如果在海上和空中完全是消极挨打的态势，毫无积极的作战行动，那么这些石油平台就只能被动挨打，消极等死，是不可能成功据守的。伊拉克军队统帅机关在己方毫无制空权和制海权保证、而且也无这方面决心的情况下，却派军队驻守这些海上石油平台，不但在军事上毫无意义，而且还使这部分驻守官兵在战斗中感到自己完全无法打到对手，纯粹是白白被当无意义的牺牲品，从而士气一落千丈。几个海上石油平台被多国部队拿下，本来并算不上多大事，但经由美国宣传媒体和心理战部门大力渲染，铺天盖地对伊军进行心理战报道，反而仿佛成了伊拉克一个很大的失败，对整个伊拉克军心士气起了不良影响。

伊拉克据守海上石油平台的失败，不但对于伊拉克是一个教训，而且对于其他在海岸线外有大量小岛和群岛的国家来说也是必须认真吸取的教训。现代海防，必须建立在海空军在海岸线以外积极有效地夺取制空权制海权基础上，而不是单纯依靠地面守备部队在海岸线和离岸小岛或群岛上进行防御。如果不能建立起强大的海空军，或者不具备海空军在海岸线以外坚决作战的战略思想，就不可能在海岸线以外进行有效的防御。如果不能夺取海上制空权和制海权，那么即使在陆地和海岸线以外的群岛上设置多个要塞区，部署大量重兵，也是不可能捍卫自己海权的，也是不可能取得沿海防御的胜利的，更不能改变沿海防御作战的被动挨打态势和有效保卫沿海地区。落后于时代、军事斗争需要及武器装备发展情况的国防战略思想，不但严重地降低了军费使用的效果，造成了军费投入的浪费和低效，而且将给国防事业带来危害，在未来的反侵略战争中不能发挥需要的作用。

## 第三节　伊海军覆灭

1月21日夜间，"中途岛"号航空母舰上起飞的 A-6 攻击机对伊拉克的1艘气垫登陆艇发起了空袭，并将其击毁。1月24日，"西奥多·罗斯福"号航空母舰上起飞的 A-6 攻击机将伊拉克1艘布雷舰和1艘巡逻艇击沉。1月24日，美国海军"海豹"特种部队对伊拉克占领下的科威特贾鲁岛进行了登岛特种作战，轻松得手，俘获伊军67人，并且己方无人伤亡。这是自从1月18日向海上石油平台进攻之后，多国部队对伊拉克军队海岸方向守备作战能力的第二次试探。其结果像 1 月 18 日进攻海上石油平台一样顺利，暴露出守岛伊军训练水平和组织水平极低、几乎不堪一击的问题。这让美国中央战区总部更清晰地看到了伊军守备部队的真实战斗力和士气，为以后决策地面作战提供了帮助。除这几次微小的战斗之外，海湾上几乎没有什么像样的海上作战。

1 月 29 日，除了伊拉克陆军在海夫吉发起地面战反击，伊拉克海军显然也组织了一次成规模的反击作战，试图利用前几天作战极其顺利可能给多国部队带来的麻痹大意，向多国部队舰船发起导弹快艇偷袭！不过这次精心组织的快艇出击，在多国部队多如过江之蚁的空中战机面前失去了应有的隐蔽性和突然性。当天上午，沙特皇家空军的"美洲虎"攻击机在出击科威特境内目标时，首先发现有 15 艘伊拉克的导弹快艇在海上快速行驶，可能是前往袭击多国部队的舰船，这个情报立即被报告给多国部队总司令部！"美洲虎"攻击机马上用原本准备对地攻击的火箭弹对伊拉克快艇进行了攻击。随后赶来、对导弹快艇威胁最大的，是英国皇家海军的"大山猫"直升机。这些直升机由于飞行速度较慢适合对付小型目标，又携载很适合打击快艇目标的"海上大鸥"反舰导弹，而伊拉克导弹快艇缺乏防空导弹系统和较远射程的防空火力，在自己未进入反舰导弹射程内之前很远就遭到了直升机的打击，同样面对的是空—海不对称作战，"敌人能打你，你不能打敌人"。在这种严重不利的局面下，伊拉克海军出动的 15 艘导弹快艇，最后只有 3 艘逃脱，其余 12 艘全部被击沉。

第二天（1 月 30 日），美国海军飞机首先发现伊拉克海军的船艇大量从内河和沿海隐蔽处向外海开来。但船艇种类繁杂，绝大多数不是导弹快艇，而是包括大量几乎无武装的辅助性船只在内。由此可以判断：这次行动的主要目的不是前往攻击多国部队海军，而是准备逃往伊朗躲避。多国部队海军立刻派出飞机，在伊拉克—科威特外海的交通要道——布比延岛海域开始拦截和攻击这些伊拉克船艇。伊拉克海军不断有船艇从原隐蔽处开出来、试图闯过布比延岛海域向伊朗而去，遭到了不断盘旋的多国部队飞机的持续攻击。这场断断续续的战斗持续长达 13 个小时左右，3 艘伊拉克导弹艇被击沉，4 艘伊拉克导弹艇和 3 艘两栖登陆艇、1 艘布雷船和几艘辅助性船艇被击毁，残存的伊拉克海军船艇则逃往伊朗，伊拉克海军至此已经基本上被消灭。

从这次伊拉克海军大规模外逃事件也可以看出，向伊朗外逃的做法是一个大规模、有组织的行动，不是个别人自发的行径。伊拉克海军大规模外逃事件也从侧面印证了从 1 月 29 日开始的伊拉克空军战机向伊朗外逃事件应该不会是个别飞行员自发的孤立事件，而是伊拉克最高领导层的某种决策。如果说伊

拉克飞机外逃可以只是飞行员和少数地勤人员就可做到的事，伊拉克海军的船艇外逃却不是少数几个人就能做到的事。一艘船艇上有多名伊拉克海军官兵，出海前加注燃料量也更大，如此多船艇出海向伊朗逃去，绝非个人的叛逃行为可以做到。有鉴于此，多国部队怀疑伊拉克与伊朗之间存在某种秘密协议，两者在海湾战争期间形成了针对多国部队的一个"秘密联盟"。这使得多国部队阵营对伊朗提高了警惕，在激战正酣之时出现这样一个是敌是友意图不明的新动向，而且伊朗又一贯有极强的反美倾向，美国中央战区总部对伊朗充满了警觉。面对外界的质疑，伊朗外交部迅速发表声明：伊朗与伊拉克飞机船艇外逃事件没有任何预谋关系，伊朗绝不会任由伊拉克飞机、船艇把伊朗作为避难场所、战争结束后再安全返回伊拉克。伊朗在海湾战争中严守中立地位，不参与任何一方行动。所有逃到伊朗的伊拉克飞机、船舰，都将被作为伊拉克侵略伊朗战争的赔偿，被伊朗方面没收。

从海湾战争可以看到，巡航导弹和舰载机新技术的巨大发展，使得海洋已经成为对邻海国家更具战略意义和新的机会与威胁的方向。海上力量打击范围之远，已经远远超出了传统的岸对舰导弹的防卫范围，更不用说岸炮了，形成了对传统的岸防体制的显著不对称优势。同时，这种显著的不对称差距是由两者的技术将点决定的，岸对舰导弹和岸炮即使发展新技术，也依然赶不上巡航导弹和舰载机等攻击技术新发展。在此情况下，一些国家过去那种"重点依靠在海岸线陆地上建设国防工事、部署地面部队来保护海洋方向国防，而不是重视海军舰艇、航空兵部队和空军出海作战来保护海洋方向国防"的指导思想，完全无法保护国家海洋权益，等于拱手将广阔的大海让给别人作为对方肆意活动的空间，在现代战争下更丝毫无法阻止敌方强大舰队和航空力量从海岸线以外对本方纵深发起大规模打击，根本无法保护新形势下国家安全。从当代海湾战争和科索沃战争等历次现代化战争中可以清晰的看到，现代战争的模式已经出现了巨大的改变：

从海洋方向来的敌方可以根本不急于采取传统的大规模两栖登陆入侵，而先停留在对方海岸线以外较远距离，先以强大的空中力量和海基各种导弹对目标国沿海和纵深各重要目标发起强烈空中打击。由于受到地球曲面和制导技术的关键瓶颈限制，现在全世界传统飞航式岸对舰导弹射程最大都不过300千米左右，地面部队的火炮射程更短，即使是新式远程火力也不过在200千米左右。然而敌方航空兵和巡航导弹的打击范围却可达1500千米甚至更远，远远超出地面岸防火力的打击范围。按这种情况发展，海洋方向的战争将形成一种攻击方单向攻击的局面，即攻击方可以在海岸火力范围之外打击沿海多个重要目标，而被攻击方却不能有效打击攻击方在海洋上的重要目标，而只能最多击落敌来袭的一些战机和导弹，对敌杀伤效果远远不如攻击方对被攻击方沿海重要目标进行打击的效果。

这一点不但在传统飞航式岸对舰导弹时代如此，即使出现具有突破意义的弹道式岸对舰导弹之后，射程和突防能力大幅度提高，具备了在同样范围打击敌方舰队的能力，但仍不能完全扭转保守的战略思想带来的不利局面。其主要原因是：

1) 沿海重要节点目标大部分是地面固定目标，诸如重要发电厂、核电站、港口、机场、铁路枢纽、桥梁等目标不可能变成随时灵活转移的机动目标，大城市更不可能从沿海地区移动走。攻击方可以通过事先侦察圈定大部分目标位置，而且一经确定就很少有改变。而敌方航空母舰编队和舰艇却是机动目标，可以随时不断改变位置，被攻击方获得的敌方舰队位置信息随时有可能过时。如果情报信息不准，攻击方舰队已经根本不在原位置，那么岸对舰弹道导弹也可能找不到目标而失效。

2) 如果攻击方掌握了被攻击方近海的制空权，则可利用飞机随意侦察沿海目标，不断掌握最新信息。而反之，被攻击方飞机却无法有效侦察攻击方舰队最新情况。在世界海军军事规律中，有一条世界各军事大国、不分东西方阵营都公认的定律：在飞机可到达的海区，没有制空权就没有制海权。如果近海的制空权被攻击方掌握，则被攻击方舰只也无法有效地遂行侦察监视敌舰队的任务。即使是隐蔽性较高的潜艇，如果失去制空权掩护，攻击方可以派出大量反潜机密集巡航，防止潜艇掌握其准确行踪。尤其是由于水下通信技术的限制，即使发现敌舰队踪迹，潜艇仍需上浮到较浅深度才可向后方指挥部通信报告敌舰队行踪，而且无线电通信或水声通信都会发出敌方可探测的信号，可能招引攻击方前来搜索攻击。在目前技术条件下，潜艇和反潜机之间也是一种单向打击的不对称作战。如果潜艇方完全丧失海区制空权，敌反潜机可以肆意搜索攻击潜艇，潜艇的行动也将面临极大困难。而在茫茫海洋之上，不可能依赖传统的侦察员化装抵近侦察，如派出冒充民用船只抵近侦察，攻击方可采取直升机大范围外围警戒，禁止一切船只靠近舰队的策略，保证行踪安全。实际上，以美国舰队为例，在各次战争里都是这一做法。至于用卫星监视攻击方舰队行踪，的确是一个较好的、受攻击方反制相对较少的办法。但是，太空中的卫星必须按自己一定轨道飞行，侦察受云层厚度和卫星自身运行轨迹影响更大，灵活性略有不足，存在一定的盲点，更重要的是在信息实时传送回地面上存在一些难点，难以做到后方指挥中心随时掌握敌情。

　　所以，事实是非常清晰的：如果沿海方向制空权被敌掌握，被攻击方对敌舰队位置情报信息的获取将非常困难，面临信息权失手的问题。如果这样，岸对舰弹道导弹也难以及时有效的知道到哪儿打击敌舰队。

　　由此可见，如果被敌方掌握了近海制空权制海权，就可以长时间较为自如的向被攻击方发动单向打击型的空中突击，将造成被攻击方实力一步步被削弱。在这个过程中，海岸上的大量飞航式岸对舰导弹和海岸地面守备部队难以打击到海上之敌。相反，敌方不但可以在海岸火力范围之外从容打击被攻击方沿海多个 $C^3I$ 系统、通信基础设施、防空重要节点、政府领导机关、电力设施、交通枢纽、国民经济重要设施等重要目标，封锁对外海上贸易道路，还可以通过高强度的空袭不断削弱被攻击方海岸防御部队和岸基导弹部队。海岸防御部队和岸基导弹部队将处于难以打击敌人、只能干挨打的状态。尤其是被攻击方位于大陆海岸线以外的各列岛和群岛要塞区，许多自身都无淡水供给，依赖海上运输船只定期补给。此时如果敌不马上登陆，守岛地面部队不但无法对敌海上部队进行打击，而且还面临着严峻的被敌空中遮断打击运输船只、切断补给的危险。守岛地面部队人数越多，对于定期补给依赖越严重，运输船只被敌空中遮断击沉的风险越大，守岛地面部队断水断粮危险越大。敌有可能仅通过长时间空中遮断、切断补给，就迫使守岛部队处于不战自乱的困境。

　　即使敌通过长时间空中战役达成此阶段空中和海上战役目标之后，终于发起大规模两栖登陆入侵，但此时被攻击方海岸防御部队和岸基导弹部队有可能已受到严重削弱。并且由于海岸守御体系不可避免的分兵守御沿广大海岸线的各个节点，存在战线过宽而被敌集中兵力突破一点、随后实施包抄迂回、向纵深发展的危险。日俄战争里俄军固守坚固的旅顺口要塞区，但被日军从辽东半岛后侧登陆，切断了后援和补给，经过激烈血战后，最终俄军仍战败。日本侵略中国的甲午战争里，清朝军队虽然在威海等地修建了完善的炮台和要塞设施，北洋舰队龟缩刘公岛基地以保存实力，但仍被日军在威海要塞区范围以外的荣成湾实施登陆，包抄切断了威海的后路，最终威海失守，清朝北洋舰队全军覆没。这都是必须借鉴的历史教训。现代战争中空军和海军机动力的大大提高，使掌握制空权制海权的一方在选择沿海登陆突击点和突击时机时具备更强的机动性和突然性。如攻击方具备高优势的空中力量保证，则攻击方在被攻击方海岸线一点处集结兵力登陆入侵的速度，可能快于被攻击方陆军部队在毫无空中优势的情况下在陆地上调动驰援的速度。一旦出现这种情况，将是极其危险的。

　　对此有效的策略应是建立一支强大的空军和海军，同时保持一支拥有强大

作战部队，并且具有高效快速反应机动能力的陆军。如果超级强敌真的突破了
海空防御线，进行了登陆，被攻击方陆军仍可在空军的竭力支持下以部分沿海
重要防御支撑点为依托，与敌登陆部队在沿海地区鏖战，同时迅速调集强大地
面部队，对敌登陆地点实施快速机动阻截、分割、包围、反击，将其在登陆点
或沿海省份浅纵深予以歼灭。

# 第七章　经济战

## 第一节　巧立名目

　　石油工业是伊拉克国民经济的命脉产业，其在伊拉克 GDP 中所占比例超过一半。海湾战争中，美国空中力量把伊拉克石油工业设施列为排名第五的重点打击对象。对于多国部队的决策者来说，他们并不想破坏伊拉克蕴藏的石油资源，而只要破坏伊拉克的炼油能力和向外输送石油换取资金的能力，从经济上扼住伊拉克的咽喉。在海湾战争前，伊拉克每天可以提炼 580000 桶原油，其中伊拉克国内需求不到一半，大部分用于出口创收。多国部队在第一周重点打击瘫痪了伊拉克全国的电力供应网之后，从第二周起开始把打击重点转移到打击伊拉克石油工业上。1 月 24 日，多国部队空中力量对伊拉克石油工业目标进行了 25 次轰炸；1 月 25 日，对伊拉克石油工业目标进行了 16 次轰炸；1 月 26 日，对伊拉克石油工业目标只进行了 6 次轰炸；1 月 27 日上升到 16 次轰炸；1 月 28 日急剧上升到 75 次轰炸。在此后两个星期里，多国部队空中力量还将对伊拉克石油工业采取更大规模的攻势。在行动中，多国部队空中力量很多时候采用直接攻击炼油厂蒸馏塔的做法来摧毁其炼油能力。需要指出的是，由于这类目标体积很大，所以多国部队对它们通常不使用昂贵而数量较紧张的精确制导炸弹和战斧式巡航导弹，而多采用 F－16 等战机直接投放无制导炸弹来摧毁它们。对于如此巨大的目标和如此无能的防空力量来说，F－16 直接投放无制导炸弹也已经足以命中。况且炼油厂里到处都是易燃的油料，即使炸弹没有直接命中也足以引起巨大的火灾，造成炼油厂严重破坏。经过空中力量连续不断的攻击，伊拉克炼油厂遭到了严重的破坏。到海湾战争结束时，美国中央情报局最后做出结论：多国部队的空袭造成伊拉克 90% 以上的石油提炼生产无法进行，伊拉克的国民经济体系遭到了严重的破坏。多国部队的空中攻击完全瘫痪了伊拉克国民经济，从根本上摧毁了伊拉克持续进行战争的能力。战略空袭的巨大威力，足以让美国政治家们十分满意了。

然而这一切目标的选定，也不是那么一帆风顺的。在海湾战争开始前的最后两天，1 月 15 日，美国主管外交事务的国务卿詹姆斯·贝克和助理国务卿罗伯特·金米特亲自前往五角大楼，与美国国防部长切尼和美国参谋长联席会议鲍威尔一起对"沙漠风暴"计划中攻击的目标进行查看，审查其中可能涉及民用目标的部分。在此之前，美国政府就已经为空中攻击划出了红线：他们希望通过战争击败萨达姆和伊拉克，消除伊拉克在海湾地区对美国霸权提出的挑战和威胁。但是，在打击伊拉克经济基础设施上，美国政府与美国军队的态度又有着一些差别。

　　与清晰明确的军事目标不同，敌国经济基础设施在战争中带有明显的双重性质。它既可以为敌国人民和经济服务，保障社会的正常运行，也可以为军事用途服务，增强敌国的战争实力。对其的打击，毫无疑问也会影响敌国人民的生活，甚至造成平民死亡。为此，需要在打击时谨慎并有所区分。美国政府要求，在对伊拉克电力设施打击中，对发电厂目标的攻击范围要限在配套的配电站、变压器、交换场等目标上，而不是摧毁发电机房，不能以涡轮发电机、锅炉和发电机房为目标。这样做是因为打击前者同样可以造成大面积停电，而且战后容易修复，几个月内就可以恢复正常。而打击涡轮发电机、锅炉和发电机房，会造成严重的不可逆的损害，战后短时间内也无法恢复。对石油设施目标的攻击，范围要限在输油的关键泵站和管线等目标上，而不是摧毁原有蒸馏塔、成品油生产车间为目标，更不准攻击伊拉克油田采油设施。这同样是基于打击前者也可以造成石油工业的瘫痪，而且易于修复。而打击蒸馏塔、成品油生产车间和油田采油设施，会造成短期内无法修复的损害。尤其是如果伊拉克的石油开采和提炼能力受到根本性的损害，有可能造成石油价格长期飞涨，反过头来打击的是美国等石油进口大国自己的利益。因此美国政府要求，只打击伊拉克的炼油能力，不能打击伊拉克的产油能力，并且宣称：只有确定这些目标在生产军事用油的情况下，才能攻击这些目标。如果某些石油设施不生产军事用油，那么就不应该摧毁它们。为了战后科威特重建，美国政府要求对伊拉克和科威特的目标区分对待，尽力保全科威特的基础设施。不过，美国政府战前很早就批准了把伊拉克电视台、广播电台、民用电话和电报设施列为打击目标。其实这些目标在国际公约中并不被确认为军事目标，但是美国认为，通过打击这些目标，可以让萨达姆无法对伊拉克人民发表反对美国及其盟国的言论，无法动员其国民参战，可以大大削弱伊拉克军人和平民的作战意志，并可让伊拉克人直观地猜疑伊拉克军队作战的效能，展示他们军队和领导层的无能。由于有这么大的好处，所以美国不惜可能引起部分国际舆论质疑，坚

定地把电视台、广播电台、民用电话和电报设施都列为打击目标。至于为此"擦屁股"的方法吗，美国某些媒体早已轻车熟路了，只需对外把萨达姆渲染成希特勒，把伊拉克电视台和广播电台说成纳粹宣传部长戈培尔的宣传机构，那当然攻击伊拉克电视台和广播电台就可以堂而皇之地成为"正义之举"了。

关于打击伊拉克经济基础设施目标时的注意事项，美国政府早已向五角大楼提出过。在攻击最后发起前，国务卿贝克和助理国务卿金米特再次来审查。他们很快就惊讶地指出，计划中一部分对电力设施的打击没有贯彻"不能以涡轮发电机、锅炉和发电机房为目标"的原则；而一部分对石油设施的打击没有贯彻"不能以原油蒸馏塔、成品油生产车间为目标"的原则。国务卿贝克要求五角大楼立刻改变违反规定的做法，五角大楼立刻把这一压力向中央战区总部进行了转达。

其实从制定作战计划之初，一部分"黑洞"小组的成员们就感到：如果对电力设施的攻击仅仅以配电站、变压器、交换场等为目标，那么毁坏程度过于轻微。伊拉克方面只需要很短的时间就能把电力恢复起来。这样的空中打击力度过于微弱，美国空中力量需要不断地冒着敌人的防空火力对同一目标进行重复打击，这就使美国空中力量的飞行员反复处于高危险环境中。所以小组的大多数成员都对这条规定持反对意见。对石油设施也是如此，如果打击只限于输油的关键泵站和管线上，同样不能造成长期的破坏，很容易被修复，有可能造成美国空中力量的飞行员反复处于更高的危险中打击同一批目标。至于区分这些设施是否具有军事用途，哪个当时正在被用于军事用途，哪个当时没有用于军事用途，美国空军根本没有这个能力、也没有这个义务来区分敌国哪些设施正在生产军事用品，哪些不正在生产军事用品。美国空军又不是别国国民经济专家，怎么能分辨不同工厂生产的同样产品哪些是供军用的，哪些是供民用的。如果真的按美国政府要求的这一原则做事，那么美国空军根本就无法对整个这类目标进行军事打击。"黑洞"小组的很多成员都觉得：

"既然是战争行为，华盛顿的目的也是让我们尽力破坏伊拉克的战争潜力和国民经济设施，包括伊拉克的电力和石油设施。那还要管这些假仁假义的措施干什么？难道这些假仁假义的措施还能比直接影响到对伊打击效果和美国飞行员生命安全更重要吗?！如果美国政府真的认为不应该打击和破坏伊拉克的基础设施和工业设施，那就干脆不要准许攻击这一类目标。既然美国政府认为需要攻击和破坏这一类目标，可是又对攻击的具体位置这样的细节吹毛求疵，这不是人为地制造麻烦吗？这种做法，只会给军人们流血牺牲的战斗带来更大的麻烦和风险！既然战争已经发生，那么它就必须遵从战争自身的规律，而不是依照政治上假仁假义的需要来指导。"

面对此时的麻烦，中央战区空军司令霍纳中将没有公开附和这些年轻军官的意见，他只向上级反映，虽然一部分计划不符合美国国务院的政治原则规定，但是现在有一个很紧迫现实的问题：

那些计划攻击伊拉克发电厂和炼油厂的战斧式巡航导弹都已经提前装定好了目标的信息和位置坐标。战斧式巡航导弹的目标装定是一件相当复杂的工作，首先要通过地球测绘卫星进行伊拉克地形测绘，做出目标所在地区的电子地图，其次侦察卫星要收集足够的目标具体信息以标出在电子地图上，并清晰地提供目标与周边环境物的识别关系，接下来需要把目标信息和电子地图综合进战斧式巡航导弹的惯性导航＋地形匹配制导系统，作为编制好的制导程序确定下来，指导巡航导弹的飞行。这一工作要牵涉几个部门，技术上也十分复杂，需要长达上月的时间来修改。此时已经是 1991 年 1 月 15 日，离战争打响已经只剩下不到两天时间，如果此时要更改目标，很可能就无法赶上战争开始的攻击行动。

中央战区只有面对这个政治上的麻烦与军事上的需要之间的冲突。施瓦茨科普夫也感到非常恼火，作为一个出身于基层作战部队的军人，他完全能理解空中力量人员的想法。他毫不犹豫地答应向五角大楼去协调。不过，国防部长切尼和参联会主席鲍威尔都拒绝了批准违反美国国务院规定的命令的可能性。这使诺曼·施瓦茨科普夫上将非常气恼和棘手。虽然诺曼·施瓦茨科普夫反复阐述此时改变目标带来的问题，但切尼部长还是没有给出任何同意的意见，而且施瓦茨科普夫也不知道切尼是否真的向美国国务院方面去沟通过军方的苦恼。他想起了与切尼通电话时，切尼总是反复重复同样的官腔："嗯～～～我知道！那你们也要必须确保军事行动顺利推进！"

这叫什么话？那到底是怎么办?! 那些与美国政府对外口径不一样、可又已经来不及修改的轰炸做法到底该怎么办？施瓦茨科普夫只有和中央战区的高级将领再次一起商量。大家心里都很清楚，华盛顿要政治上的有利影响，可又要军事打击的有力结果，可这两者之间有明显的矛盾。有人问道："上面到底要我们怎么干？"有人没好气的回答："他们只要最后得到他们的结果，却不管过程对于我们可行不可行。"终于，一个天才的方法涌上了军人们的心头。一份按要求修改后的计划很快报给了华盛顿方面，并得到了华盛顿方面的批准。两天后，海湾战争正式打响。但包括战斧式巡航导弹在内的空中武器仍然按照原计划对伊拉克发电厂进行了打击。美国飞行员在攻击伊拉克炼油厂时也依然把蒸馏塔和成品油车间作为攻击目标。当伊拉克发电厂和炼油厂要害设施

一再被打击的电视镜头越来越多，而与美国政府的宣传口径越差越远，终于引起一些记者注意时，中央战区空军司令查尔斯·霍纳将军和其他人都会十分技巧地回答："那不是我们的本意。众所周知，多国部队十分重视避免对伊拉克国民经济和基础设施的长久性破坏。但是，由于技术原因，我们的轰炸的确出现了一些偏离原目标的问题，这属于不能完全避免的误炸。"不过，这个表态不会影响美国空军继续"误炸"伊拉克国民经济和基础设施。

在决定国家命运的战争面前，不应以可能导致本方付出重大伤亡甚至失败的代价来把政治要求凌驾于军事需求之上。这一点不但适用于美国军队，更同样特别值得某些文化历史传统上特别注重仁义道德和正义文明的国家注意。只要确保战争性质是正义的、而且不是本方首先发起的、本方是迫不得已才进入战争，那么，一旦进入战争就应全力以赴，绝不应有宋襄公式愚蠢的仁义。

# 第二节  政治修辞

对于在战争中打击敌国电力和石油设施一事，美国政府经常充满修饰词汇地表示："我们知道，这些目标虽然除了为该国军事力量服务以外，也为该国非军事的国民经济和人民服务。但是为了防止这些设施被敌国用于军事支援，依然有必要对它们进行打击。美国的军事行动一直在尽最大努力避免给该国普通人民制造伤亡和损失。美军在制定和执行这项任务时，都会特别注意避免造成平民伤亡和间接伤害。并会格外注意尽量不引起该国国民经济长期的损害，而仅仅是战时短期的不可使用。如果该国政府被推翻，美国将很乐意立刻投入该国的恢复重建工作。美国政府一直致力于用行动向该国人民展示一件事：如果推翻该国政府暴政，那么贵国的经济和政治前景都会一片光明。如果没有该国政府的存在，这一切军事打击本都不会发生"。

其实，在战争中打击敌国电力和经济基础设施一事，根本不是首次发生。虽然美国阐释自己攻击敌国国民经济设施的辞令很冠冕堂皇，但是这不会影响开战仅3天伊拉克的电力设施就被摧毁到只剩下战前30%水平。至于这被摧毁的电力供应里是否有80%～90%用于民用，而只有10%～20%用于军用，那当然是"在激烈的战争里来不及去——区别的"。毕竟战争不是一些"民主自由人权专家"坐在镜头前空口清谈贴金抹粉么。贴金抹粉是一定要做的，但如果因为贴金抹粉而影响到战争结果，那就是愚蠢了，美国哪能像某些"民主自由人权专家"那么愚蠢呢。如果美国从军事上需要，那么即使把对手的电力供应炸回到只剩战前的1%，也可以说其他99%电力都是用于军用而摧毁它。

虽然美国的辞令似乎如此关注敌国普通人民的生计，但是这不会影响美国摧毁敌国的电力设施和基础设施。至于给敌国普通民众带去巨大的生活不便、经济凋敝和生计困难，美国政府早已经说了，要怪就只有去怪贵国政府吧。民主自由、一向最关心人权的美国在轰炸的时候是"很不情愿"的哦。

美国政府选择空袭目标的界限标准"虽然可以为敌国非军事的国民经济和人民服务，但也可以为该国军事力量服务"，其实非常宽泛，可以用于打击交战敌国的任何目标，实在是一条放之四海而皆能用的好标准。例如，美军把伊拉克首都巴格达通往全国的海尔克电话交换系统列为指挥控制和通信目标，位于巴格达市中心的电话电报公司被列为战略防空体系目标。其实这些电话系统主要用于民用，真正军用用途并不多。为了保密和安全起见，世界各主要国家的军用通信线路都主要使用专门的军用线路，很少直接使用民用电话线路。至于军事电报通信，更是很少依靠民用电报局系统来进行。民用的电话交换系统和电话电报公司，主要是战时通讯的备份补充手段。美国空军摧毁伊拉克的民用电话交换系统和电话电报公司，从军事上是可以理解的，起码比其攻击敌方发电厂要合法一点，对敌国普通民众生活的影响程度也小一些。

由于石油产业是伊拉克国民经济头号支柱，是伊拉克经济的命脉，所以美国毫不犹豫地将其列为重点打击对象。可以确定的是，如果美国的交战敌手不是伊拉克，如果交战敌手的战略行业不是石油产业，而是其他现代化工业体系，那美国也会毫不犹豫地把对方的大型钢铁厂、电子工厂、化工厂、机械厂、机床厂、汽车厂、炼油厂、发电厂都作为空袭打击目标。因为"这些目标虽然除了为敌国非军事的国民经济和人民服务以外，也都"可以为该国军事力量服务"。"为了防止这些设施被敌国用于军事支援"，当然也有必要对它们进行打击。至于一些水库大坝、民用核电站之类的目标，也未尝不会出现在美国及其盟友的空袭目标清单上。因为这些目标"除了为敌国非军事的国民经济和人民服务以外，也可以为该国军事力量服务"，这个标准实在是太好用了，想怎么套用都可以获得满意的解释。何况打击敌国水库大坝和核反应堆的事，美国的盟友英国和以色列也都干过。

即使敌手没有像样的基础设施和工业，那么那个国家所倚重的方面也同样会受到美国空中力量的猛烈攻击。最典型的例子就是越南战争。越南是一个农业国家，没有多少现代工业设施可破坏。为了加大对越南的战略打击力度，美国空军竟然对越南大片山林、农田施放落叶剂。落叶剂不仅仅像美国政府宣称

197

的那样打击热带丛林，以便让越南游击队无法借助热带丛林的掩护袭击美国军队，也绝不只对热带丛林有效果，而是对越南的农业生产造成了严重影响，并造成大量婴儿致畸。当然，美国政府宣布美国的落叶剂只撒布在热带丛林地区而没有在农田地区使用，面对越南方面向世界舆论拿出的证据时，只需要遗憾地表示，可能有一部分农田和丛林混杂地区受到了少量落叶剂沾染。

其实，在战略空袭中对敌方国民经济设施和基础设施进行打击，是为了军事胜利的需要，从国力和国民经济上不断削弱对手，扼住对手的喉咙，迫使对手越来越虚弱，让对手无法承受国民经济和基础设施遭到的严重破坏，最终无力打下去而服从美国的战略目的。这一点本可勿庸讳言，是一种重要而且有效的战争手段，是战争的一个必不可少组成部分。但是西方某些媒体偏偏还要把这种行为美化成民主自由人权的一部分，发明各种辞令来修饰自己这种行为。这种虚伪的行径，却能占据西方主流媒体的舞台，并不断贴金抹粉，除了背后有他们共同的意识形态和共同的利益之外，还有美国强大的舆论宣传能力作用。美国媒体善于以不僵硬说教、不满篇套话空话、不过分着痕迹、偶尔批评美国自身、貌似客观中立、实则小骂大帮忙，用普通观众喜闻乐见的方式潜移默化地推销自己的主张。这其实是很值得借鉴的宣传手段。

# 第三节　萨达姆也发声

面对着开战以来多国部队强大的军事压力，面对着严重不利的战况，伊拉克铁腕强人、总统萨达姆·侯赛因没有退让。他不但没有宣布从科威特撤军，相反还继续展示了高调的强硬。1 月 17 日凌晨 2 时，多国部队开始空袭伊拉克。7 点 15 分，萨达姆·侯赛因在伊拉克电视台对伊拉克全国人民和军队发表了电视演说。他严厉谴责美国及其盟友对伊拉克发起的空袭。在电视镜头前，他保持着镇静自若，激昂慷慨地说道："虚伪的、罪恶的美国布什总统伙同沙特阿拉伯的叛徒对伊拉克进行惨无人道的空中屠杀，对伊拉克人民欠下了大量的血债……现在圣战已经开始，我们伊拉克人民、阿拉伯人民要加倍的还击敌人，保卫祖国和革命事业，要勇敢地去做出牺牲！……伊拉克人民必将打败异教徒和他们的同伙……同魔鬼美国布什和罪恶的犹太复国主义分子的战斗已经打响，高举伟大的伊斯兰火炬的英勇的伊拉克人民将会取得最后胜利！"，"神圣的战斗之母行动，在撒旦美国布什的犯罪活动开始后，已经打响！"，"真主与我们同在，兄弟的巴勒斯坦人民和麦加的人民将获得解放，以色列侵占下的戈兰高地和黎巴嫩也将获得解放!"!

1月17日萨达姆的"战斗之母"讲话虽然不是炮弹,但是在多国部队参战国领导人耳中,它像炮弹的爆炸一样刺耳和危险。因为他不但大力谩骂了美国及其同盟,而且大力把海湾战争渲染成"与魔鬼美国布什和罪恶的犹太复国主义分子的战斗",同阿拉伯世界与以色列的世仇、伊斯兰世界与西方世界的冲突联系起来,具有一定的煽动力。从这一刻起,伊拉克国家电视台和广播电台不断地播放伊拉克当局的最新战报,鼓舞伊拉克人民和军队全力以赴对多国部队进行作战。也从这一刻起,美国空中力量多次空袭打击伊拉克广播电视设施,把伊拉克许多广播电视设施炸得纷纷房倒屋塌。不过这也没有能使萨达姆闭嘴,他依然不断地发表着各种演讲。萨达姆口若悬河,表现出相当不错的演讲才能,如果听着他有关伊拉克雄壮战绩的讲话,几乎差一点使国外的人们忘记伊拉克正在被空中攻击打得严重一面倒。1月23日,萨达姆公开视察了位于伊拉克南部的伊拉克陆军和共和国卫队阵地。伊拉克国家电视台全面报道了萨达姆的视察。在电视中,萨达姆照旧穿着他那身熟悉的军装,面带笑容地与军官们交谈,表情依旧轻松,受到了他部下伊拉克官兵的欢呼。这一新闻画面有力地批驳了一部分西方媒体当时报道萨达姆已经终日只敢躲藏在地下、根本不敢露面、甚至已经逃往海外的谣言。这一新闻对于伊拉克军队和平民的士气的确起到了一些有利作用。一些西方媒体质疑,这条新闻是战争开始前就提前录制好的,或是在安全的防空工事里拍摄萨达姆,再加配外面情景的画面,属于专用于鼓励士气的"摆拍"宣传品。然而多国部队情报人员在仔细观看新闻的背景画面后,认为这不是事先录制好的东西,背景画面也不是后合成上去的,萨达姆的确此时还能够在一些地方活动。不过,的确还有一个另外的可能性,就是萨达姆有几个长相酷似的替身,他们扮演成萨达姆在前线抛头露面、给军队打气。但这个说法的真实性,虽然战争已经过去了很多年,依然还不能确定。

除了采取各种手段鼓舞伊拉克军队的士气,萨达姆也在想尽一切办法来同样打击多国部队方面的国民经济和军事力量。

## 第四节 伊拉克空军反击

到1月24日,海湾战争开始已经一个星期了。战争的空中交战完全呈一面倒之势,多国部队空中打击已经收到了很大成效,伊拉克的战略防空体系已

经基本被打瘫痪，伊拉克的政府机构大楼和 C³I 通信指挥中心已经基本被摧毁过半，伊拉克的电力和石油设施已经陷于失效过半，核生化设施也纷纷受到攻击。然而伊拉克空军方面不但在自己国家天空的空战中乏善可陈，而且甚至连一次反击也没有。基本上可以说，多国部队空中力量可以无视伊拉克空军的攻击能力。

这种情况直到 1991 年 1 月 24 日才稍有改变，这一天美国空军的一架 E - 3A 空中预警指挥机率先发现有 2 架伊拉克 F1EQ 幻影战斗机在低空向海湾上空飞去，明显意在攻击海湾上的多国部队军舰或过路的商船。E - 3A 空中预警指挥机立刻根据本方空中战机分布的态势，引导沙特阿拉伯皇家空军第 13 中队的 2 架 F - 15 前去拦截。附近美国海军的一个 F - 14 战斗机编队也可以随时进行拦截。

沙特阿拉伯空军的 2 架 F - 15 按 E - 3A 预警指挥机的引导，很快飞到了 2 架伊拉克空军的幻影 F1EQ 战斗机的飞行线路附近，保持着对幻影 F1 的隐蔽跟踪。但是沙特阿拉伯空军 F - 15 编队的长机阿依希德·萨拉赫·沙姆拉尼少校不打算进行正面的超视距拦截，他在 E - 3A 预警机引导下绕到这些幻影 F1EQ 战机的背后盲区，牢牢地锁定他们，接着从容自若地向这两架伊拉克战机各发射了 1 枚 AIM - 9P 红外制导近距格斗空对空导弹！没等伊拉克战机发现异常情况，2 发 AIM - 9P 近距格斗空对空导弹已经拖着白烟直接命中了各自的目标！由于根本未察觉自己正被跟踪和攻击，这 2 架伊拉克战机甚至连红外诱饵都没有打出来，所以 AIM - 9P 导弹当然也不会错失目标。整个空战从开始到一边倒结束，只用了几十秒钟。沙特阿拉伯空军在海湾战争里取得了他们的第一个和第二个空战击落战果，整个空战过程干净利落，处理得当，反映出很高的战术素养。返航后，沙姆拉尼编队受到了英雄般的欢呼。不过，一名退役的美国 F - 15 飞行员对美国的杂志发出了质疑：

"关于这两个战果，有一些严肃的问题需要询问。首先，作为一架超视距作战的战机飞行员，他为什么要进入视距内才发起攻击？其次，整个过程中他的僚机上哪去了？"并指责沙特阿拉伯的 F - 15 把伊拉克幻影 F1 战机已经放到离海岸太远了，伊拉克战机已经差一点可以进入对商船发射飞鱼导弹的射程。

其实，这种疑问只证明这位退役的美国 F - 15 飞行员离开作战部队已经太久了，他的战术意识已经完全过时了。——既然本方具有单向透明的战场信息权，而对方对空中情况几乎无法知悉，那为什么还要头对头去搞什么超视距攻击？隐蔽地进入对手的盲区，跟踪对手，然后直接以一个奇袭毫无悬念地结束敌手，不是最好的选择吗！沙特阿拉伯空军第 13 中队的战机不在视距外就开始空战，只是为了尽量不过早暴露雷达信号让敌手察觉，从而成功实现了隐蔽攻击。为什么在有偷袭结束敌手的机会下却去做那种面对面的堂皇之战？现代战争从来不是中世纪骑士交锋，如果把现代战争联想成必须面对面的 PK，那么那种人与傻瓜没有多大区别。其实就连美国空军自己在前面的空战中，也没少采取这样的偷袭战术。

之后，又有一部分西方媒体报道说：在这次空战之前，沙特阿拉伯空军的 F－15 一直在"沙漠风暴"行动中远离得罪人的黑脸角色，他们始终只是在自家边境上空做飞行巡逻，而且巡逻空域距离伊拉克—沙特阿拉伯边境还有一段距离。这样就成功地使沙特空军的 F－15 避免卷入任何一场空战。正是为了打破这种情况，美国空军的 E－3A 预警指挥机才在附近有美国海军的 F－14 编队处在相当有利的位置、可以更快地解决这两架幻影战机的情况下，却坚持要引导两架沙特阿拉伯战机前往拦截。很显然，这是基于政治考虑的结果，意在通过让沙特阿拉伯战机直接击落伊拉克战机，而将三心二意的沙特阿拉伯彻底无法逆转地卷入与伊拉克的战争。

不过，西方媒体上述报道完全不符合事实。从战争开始的第一天，1 月 17 日起，沙特阿拉伯皇家空军就已经积极地参加到了空中打击之中。沙特阿拉伯空军的战机参加了对侵占科威特的伊拉克军队的空中轰炸，也参与了为多国部队空中攻击编队护航的部分任务。沙特阿拉伯从战争第一天就已经坚定地与伊拉克作战了，根本不需要美国设置圈套让沙特阿拉伯的 F－15 与伊拉克战机进行空战后才结束所谓"三心二意"。虽然包括沙特阿拉伯在内的阿拉伯国家军队在海湾战争中表现很勇敢，但他们依然总是受到一部分西方媒体这样那样的有色眼镜看待和指责。

# 第五节　对比斯塔克号事件

1 月 24 日的 2 架幻影 F1EQ 战机出海，是伊拉克空军在海湾战争期间第一次反击作战，也是最后一次。这次反击行动以惨败告终，可是许多人们都不由自主想起了短短 3 年前的 1987 年幻影 F1EQ 战斗机误击美国护卫舰"斯塔克"号事件。在那次事件里，美国"斯塔克"号护卫舰被伊拉克幻影 F1EQ 战斗机发射的 2 枚"飞鱼"反舰导弹先后击中，"斯塔克"号严重受损，舰上美军死亡 37 人之多。为什么前后仅仅相差 3 年多，同样攻击美国军舰的结果却如此

大相径庭呢？这里面存在什么必然原因吗？

两伊战争后期，为了彼此打击对方的国民经济命脉——石油输出，伊拉克和伊朗的军用飞机与海军舰船都竞相攻击路过海湾的外国油轮和商船，途径海湾的外国油轮和商船成了被无辜殃及的池鱼。两伊总共攻击了近 600 艘油轮与货船，造成了世界石油市场的严重动荡。为扼制两伊对油轮的攻击，恢复世界石油市场的价格和输出平稳，保证自身的利益，1987 年，美国和许多西方国家派出战舰，赴波斯湾和阿拉伯海为航经该海域运送原油的船只护航。

1987 年 5 月 17 日，美国海军"斯塔克"号护卫舰照例在波斯湾上巡弋，防止两伊的战机和舰艇对正常航运的民用船只发动袭击。晚上 20 时，一架美制预警机率先发现一架伊拉克幻影 F1 战斗机由北向南而来，向波斯湾海域一路飞来。不过美国方面对此并没有引起太大注意——以美国为首的西方国家派出战舰赴海湾地区为油轮和商船护航，名义上是遏制两伊双方，但实际上美国战舰的举动主要是针对伊朗。美国海军与伊朗发生了多次海空冲突，美军多次击沉伊朗海军舰艇，击落伊朗飞机，而对伊拉克飞机却始终网开一面，只驱离而不打击。这实际是当时美国里根政府一贯的在两伊战争中支持伊拉克政策的体现，是明显有利于伊拉克的。而且美国中央情报局还长期向伊拉克提供情报，帮助伊拉克同伊朗交战。因此美国军队认为，伊拉克是知道美国在两伊问题中的立场的，不可能针对自己发动攻击。由于预警机监测到这架战机是从伊拉克出境的，因此从一开始就不像针对伊朗飞机那样警觉。美军认为这只是伊拉克空军稀松平常的一次例行出海飞行任务，未予重视。这架伊拉克战机随后左转向东朝着"斯塔克"号所在海域飞去。"斯塔克"号第一时间就得到了空中预警机发来的空情通报。

当伊拉克幻影战斗机接近到 100 英里内的时候，"斯塔克"号上的对空雷达也发现了它。当时这架幻影 F1 的高度为 5000 英尺（约合 1700 米），航速近 1000 千米/小时。5000 英尺高度完全无法利用海面杂波对舰艇防空雷达的干扰，也不利于防范防空导弹，可以说是非常有利于防空武器作战的高度，而完全不是一个适合攻击的高度。如果伊拉克飞机当时已经知道目标是"斯塔克"号这样的一艘战舰，为了避免被军舰的防空雷达发现，应该是采取超低空（150 米以下）进入，突然爬高发射空对舰导弹后迅速脱离的标准战术。那也是阿根廷海军航空兵袭击英国"谢菲尔德"号驱逐舰的战术。正是有鉴于此，所以"斯塔克"号上的官兵们也丝毫未对伊拉克战机特别注意。21 时左右，"斯塔克"号舰长博兰多尔中校终于发出了一次呼叫："不明飞机，这里是美国海军'斯塔克号'，请说明你的身份和目的。"但是伊拉克战机未予回应。

"斯塔克"号舰长对此没有引起警觉，他无论如何也无法相信：难道伊军战斗机会把本舰当成油轮？怎么可能呢，护卫舰的雷达反射信号怎么能和那些"巨无霸"油轮相比？伊空军飞行员的技术素质怎么可能低到这种程度！

"斯塔克"号依然没有采取任何防御措施和电子干扰。几分钟后，"斯塔克"号上的SLQ－32（V）2电子报警系统截获了幻影F1EQ的机载雷达发出的锁定信号，这是一个最明显的危险征兆。然而由于舰上的人员十分疏忽，始终没有想过伊拉克战机会对其开火，依然没有启动全舰防空警报！几分钟后，预警指挥机发现这架伊拉克幻影战斗机在距离美舰大约45千米处转向掉头而去。美方的理解是该机正常返航回基地了。不过无论海上的"斯塔克"号还是空中的预警机，竟然都没有发现伊拉克战斗机在转向前已经发射了两枚飞鱼反舰导弹。两枚飞鱼导弹正以超低空高度掠着海面飞向毫无防备的"斯塔克"号！

几分钟后，竟然是"斯塔克"号上的了望哨用肉眼、而非"斯塔克"号上的防空雷达，率先发现了凌空而来的飞鱼导弹，他的尖叫报警竟然成了"斯塔克"号上最早的报警。"斯塔克"号急忙加速并转向，企图以舰艉"密集阵"近防武器系统对准来袭导弹迎击。但已经来不及了，随着一声惊天动地的巨响，一枚"飞鱼"导弹穿入"斯塔克"号左舷，摧毁了位于该处的住舱区。另一枚"飞鱼"导弹也命中了附近位置，并引发了剧烈大火，舱壁被溶化变形，数个舱室被破坏，位于直接中弹点上一层的舰上指挥通信中心也被完全摧毁，位于直接中弹点下一层的第二士兵住舱也被摧毁，而且位于走廊上的消防主管线也被破坏，使得"斯塔克"号在第一时间无法有效自救。最后，全舰共有35名船员被当场炸死、烧死或被燃烧产生的有毒气体窒息而死，另有2人失踪。最后查明，这2名不当班的士兵很可能是在士兵舱中熟睡的时候被导弹炸出了舰外，落入大海，最后也只能判定为死亡。如果不是因为其中一枚"飞鱼"导弹的引信失灵，将"斯塔克"号打了一个大洞却没有爆炸，"斯塔克"号很可能葬身海底。

"斯塔克"号事件后，美国对伊拉克提出了外交上的严重警告，伊拉克也多次表示"确实是误击，绝非故意而为"，并作出了道歉和赔偿。美国也就暂忍一时之气，没有做出军事报复。作为一艘全副武装的现代化美国军舰，"斯塔克"号却能被一架伊拉克幻影F1战机和飞鱼反舰导弹轻易得手，确实让人有些不可思议。作为一艘1982年刚服役的新军舰，"斯塔克"号从对空防卫角度上说，除了防空雷达的早期预警，还可以组织起四层防卫来。它装备的对空武器，包括一具多用途"标准"防空导弹发射架，一门76毫米奥托－梅莱

拉速射炮，一座6管密集阵近防炮，其中"标准"防空导弹可以远距离拦截导弹或者打击导弹载机，奥托76毫米炮可以用于中距离拦截，密集阵20毫米六管炮可以形成近距离防卫，此外还有电子干扰手段和自卫电子干扰弹发射装置，用于干扰反舰导弹最后的制导。然而，这些防御手段竟然一个也没发挥作用。甚至"斯塔克"号上的对空雷达形同虚设，最先发现来袭导弹的竟然是了望哨的肉眼。

造成这种不正常现象的根本原因，是因为美舰上的极度松懈和缺乏警惕性。这种对伊拉克战机的极度松懈和缺乏警惕性从根源上来自于美国当时的国家政策。在两伊战争中，美国一直长期支持伊拉克，美海军开到海湾护航后，又偏袒性地连续打击了伊朗的海军和飞机，而对伊拉克同样的行为一直较为宽容，这些行为都是对伊拉克客观有利的。而且伊拉克和伊朗激战正酣，也离不开美国的继续支持，伊拉克如果此时与美国开战，实属愚蠢至极、自取灭亡。因此，美国海军的指挥官们纷纷把自己看做"给伊拉克帮了大忙的恩人"，"伊拉克找靠山都来不及的大靠山"，根本就没有想过伊拉克会攻击自己。这样一来，也就使他们在面对伊拉克战机敌情时始终安之若素。其实正在海湾中部巡航的空中预警机一直在不断向"斯塔克"号舰发来伊拉克战斗机情况通报，即使"斯塔克"号舰上对空雷达没有发现幻影战机，也一样可以通过预警机传来的情报不断标定伊战斗机方位。包括"斯塔克"号舰长在内的美国海军军官们想当然地把伊拉克战机的行动看做对自己毫无关系，所以在防空雷达早已发现伊拉克战机、且无线电问询未收到回复的情况下，依然毫无防空动作。尤其是伊拉克空军幻影F1战机从5000英尺高度大大咧咧地飞来这一糟糕的战术动作，让"斯塔克"号舰长在内的美国海军军官们想当然地认为这根本不可能是来攻击一艘军舰的（如果真的以如此糟糕的战术动作来攻击一艘现代化的美国军舰，那早就被击落了，根本构不成威胁）。然而这种想当然的做法，严重高估了伊拉克空军训练水平，错误地排除了误击的可能性，使"斯塔克"号处在了极度危险的地步上。其实，伊拉克空军幻影F1战机采用从5000英尺高度大大咧咧地飞来攻击"斯塔克"号这一低劣的战术动作，恰恰是伊拉克飞行员根本就把"斯塔克"号错当成了商船这类毫无反抗力的"肥羊"。而包括"斯塔克"号舰长在内的美国海军军官们又想当然地认为：伊拉克空军战斗机怎么可能把一艘军舰当成商船？伊空军飞行员的素质怎么可能低到这种程度？从而在受到攻击之前的最后关头，依然糊里糊涂地放弃了所有舰载武器的防卫机会。这一连串的麻痹、想当然、松懈、缺乏战备意识，最终酿成"斯塔克"号被击中的严重灾难。这件事不但有"斯塔克"号舰的问题，而且空中预警机也有问题。为什么没有发现贴近海面飞行的"飞鱼"导弹，现在外界还弄不清这实际是由于预警机上人员精力不集中、疏于职守、训练水平不够，还是空中预警机对于发现贴海飞行的反舰导弹存在技术问题。

除了人员因素造成的主因之外，"斯塔克"号护卫舰固有的设计缺陷也是次因之一。遭重创的"斯塔克"号属于佩里级导弹护卫舰，是冷战时期根据"高低搭配"的原则设计生产的一型低档通用护卫舰。该级舰在设计制造时强调了"费用上限"原则，以降低成本，节省开支。因此在性能上就不可能不有所降低，不追求过高过全性能。糟糕的是，佩里级在舰载电子设备和武器上遗留下了严重缺陷。可用于拦截来袭反舰导弹的"密集阵"近防炮不是前后安装在射界良好的前后甲板上，而是在遮挡严重的上层建筑夹缝中，这样一来就造成了很大的射击死角。佩里级导弹护卫舰的这个缺陷可以说显而易见，但由于美国海军过于自信自己舰队防空能力强大、很少有反舰导弹能突破舰队外圈防空圈，大部分来袭导弹即使突破了第一层防御圈也会被舰队强有力的防空导弹拦截，真正依靠佩里级护卫舰最后的"密集阵"近防炮来解决导弹的机会很小，所以美海军始终没有对佩里级存在的缺陷予以重视和解决。在"斯塔克"号事件中，当最后时刻了望哨用肉眼看到来袭导弹后发出报警，而此时"飞鱼"导弹却正巧处于"密集阵"近防炮的射击死角，因而无法开火拦截。所以"斯塔克"号最后竭尽全力做转向机动，试图让自己的"密集阵"近防炮改变与来袭导弹角度、进行拦截，但这一切都已经来不及了。

"斯塔克"号事件凸显出佩里级护卫舰的严重缺陷，这型护卫舰即使经过现代化改装也无法满足高强度作战条件下的要求。因此，佩里级护卫舰只在美国海军服役了不到 20 年就于 20 世纪 90 年代末开始退役。美国政府将这些退役下来的佩里级护卫舰四处兜售，以减轻自己的财政负担，中国台湾地区就高价购买了一批这样的佩里级护卫舰，改名为"成功"级驱逐舰，并做为自己海军的主力和先进倚靠。

1987 年"斯塔克"号护卫舰被重创事件，表面上看扑朔迷离，匪夷所思，因而产生了各种各样奇怪的事件版本，最典型的例如："伊拉克空军不是误击，而是由于萨达姆对美国海军进入海湾护航、干涉自己战争不满而故意命令伊拉克战机打击"斯塔克"号护卫舰。伊拉克空军对佩里级护卫舰的优劣长短进行了全面探讨，找出了有效的针对性战法，利用其舰载雷达和电子战装备的盲区死角，用"飞鱼"空对舰导弹对"斯塔克"号进行了成功的突击。伊军王牌飞行员沙哈德中校驾机以超低空飞行突破美军防御，完成了这一行动。"但其实这种传闻并不符合事实，萨达姆虽然对美国海军进入海湾护航、

干涉自己战争有不满，但是不可能这个时候去攻击美国军舰。——此时伊拉克军队正在两伊战争的地面战场上苦苦支撑，伊朗军队仍然正在伊拉克第二大城市巴士拉和伊拉克北部最大产油中心基尔库克附近激战。伊拉克在两伊战场上正陷于苦战，这个时候不但不拉拢美国、反而向美国开战，是极度不可能的事。不要说引发美国对伊拉克参战，即使美国停止在两伊战争中对伊拉克的支持，伊拉克也难以承受。而且另一个明确的证据是，别说1987年伊拉克空军在海湾上空能做超低空突防攻击，在1991年海湾战争里也几乎没有发现伊拉克空军能做一次超低空突防攻击，况且在1987年袭船战里伊拉克空军也没有表现出超低空攻击其他舰船的战术水平。在海湾战争里很清晰地表现出：伊拉克空军的训练水平整体上很差。很难指望他们在1991年表现糟糕，而在1987年就能表现出色。最后一点，驾驶幻影F1战机击中"斯塔克"号的伊拉克飞行员也不是什么沙哈德中校，而很有可能是埃哈马德－塞勒姆（Ahmad Salem）上尉。错误的击中美舰并险些导致一场危机后，他被停飞，并被怀疑故意挑起美伊战争，因而处于伊拉克情报部门的监视下。塞勒姆上尉感到生命安全受到了威胁，于1989年趁伊拉克情报部门停止监视的机会逃离了伊拉克。

抛开传闻造成的种种迷雾，"斯塔克"号事件其实就是由一连串的麻痹、想当然、松懈、缺乏战备意识、犯错误累积在一起，最后发展成的一个荒诞的低级错误结果。事后，"斯塔克"号护卫舰的博兰多尔舰长被悄无声息地提前退役，为不光彩的"斯塔克"号事件画上了一个并不清晰的句号。

# 第六节 战局无法重复

1991年海湾战争中伊拉克空军对美国海军的反击，与1987年"斯塔克"号事件仅仅相差4年，攻击结果却相差如此巨大。为什么仅仅相差4年，伊拉克空军的攻击战术就完全无法奏效？几个原因可能是必然导致结果迥异的因素：

一是"斯塔克"号事件属于一种低层次低水平的犯错误。其根源在于一连串的麻痹、想当然、松懈、缺乏战备意识、犯错误累积在一起。这种低级错误，让美军吃了如此一个大亏，美军很难不长记性，继续不断地犯这种低级错误，因而伊拉克空军也就不可能总是一再同样得手。

二是"斯塔克"号事件时美国与伊拉克尚处于不但未开战、而且在打击伊朗问题上利益相同的位置。这客观上造成了美国海军指挥官们一再误判形势，从而被伊拉克战机发射的"飞鱼"导弹击中。而海湾战争美伊双方已经明确开战，没有误判的空间。

三是体系对抗的效果。"斯塔克"号事件时美国与伊拉克尚未开战，因此"斯塔克"号和其他舰只处于相对分散、各自执行护航任务中。这就使它的一些固有缺陷更多暴露在敌方的攻击下，造成了严重的后果。"斯塔克"号事件时，美军在海湾地区还没有完整的作战体系，仅仅是一小部分军舰到来，也缺少空中护航掩护，美军自身在海湾的作战体系、信息保障体系、指挥体系都不完整，因而存在被对手抓漏洞袭击的缺陷。然而海湾战争时期情况却已经完全相反，美国航空母舰编队大规模进入海湾，各种用途飞机和战舰配套齐全。美军自身在海湾都建立起完整已经作战体系、信息保障体系、指挥体系。任何一种单个武器的缺陷都在整个系统的保护之下，不容易直接暴露在敌方攻击下。因而伊拉克空军还想复制四年前的旧招数故伎重演，是非常不现实的。

四是伊拉克空军技战术水平较低，只出动的几架幻影 F1EQ 飞行高度都在150 米以上，没有利用超低空高度进行隐蔽突防，从伊拉克南部的机场刚一起飞就被 E-3A 空中预警指挥机发现。整个行动毫无隐蔽性和突击性可言。实际上，虽然 E-3A 这样现代化的空中预警指挥机理论上可以发现和跟踪超低空飞行的目标，但在一部分陆地地形地貌条件下和复杂海况下以及陆海交界处仍然会对超低空飞行目标发现距离较低。美国海军的 E-2C 空中预警指挥机当时则只能在海面上空发现飞行目标，没有在陆地上空和陆海交界处使用的能力。空中预警指挥机对于中高空、低空、超低空的飞行目标发现距离也并不相等，对超低空目标的发现距离肯定小于对中空目标的发现距离。然而伊拉克空军的技术水平根本不足以利用这一点。

五是伊拉克空军作战思想保守、消极、落后，只出动几架幻影 F1EQ，完全没有电子干扰功能较强的飞机和战斗机伴随，也没有其他伴动编队同时进行战术配合，没有主次进攻方向相互配合牵制。完全寄希望于碰运气，恰巧被多国部队航空兵漏过，从而攻击美国军舰。这种把战斗获胜的希望寄托在碰运气上的做法，本身就是非常不靠谱的。尤其是当弱势的一方对阵强势的一方时，更不能脱离体系的支持而去与对方完整的体系对抗。虽然弱势一方出动更多战机反击有可能损失更大，但是只有依靠完整的体系和足够的兵力投入、相互配合，才有可能在对方的体系中挤出一个缝来。而面对拥有完整体系的强敌，只以小量战机在毫无协同配合、毫无掩护伴动的情况下寄希望于押宝式攻击上，是完全不可行的，只会白白损失掉这些部队，而整个部队的斗志和信心也会越来越低。

这种结局，甚至还不如：弱势一方出动更多战机、依靠完整的体系和足够的兵力投入、相互配合，进行反击作战。虽然可能损失了更多战机，但是也消灭了一部分敌军力量，迫使敌军付出了相应的代价。虽然付出了更多代价，但同样使敌军也遭到损失。简单地说，一场3（敌损失）：20（自己损失）的战斗，也要好于几场0：2的战斗累积起来。

六是伊拉克和美国双方在这四年里不同的发展。自从4年前那场丢人现眼的"斯塔克"号事件后，美国军队吸取了其中教训，各部队的战备意识和战备水平都有了巨大提高。而伊拉克空军却毫无长进，依然保持着那么低的训练水平，四年前时能把军舰目标误当成商船，4年后还依然是连个超低空突防和电子干扰的技术都不能熟练应用。特别是4年前的误击得手，让伊拉克军队得出了完全错误的经验，更加盲目自大，误以为美国这样的超级大国军队也不过如此，自己的能力一样也能重创美军，更加不思进取。这样的两支军队较量，结果不是显而易见吗？

# 第七节　海湾泄油危机

面对多国部队咄咄逼人、几乎摧毁伊拉克大半个国民经济体系的战略空袭，伊拉克总统萨达姆也想到了报复。既然多国部队可以通过战略空袭来摧毁伊拉克大半个国民经济体系，萨达姆认为，那么伊拉克也完全应该对多国部队成员国的国民经济进行打击。1月17日，伊拉克陆军的炮兵第一次向科威特—沙特阿拉伯边境附近一个沙特炼油厂开火，造成两个储油罐起火。1月22日，伊拉克陆军的远程炮兵再次向科威特—沙特阿拉伯边境附近两个沙特炼油厂和一个油田开火，试图摧毁这几个石油设施。但由于距离过远，而且伊拉克缺少无人侦察机或隐蔽抵近的炮兵观察员等侦察和校射手段，所以这些炮火完全没有准头，造成的破坏并不显著。而且多国部队事先沿边境部署了数十部火炮定位雷达，伊拉克火炮一开火不久，就被火炮定位雷达依据飞行炮弹的弹道反推计算出了火炮的位置。多国部队空中力量像施瓦茨科普夫和霍纳事先许诺的那样迅速而至，对暴露的伊拉克炮兵阵地进行了猛烈轰炸。之前只参加过一些低技术战争的伊拉克军队，对于高科技武器装备知识了解十分有限，各级军官又不注重学习高科技军事技术手段。因此虽然火炮定位雷达已经出现多年，但伊军战前仍然缺乏足够的认识。伊拉克军队把火炮固定部署在各自的经过伪装的阵地上，虽然对空伪装下了很多工夫，但是这种传统的伪装方式对火炮定位雷达并无作用。由于不注意开火几分钟后就迅速转移，伊拉克火炮部署毫无机动性可言，因而开火后很快就被赶来的多国部队空中力量摧毁。1月22日的炮战对于伊拉克来说收效实在很小，而且实际上与伊拉克拥有的火炮巨大数量来比较，这场炮战的损失也不算大。然而它造成了一个很坏的后果：就是让伊拉克炮兵产生了巨大的畏敌心理，觉得自己一开炮就会招来敌人的空中攻击，死伤惨重。由于不懂得现代化武器知识，因而产生了大量迷信、离谱的传言，这种传言在伊军内的漫天传扬，又进一步加剧了伊军对敌军的恐惧心理。伊拉克炮兵惶惶不安，在整个海湾战争期间表现都很差。

眼见炮击沙特阿拉伯炼油厂和油田未能见效，萨达姆不由急上心头。他开始另想别的办法。1月25日，多国部队空中力量的飞行员们首先发现，海湾海面上出现了大量的原油漂浮层，靠近科威特海岸线的一部分海面被染成了一片黑色。而且这样的报告很快越来越多，并且空中观察还发现，海面的原油污染带越来越大，还在不断增加，并逐渐向南部漂流。到这一天下午，已经可以确定仍然不断有石油从被占领的科威特泄漏到海湾中来，世界各地的人们已经可以从电视上看到滚滚的黑潮向沙特阿拉伯涌来。这次倾泻原油事件造成当时世界上最大的一次海上石油污染事件，多达数百万桶原油被倾斜到科威特东部的海面上。多国部队方面当即指责这次石油泄漏事件是萨达姆下令向波斯湾故意倾泻大量原油，故意制造一场生态灾难。伊拉克方面则表示是因为多国部队1月24日炸沉了一艘在科威特装油的伊拉克油轮，并且炸坏了输油管线，导致通向码头的输油泵无法关闭，造成了这次石油泄漏事件，多国部队才是罪魁祸首。石油泄漏的污染逐渐形成了长50千米、宽20千米、厚10厘米的黑色油污带。这股黑色油污带给海湾的生态环境造成了严重的破坏，羽毛被石油污染的海鸟变成了一只只"黑鸟"，艰难地游在水面上。由于浑身粘油，飞不起来，也无法觅食，只能等死。大批水生动物也因黑潮而死亡，很多海鸟和鱼类、海龟、水生动物的尸体漂浮在黏稠的油污带上。一些离海岸较近的海鸟艰难地爬上海岸边，无助地哀鸣着，却因飞不起来也无法觅食，依然只有死亡。

经过空中侦察，多国部队很快查明，石油泄漏点是科威特的艾哈迈迪原油泵站。在伊拉克入侵科威特之前，艾哈迈迪原油泵站每天可以向油轮装运10万多桶原油。美国和多国部队指控：这是萨达姆命令原油泵站故意大开，向空无一艘油轮的海上倾斜原油，并人为加大了对相关输油管线的破坏，使每昼夜流入海湾的原油流量大幅度加多。1月26日下午，美国空军出动两架F—111战斗轰炸机，使用GBU—15激光制导炸弹对艾哈迈迪原油泵站的输油管道进行了轰炸，用爆炸引起的巨大沙土落下埋住石油泄漏点，阻止伊拉克继续将原

油向海湾倾斜。这一做法确实使原油向海湾倾斜的速度大幅减慢，多国部队为此继续出动多个架次 F－111 战斗轰炸机，对石油泄漏点进行爆炸封闭。到 1 月 29 日，原油泄漏基本被阻止。到 1 月 28 日为止，沙特阿拉伯方面估计共有 700 万桶原油泄漏入海湾。

在谁是原油泄漏的责任方问题上，美国和伊拉克长期各执一词。不过，如果此事是伊拉克故意所为，那么萨达姆可能认为能达成以下目的：

（1）利用海面上的油膜层阻止多国部队在科威特沿岸进行两栖登陆。如果多国部队在科威特沿岸进行两栖登陆，伊拉克就将海面覆盖的石油点燃，使多国部队登陆部队葬身火海。

（2）利用油污污染海洋来威胁多国部队成员国和主要驻扎基地——沙特阿拉伯的海水淡化，从而给沙特阿拉伯国民经济造成严重的打击。海湾地区的沙特阿拉伯等国家与世界其他国家一个重要的不同，就是由于降水量极其稀少，境内又缺少大的河流，因此沙特阿拉伯非常依赖从海水里淡化出淡水来满足生产生活需要。海湾地区共有 35 个大型海水淡化厂，其中大部分在沙特阿拉伯。沙特阿拉伯的朱拜勒海水淡化厂是全世界最大的海水淡化厂，沙特阿拉伯 1/3 的生产生活用水靠该厂提供。虽然海水淡化出的淡水依然会有一点点苦涩味，口感不好，较为富裕的沙特阿拉伯居民通常都不用来做饮用水，而专门购买进口的各种品牌矿泉水，但生产用水和卫生用水都严重依赖海水淡化。并且在沙特阿拉伯打工的上百万外籍普通工人有相当多喝不起昂贵的进口矿泉水，仍以这种海水淡化水作为饮用。如果泄漏油污带漂到沙特阿拉伯海水淡化厂取水口附近，就将阻碍海水淡化设备正常运转，迫使沙特阿拉伯海水淡化厂关闭。如果这样，沙特阿拉伯的国民经济和国民生活将陷入严重危机。多国部队的用水也会受到严重影响，有可能不战自乱。

（3）以此制造石油危机和海湾生态危机。向国际社会施加压力，迫使美国产生顾虑，牵制多国部队的军事行动。伊拉克深知，美国之所以如此积极地介入伊拉克入侵科威特问题，与海湾地区占世界举足轻重位置的石油储量密不可分。因此用这种方法警告美国不要继续干涉，否则小心到头来"人财两空"（即战争打了，美国士兵也死了，可石油没了）。

不过，从军事和政治上看，这 3 种目的都是不现实的。第一，从军事上看，由于海流的作用，原油泄漏带根本不可能均匀地分布于整个科威特海岸线，而是集中成一个长而窄的油污带。多国部队如果进行两栖登陆，很容易绕开这条油污易燃带，油污带的存在并不能有效阻止多国部队在科威特登陆作战。第二，原来距离科威特较近的海夫吉海水淡化厂此时早已提前关闭，由于原油泄漏点距离沙特阿拉伯此时仍在运营的主要海水淡化厂取水口有少则100多千米、多则几百千米的距离，而且双方之间又不存在海流的上下游关系、油污带并非必然到达沙特阿拉伯的海水淡化厂取水口，因此很难迅速危及到沙特阿拉伯的海水淡化厂正常运转。尤其是沙特阿拉伯最大的朱拜勒海水淡化厂，取水口距离石油泄漏点较远，而且在海流上不是上下游关系。经过几天的泄漏，700万桶原油泄漏成的油污带仅能延续50千米左右，距离沙特阿拉伯的海水淡化厂取水口还很远，也证明了这一点。第三，这一石油造成的生态危机虽然引起了国际社会的关注，但是产生了极坏的政治影响，根本达不到预期的有利效果。国际社会纷纷谴责这种大规模人为严重污染环境的作为。故意制造这种生态灾难的国家名声扫地，成了全世界眼中的问题国家。虽然当时美国和伊拉克在石油泄漏问题上互相指责是对方所为，让人暂时莫衷一是，但是随着海湾战争进行到尾声，伊拉克自己放火焚烧科威特油田的做法，人们普遍认为：这次石油向海湾泄漏，很有可能是伊拉克所为。

面对海湾的生态危机，海湾沿岸的沙特阿拉伯、阿联酋、巴林、卡塔尔都紧急行动起来，派船到油污带附近设置漂浮物拦阻网和使用吸油管、吸油毡等清除油污，阻止油污带向其他地方漂移。多国部队成员国美国、英国、荷兰、比利时等国派出石油污染专家到达海湾讨论解决方案，丹麦和瑞典还派出一艘万吨级除油船开赴海湾处理油污。相比起伊拉克，可以说多国部队一方在这次石油污染危机里又捞足了公关形象分。这次石油泄漏危机客观上造成伊拉克在国际社会中处境更加孤立。

# 第八章　伊拉克空军谢幕

## 第一节　躲躲藏藏

从第二周开始，多国部队开始将空袭的重点由伊拉克首都巴格达附近的战略目标转移到了伊拉克南部和科威特的战区。继第一周重点空袭伊拉克 $C^3I$ 通信指挥中心、战略防空系统和电力设施后，多国部队空中力量从第二周起一方面仍坚持对伊拉克战略目标的空袭，另一方面也开始把重点转移到对伊拉克空军进行毁灭性打击上来。

由于第一周的空战战绩对伊拉克空军十分不利，而且此时伊拉克 $C^3I$ 通信指挥系统已经接近全面失灵，伊拉克空军认为自己与多国部队空中力量差距太大，空战完全没有胜算。所以从 1 月 21 日以后，伊拉克空军起飞架次大幅度减少，主要是把自己的飞机隐藏在钢筋混凝土加固机堡中，指望用坚固的防护设施来保存自己空军的实力。根据这种情况，从 1 月 23 日起，多国部队空中力量联合指挥部认为，摧毁机场跑道已经不再是对伊拉克空军攻击的重点，攻击机场作战的重心转移到攻击伊拉克飞机掩体上来。顶端厚达 500 毫米的钢筋混凝土加固机堡都远不是伊拉克最坚固的机场机堡。在 20 世纪 80 年代两伊战争期间，伊拉克就开始修建一些防御设施极为坚固的中心机场，这些机场后来被多国部队空中力量联合指挥部戏称为"超级基地"。据多国部队方面说，"超级基地"的加固机堡上部钢筋混凝土顶盖厚达 1200 毫米，除了机堡侧壁和顶盖均为极厚的钢筋混凝土之外，还在侧壁外和顶盖上再覆盖 1 米多厚的沙土增强保护作用。这种"超级机堡"的电动大门，为 500 毫米厚的中间夹沙层的钢铁门，抗打击能力很强。这种"超级机堡"超出了普通的 500 磅精确制导炸弹所能摧毁的范围，"超级基地"的跑道也格外厚实，反跑道炸弹不易直接炸穿，只能炸出一些较浅的洞来，利于快速修复。同时这种"超级基地"的滑行道比普通机场多而复杂，避免简单的一条滑行道直接连接跑道，增加了空中打击的难度。伊拉克为修建这种"超级防御机场"投入了大量人力物力，据多国部队方面估计，耗资达几亿美元以上。

不过，从 1 月 23 日起，多国部队开始使用重达 1000 磅的 GBU-27 激光制导钻地炸弹对藏在掩体内的飞机进行点名式精确打击。美国空军比较老式的 F-111E/F 战斗轰炸机因为载荷能力高、挂载了完善的激光制导吊舱和夜间红外线观瞄吊舱、以及攻击效果摄像系统，成为执行这一任务的首选者。它大约承担了 60% 的此类任务，英国的狂风战机执行了另 28% 此类任务。新式的 F-16等多用途战斗机当时因原来只考虑执行普通近距离支援和战场遮断任务，当时美国空军认为只有执行战略空袭的机型才需要挂载激光制导吊舱和夜间红外线成像吊舱、以及攻击效果摄像系统，因而还没有与这些系统整合完毕。所以此时这种任务反而是 F-111E/F 更合适。由于伊拉克空军已经放弃了天空，防空导弹也已经被美国电子干扰压制得基本失效，所以 F-111 可以在非常安全的中空高度从容自若地投掷精确制导炸弹，一直从容地引导它直接命中机堡中心。在 1000 磅钻地激光制导炸弹准确攻击下，伊空军花费大量经费的固若金汤的钢筋混凝土加固机堡纷纷被炸得坍塌破碎，成了一个个造价高昂的飞机坟场。伊拉克空军费尽苦心掩藏在坚固掩体内的一架架战机，成了毫无战斗力、既不能打击敌人、也不能保存自己、等着被敌炸弹点名的废品。到战争结束，多国部队空中力量共摧毁了伊拉克主要的 44 个机场上 594 个加固机堡里的 375 个，共在地面摧毁了 200 多架伊拉克战机。而自己只在这类任务中付出了微不足道的个位数战机损失代价，双方损失比例达到了惊人的对比。实际上，剩下的没有被击毁的机堡，还不是因为坚固而保存下来，而是因为伊拉克空军后来开始了大规模的向伊朗外逃活动，伊拉克空军已经完全放弃了战斗，从而使攻击这些机堡不再具有军事意义。

最后残留下来的伊拉克空军还有约 300 多架飞机，也绝大部分不是在加固机堡里得以生存下来，而是埋进沙漠里和分散到各处、甚至去靠近清真寺和居民点等区域停放。美国空军不去轰炸这些靠近清真寺和居民点等区域的伊拉克战机，不是因为美国关注附近平民目标的 "人权"，而是因为这些飞机已经远离了机场、又不在高速公路旁，根本无法起飞、也无法对美国战机构成任何威胁。这样的飞机即使完好无恙地保存在地面上，也只不过是完好无损的废品。对这种对战争毫无影响的 "废品"，美国就算不打击它，又有什么影响？如果有人真的以为 "伊拉克军事装备和设施靠近清真寺和居民点等区域，最注重'人权'的美国就不打击"，那不妨去看看美国中央战区空军司令部公布的海湾战争从美国战机上拍摄的实施精确制导炸弹攻击伊拉克目标的几个误击镜头：

只见战机瞄准装置压在目标建筑物中心上的白色十字线不断一闪一闪，然而精确制导炸弹却未能按十字线的指示准确命中目标，而是落在了周边居民建筑物上。周边居民住宅被炸成了升腾起一团黑烟的倒塌废墟。毫无疑问，原定打击的这些目标靠近居民建筑物，却并没有影响美国下决心对它们进行打击。

由此可见，美国不去轰炸靠近清真寺和居民点等区域停放的伊拉克战机，并非因为人权的考虑，而是因为这些飞机离开机场后已经无法起飞，成为了对战争没有影响的"废品"，没有军事打击的价值。如果伊拉克战机离开清真寺和居民点等区域，用汽车装运回机场，美国必将再次对其进行打击。假如伊拉克将完好无损的战机从靠近居民点等区域拉走，运到一个无人、且无起飞作战条件、堆满垃圾的废品收购站，美国空军也照样不会去攻击它。这就是由其是否具备军事意义决定的。

从伊拉克空军的例子可以清楚地看到，单纯的以提高"抗打抗揍"能力做为生存性保证，只藏不打，只扛揍不还击，在对手提高武器攻击威力面前，是不堪一击的。对方只需要简单加大武器攻击威力，就可以有效地摧毁这些高加固的目标。伊拉克方面投入加固机场和机堡设施的高达几亿美元以上的经费，如果被投入伊拉克空军的军事训练和新式 $C^3I$ 系统、电子战设备以及新式战机、配套保障飞机的采购，可能会发生多么迥然不同的结果！这再一次证实了战争最基本的原则之一，就是：

只有更好地消灭敌人，才能更好地保存自己。单纯的试图保存自己而不去消灭敌人，只可能连最基本的家底都保存不了。

而保卫机场的伊拉克地面防空火力在多国部队其他作战飞机持续压制打击下，连雷达开机都有困难，导弹和高炮的瞄准雷达受到美军压倒性地电子干扰，处于完全失效状态，只能盲目胡乱开火。在这种情况下，伊防空力量当然也起不到应有的作用，战绩每况日下。伊拉克空军放弃天空，只给了多国部队更加从容自如的空中打击空间。多国部队战机有条不紊地对隐藏在掩体内的伊拉克飞机进行着毫无悬念的一一点名式精确摧毁，美国空军慷慨地向全世界媒体公布了由 F-111 上的摄像系统拍摄的多国部队军机精确摧毁一个个伊拉克机堡的震撼镜头。这种场景以来自投弹战机的全新角度，可以看到精确制导炸弹在战机激光引导之下稳步向目标中心的十字线飞去，制导炸弹突然从天而降进入视场、随即将目标炸为一团明亮的火球！这种前所未见的镜头着实令人震撼和大开眼界。全世界范围内各个电视台纷纷大量播放，引发了轰动的效应，美国空军为自己的形象做了一次高水平的公关活动，也进一步打击了伊拉克方面的士气。这也充分地说明了一个最简单的道理：

飞机最具威胁的时候，是在空中的时候。一支停留在地面、以"保全实力、隐藏伪装、加固防卫抗摧毁"做为主要目标的空军，除了能消耗对手的一些弹药以外，是没有任何价值的。保全实力、隐藏伪装、加固防卫提高抗摧毁能力，是为了更好地发挥自己战斗力，打击敌人。但如果反过来把"保全实力、隐藏伪装、加固工事、提高抗摧毁能力"做为一支空军的主要指导思想，只藏不打，放弃天空，避战保存实力，那么这样的空军是没有希望的。

　　在多国部队的不断打击之下，伊拉克空军的实力持续遭到削弱。它的崩溃已经只是时间问题。

# 第二节　整体外逃

　　从1月26日起，伊拉克空军采取了一个令全世界都感到意外的行动：从这一天起，前面几天已经几乎没有任何起飞作战行动的伊拉克空军竟然突然起飞了大量战机！在这一天里，他们竟然起飞了约80架作战飞机，不过，却并非前去反击多国部队，而是越过边界逃往了曾经在两伊战争中血战8年的宿敌伊朗！一支空军放弃天空，不作战却整体外逃到另一个国家，这在世界战争史上也很罕见的现象，不但令多国部队大出意料，而且连伊拉克战机外逃的目的地伊朗也有些诧异。伊朗可是与伊拉克有着持续数百年的恩怨和8年两伊战争的血海深仇，伊拉克战机逃到伊朗算干什么呢！起初诧异不已的伊朗人也不客气，对于送上门来的伊拉克战机，立刻全部扣留。待海湾战争一结束，胜负已分，伊朗马上就宣布："为了弥补两伊战争里伊拉克侵略伊朗带来的损失，这批飞机将做为战争赔偿，被伊朗没收！"

　　1月26日，美国空军第58中队的罗伊·德雷格、托尼·斯基亚维、凯撒·罗德里格斯、布鲁斯·蒂尔组成的F－15四机编队在边界西北H2、H3基地和巴格达之间的空域巡航。这一天的天气非常好，在中空有一些云团，而在低空几乎没有云。4架飞机在午后起飞，随即进入划分给自己的巡航区域。较长一段时间后，罗德里格斯和蒂尔准备按计划离开编队位置、先去空中加油。就在这时，E－3A预警指挥机开始呼叫："有四架米格机从伊拉克西部的H2和H3空军基地起飞，正朝巴格达向东飞去！"带队长机德雷格上尉命令编队重新集合，去收拾那些家伙！

　　当F－15四机编队完成转向后，发现自己就追在伊拉克米格机的后方80英里处，由于距离较远，这趟追赶可不是个良好的背后偷袭机会。德雷格上尉

技术精湛，而且非常聪明，他立刻向预警机询问："我们是否还跟在他们后面？"因为这些伊拉克米格战机正朝着巴格达飞去，有可能美机还没有追上他们就先进入了"超级禁猎区"。执行空中优势任务的 F-15 飞行员通常都不想穿越那个地方，"超级禁猎区"是战斗机飞行员给诸如伊拉克首都巴格达这样防空火力部署密集、火力强大的地区起的称号。由于 E-3 预警机的机载雷达的侦测范围远大于 F-15 上的机载雷达，指挥计算引导功能也强大许多，因此带队长机德雷格请预警机帮助确定。预警机没有马上回答，而是很快就开始新的呼叫，通报了新的空情：又有四架米格-23 战斗机从伊拉克西部的 H2 和 H3 空军基地起飞，也朝巴格达向东飞去！此时他们的位置处于 F-15 编队的后面七点钟方向。

　　F-15 四机编队长机德雷格上尉迅速展开了思考：如果继续追赶前面那四架米格飞机，就会把 F-15 编队的尾部置于后面这四架米格-23 面前。把自己的机尾朝向敌人的机头，这是最危险的局面。而且有可能像三明治一样被夹在这两支伊拉克编队中间前后受敌。如果放掉前面四架米格机，专门对付后面四架米格-23，前面逃走的伊拉克战机很少有勇气回到战场参加战斗，何况他们可能根本也不知道自己身后 80 英里处有敌机。这样战斗就处于清晰的四对四状态。德雷格立刻下达了命令，全编队立刻左转，迎向后面的这 4 架米格-23。F-15 编队展开成攻击队形，2 号机斯基亚维在最北边，1 号机德雷格在他左边，再往左数是罗德里格斯的 3 号机和蒂尔的 4 号机。为了防止伊拉克飞机上的雷达告警接收器过早接收到 F-15 机载雷达的锁定信号（雷达告警器报警后伊拉克飞行员通常就会立刻掉头逃跑），德雷格命令使用雷达边测距边扫描（RWS）模式，同时命令各架 F-15 不要过早对敌机进行锁定，以缩短伊拉克战机的雷达告警接收器的预警时间，使敌方在刚收到报警后不久就会遭到攻击。

　　F-15 编队在预警指挥机的指挥引导之下，迅速向四架米格-23 靠近。在距离 40 英里时，预警机再次通报最新空情：4 架米格-23 中的一架不知什么原因在掉头返航。接着 F-15 就在雷达上发现了 3 架伊拉克飞机，呈箭形队形，前面 1 架，后面左右各 1 架。这 3 架米格-23 的飞行高度只有 500 多英尺（约 170 米），此时正继续沿直线向前飞来。

　　这时 F-15 再次请求敌我判别，继预警指挥机之后，附近的一架 RC-135 电子侦察机也确认这的确是伊拉克战机。德雷格上尉命令编队扔掉副油箱，利用此时中空有云层而低空无云的有利条件，从上朝下向米格-23 俯冲过去。这 3 架米格-23 却好像傻瓜，不但完全没有发现前上方正向自己逼近的 F-

15，而且对美机之前频繁的空中通话和其他电子信号都毫无察觉。特别是伊拉克地面指挥所和地空联络，此时似乎已经失效，在整个过程中没有给予空中的米格－23编队任何有益的提示。F－15已经距离米格－23只有25英里，云层上出现了一个洞，可以通过那个洞观察到伊拉克战机。德雷格命令编队收拢，从那个洞下降高度穿出了云层。三架伊拉克米格－23依然在像傻瓜一样直线向东飞行！

面对这样傻瓜的对手，德雷格立刻给大家分配了目标，他自己负责干掉最前面那架伊拉克长机，2号机斯基亚维干掉北面那架，3号机罗德里格斯搞定南面那架。虽然伊拉克战机在低空，但在沙漠这样的单一地形上地面杂波比较容易被过滤掉，所以美机可以用雷达轻易地将米格机锁定。德雷格还不忘命令4号机蒂尔做一个180度转向，以检查是否有敌机同样借助云层跟随在F－15编队后方准备进攻。他特别提醒蒂尔，在完成巡视任务转回来时不要朝前发射空对空导弹，以免击中前面的战友。接下来的事情就像在训练场打靶一样简单了，所有F－15都不再进行空中通话，保持着无线电静默和集中精力向敌机发动攻击。德雷格在距离11英里处首先发射了一枚AIM－7，但是导弹发动机没能成功点火（"麻雀"空对空导弹在这场战争中远不是第一次这样干了）。他连忙选择发射第二枚导弹，这回AIM－7向米格－23长机直奔而去！米格－23像一个彻底的傻瓜一样连任何有效的机动规避动作都没做出，导弹就已经击中了它的尾部。这架米格－23又飞了一小段，随后消失在一团爆炸的火球和烟尘中！德雷格轻松地呼叫："干掉一架！"

剩余的米格－23似乎是被突然而来的攻击吓了一大跳，这才开始转向！斯基亚维在德雷格发射导弹7～8秒钟后也发射了两枚AIM－7导弹，同时快速穿过一片云层，向米格－23接近！这架米格－23的飞行员到现在才发现了美机，才开始向右大过载转向。但没等他转过来，第一枚导弹已经击中了他的前部，米格－23直接被炸成了一团四分五裂的碎片！

罗德里格斯和蒂尔同时在对付第三架米格－23，求战心切的蒂尔首先发起攻击，虽然他的任务本来是以警戒和观察为主，但在激烈的空战中，每个人的肾上腺激素都在大量快速分泌，年轻飞行员很难把自己置身于攻击之外。但他的第一枚AIM－7没有脱离挂架，第二枚发动机点火又失败了，蒂尔焦急地操作第三枚导弹进行攻击。这时候罗德里格斯已经发射了AIM－7导弹，两枚导弹都很好地朝目标飞去，几乎与斯基亚维命中第二架米格－23同时命中各自的目标！随着一声爆炸的巨响，米格－23在沙漠上空400英尺处爆炸，碎片散落了一地。这时候蒂尔的第三枚导弹也打中了目标爆炸的碎片。后面两架米

格－23的残骸散落在H3基地至巴格达的高速公路上。这也是德雷格和罗德里格斯在海湾战争里各自第二个空战战绩。

不过F－15编队可无心在战场上炫耀武力，他们必须马上离开战场前去加油了。由于之前的战斗，使他们推迟了空中加油。德雷格向E－3A预警机报告，他们就快要没油了，无法飞回到沙特阿拉伯境内的预定加油地带。E－3A预警指挥机立刻通知离这里最近的美国空中加油机准备接应。不过也同样要感谢伊拉克空军的不作为，美国KC－135空中加油机再次穿越边境线进入伊拉克腹地来为他们加油，使得他们能够飞回沙特阿拉伯塔布克基地。蒂尔在基地附近一个沙漠无人区域扔掉了他那几枚坏掉的AIM－7，然后全体编队在基地上空做了一个代表胜利的滚转机动来庆祝大获全胜，地勤人员早已在跑道上等着他们凯旋归来。回到地面后，他们才得知：他们今天遇上的伊拉克战机，只是从这一天开始的伊拉克战机向伊朗逃跑狂潮中的一批。伊拉克空军已经完全丧失了斗志，一心只想逃到伊朗偷生。这种做法让美军飞行员十分蔑视，德雷格认为，那些伊拉克空军的家伙的做法只是在逃跑中死亡而已，连一点作战的勇气和逃跑的技巧都不具备，这些家伙一心逃跑，除此之外连最基本的战斗动作和意图都表现不出。罗伊·德雷格上尉是一名优秀的飞行员，也是第58中队最重要的空中指挥官之一。他参加过多次红旗军演，不但技术过硬，而且战术水平也很高，能够根据形势很快地做出决断，总是能在棘手的战斗中占据着优势。尤其好的是，他是一位乐于教导队友的长官，总是很慷慨地把自己的战斗技能和经验告诉队友，同时在训练和行动中严格要求队友，在部队中建立竞争，让他们做到更好。许多人都从他那里得到了许多技战术技巧，他得到了大家广泛的尊敬。1995年，回到美国后方的德雷格在一场车祸中丧生，但第58中队许多飞行员都依然记得自己从他那里获得的空战技巧和知识，也都记得他带领他们在伊拉克上空作战的经历和取得的战绩。本场空战的第三个击落战绩，已经是第58中队在海湾战争里取得的第12个战果。第58中队也当之无愧地成为了美国空军各战斗机部队里在海湾战争中表现最好的部队。

美国空军第33战术联队58中队是一支相当精锐的部队，与其他联队不同的是，58中队做为美国空军全球快速反应部队的一部分，全部由老鸟（经验丰富、成绩出色的老牌飞行员）组成。该中队的外号是"大猩猩"，中队徽章上也画着一个凶暴狂野的大猩猩。58中队是全美国空军F－15中队单位里训练最出色的，参加了1989年和1990年两届条件贴近实战、对抗性极强的红旗军演，成绩也是参演各F－15中队里最好的。第58中队的飞行员们，除了在58中队服役外，还经常有去深造进修的机会，他们许多老鸟都到美国空军422

战术评估中队进修研讨发展过更高级的新战术战法。虽然第33联队58中队并不是第一个到达海湾地区的F－15中队，（第一个到达海湾地区的F－15中队是第1联队71中队），然而在任务分配上，空中力量联合指挥部的确给以58中队更多的重任：58中队选派12名骨干组成的"老鸟"在行动开始的前10天每天以3支4机编队执行进攻性空中优势任务，同时中队的其他飞行员执行对空防御和高价值目标战斗巡逻任务。后者的目的是专门保护在伊拉克以南的美国空中加油机、预警机和侦察机。执行进攻性空中优势任务的F－15将深入伊拉克境内。他们的作战机会的确多于同样以沙特阿拉伯做为基地的另两支F－15部队：第1联队71中队和第4联队53中队。

　　1月27日，比特堡联队第53中队的飞行员杰·丹尼上尉和本杰明·鲍威尔也遇上了一场空战的机会。当时他们做为第53中队一支4机编队的一员，正在巴格达西南巡逻，准备拦截一切升空的伊拉克战机。不过，在空中滞留了1小时，也没有伊拉克战机升空，编队也没有受到伊拉克地对空导弹的攻击，时间在乏味无聊中过去了。看起来伊拉克的领空对美国战机来说如同美国新墨西哥州的哪个训练基地一样开放，编队里的另两架F－15先离开去进行空中加油了。正在这时，空中预警机传来了新的空情，并引导丹尼和鲍威尔双机切入了一支在巴格达东南方向飞行的伊拉克双机编队的航线。不过在伊拉克上空找到一场空战机会并不是那么容易的，一发现F－15向自己追来，2架伊拉克战机就撒腿向巴格达逃跑。虽然F－15追赶得十分努力，但伊拉克战机还是一溜烟逃进了巴格达上空，显然他们根本不愿意战斗。F－15曾经一直飞越了阿马拉的萨姆－3地对空导弹阵地，不过地对空导弹同样没有发射一枚导弹，最后他们只能在伊拉克战机身后40英里处结束了这次追逐。

　　丹尼和鲍威尔又向阿马拉西南方向回飞了15分钟，直到3号机和4号机来与他们换防。现在该轮到他们去空中加油了。就在这个时候，E－3A空中预警指挥机传来了新的空中情况："牛眼"区域130°方向，距离80英里，两架伊拉克战机在纳西里耶以东至巴士拉以北地区！收到这个消息的战斗机全部转向目标！"丹尼打量了一下敌我位置，发现自己和鲍威尔位置最为合适。他立刻向预警机呼叫："用不着其他人了，这几个目标交给我们好了！"这两架伊拉克战机高度在8000米左右，速度700千米/小时左右，正在向东面的伊朗边境飞去。在前往加油路上的丹尼和鲍威尔恰巧此时处于这些伊拉克战机航线的更东边，此时毫不犹豫地去截断他们的飞行路线。在双方距离拉近到20英里的时候，伊拉克战机转向东北方，试图加速逃入伊朗境内。丹尼和鲍威尔的F－15在10000米高度，速度已经加到了1.1马赫，极力追上他们、在他们穿

越边境前予以击落！丹尼上尉冷静地提醒本杰明说："不要用雷达锁定他们，别再惊动他们！我不想在追赶的时候让他们察觉我们！"

　　F-15一直隐蔽接近到15英里时，伊拉克战机才进行了一次转向。不过这样缓慢柔和的转向对摆脱背后的敌手没有任何作用，F-15已经跟在他们后方不到10英里处准备突然攻击！这时候丹尼和鲍威尔开始用敌我识别器识别敌机身份，不过E-3A空中预警指挥机早已等得急切不已了，他迫不及待地插话："敌机，敌机！不用识别，立刻开火！"当然丹尼和鲍威尔也不会再浪费时间，丹尼首先在距离6英里处先向第一架敌机——米格-23发射了一枚AIM-7，导弹锁定目标、直朝他飞去，然而却没看见爆炸！看样子是引信没有及时触发。鲍威尔也朝第二架敌机发射了一枚AIM-7！直到这个时候才发现有敌机跟踪自己的伊拉克战机不由惊慌失措，丹尼的目标开始向左做大约2个G过载的转弯。不过在生死关头却只能做出这么低过载机动的一方，是没有生存下来的机会的！丹尼眼疾手快已经激活了AIM-9"响尾蛇"近距格斗空对空导弹，并在距离2英里处向敌机发射——直接命中！那架只能以2G过载机动的伊拉克战机就像是一瓶燃烧的莫洛托夫鸡尾酒，一路飞向了沙漠的地面。

　　鲍威尔发射的第一枚AIM-7"麻雀"式中距空对空导弹也没有命中目标。那架米格-23骤然降低高度、企图逃走。由于预警机一直通报在那儿只有两架伊拉克战机，所以直到这时丹尼和鲍威尔还认为只有两架敌机。然而一击不中的鲍威尔在追逐第二架敌机的时候，突然用肉眼发现了此外还有两架敌机在低空飞行！其中一架是米格-23，另一架大约是幻影F1EQ！鲍威尔立刻大声呼叫丹尼："还有两架！还有两架敌机！"这样一来，丹尼和鲍威尔才知道，刚才天空中有4架伊拉克战机，其中3架米格-23，1架幻影F1EQ，他们之前发现并打击的是高空的两架米格-23，实际刚才进行的是一场以二敌四的空战。E-3A空中预警指挥机和他们一样都忽略了低空飞行的那两架伊拉克战机。鲍威尔翻过身来，首先向敌机发射了第二枚AIM-7空对空导弹，那个慌作一团的家伙立刻被击中，那个伊拉克飞行员的弹射座椅弹出座舱，然后放出降落伞，可是却落入了自己飞机在地面爆炸产生的火球里，显然没有多少生还的机会了。紧接着，鲍威尔又向第三架敌机发射了一枚AIM-9"响尾蛇"近距格斗红外空对空导弹，这架惊慌不知所措的米格机当场凌空爆炸解体！现在丹尼上尉开始注意正往东北方向逃窜的第四架敌机。那架敌机正在向左转，丹尼命令鲍威尔注意观察和警戒，同时自己紧追不放。第四架敌机幻影F1EQ玩命仅在50米高度飞行，由于地面反射的杂波太强，F-15没法用雷达锁定它。所以丹尼选择激活了一枚 AIM－9 红外制导空对空导弹，在这架伊拉克战机尾后仅一英里处发射了导弹！眼前这个伊拉克飞行员显然也比 1 月 19 日空战里美军曾经遇到的家伙差远了，导弹直接命中他的正后方，然后爆炸，最后一个目标也解决了。当最后一架伊拉克战机被击落时，丹尼和鲍威尔已经处在巴格达外围 40 英里处，甚至可以在空中望见一些市区的建筑。由于空战高机动性的特点，F－15 先是在这些伊拉克战机向东前往伊朗边境的航线上攻击了他们，然后又随着剩余伊拉克战机四散奔逃而紧紧追赶，到空战结束这一刻，他们已经尾追着最后一架伊拉克战机接近到巴格达外围的第二道对空防线。在击落第四架伊拉克飞机后不久，F－15 上的雷达告警接收器开始发出警报，伊拉克的地对空导弹正将丹尼和鲍威尔锁定。他们立刻施放电子干扰，同时急转向南，并急剧向低空俯冲，甩掉伊拉克地对空导弹，安全返航。在 E－3A 预警指挥机指挥下，空中加油机已经进入伊拉克边界来迎接他们加油。丹尼和鲍威尔在伊拉克边境以内 75 英里处遇到了自己的加油机，空战的胜利让他们兴奋不已，完成加油后他们甚至又继续巡逻了几小时才返航。

　　这次战斗非常引人注目，这是整个海湾战争期间单次空战击落伊拉克战机最多的一场空战。事实上，在这场空战里，伊拉克空军毫无任何反击能力——他们甚至连反击的勇气都没有，飞行的唯一目的就是逃往伊朗！在整个空战过程中，虽然伊拉克战机占有 4：2 的数量优势，而且由于 E－3A 空中预警指挥机和 F－15 的共同错误，美军始终以为那个空域里只有高空的 2 架米格－23，而起初根本没有发现低空的 2 架伊拉克战机。然而伊拉克这 4 架战机没有做出任何有进取心、有战斗意图的行动。4 架伊拉克战机都是在竭力逃跑中被击落，而且在美机攻击高空的伊拉克战机之时，低空的伊拉克战机也毫无利用美机没有发现自己的机会突然隐蔽攻击 F－15。在美机攻击过程中，所有伊拉克战机没有一次表现出攻击和应战的意图和勇气，他们没有做出任何一次对美机有攻击性的动作，甚至连逃命的动作都反映出很差的训练水平。伊拉克战机从始自终在做的动作都只有一个目的：就是逃到伊朗去，如果逃往伊朗不成，就逃回防空火力较强、相对安全一点的巴格达。这样的作战意志、这样的技战术水平、这样的训练水平，无不体现了一个堪称反面教材的典型。最后，在这 4 架伊拉克战机一心消极避战、一心一意想要逃跑的情况下，还全部被一一击落，无一幸免。这种消极的作战思想和畏敌如虎的精神面貌带来的恶果，足以令人深思。

　　伊拉克空军向伊朗的溃逃还没有到此为止。1 月 28 日，索恩斯特堡联队的 F－15 编队长机加里·鲍曼上尉和僚机唐纳德·瓦特卢斯上尉在伊拉克东部

巡逻，他们的任务是切断伊拉克飞机逃往伊朗的路线。从第一周后期起，美国战斗机就长时间在伊拉克领空里执行巡逻任务，防止伊拉克飞机逃到伊朗去，而伊拉克飞机却主要只敢躲在地面掩体里，领空的东道主好像颠倒了一个个儿。规模相当大的伊拉克空军的毫无作为、不思进取，在世界范围也真是十分罕见，美国空军即使在对手空军力量十分弱小的朝鲜和越南上空也做不到这样。就在四机编队里的另两架 F－15 去空中加油后，鲍曼和瓦特卢斯发现了两架米格－23 正向伊朗边界飞去！他们在雷达上观察到两个信号，起先以为这是一支向南散开飞行的双机编队，实际上很快发现那是一支前后纵向飞行的双机编队，在向东往伊朗飞。F－15 的机载雷达很快就锁定了它们，并从火控航电系统获得了更多参数和引导迎头攻击的"攻击热线"。不过 F－15 飞行员并没有采用插入伊拉克战机的飞行路线、正面截断他们去路的做法，而是根据这场战争许多空战的经验，继续转到伊拉克米格－23 的后方。在前面，那 2 架米格－23 还在只想着往伊朗逃命，根本没有察觉这一切危险。瓦特卢斯率先打开发动机加力，让他那架全副武装的 F－15 加速追赶敌机。但是他犯了一个错误，由于他没有事先将副油箱扔掉，所以挂着副油箱的 F－15 无法快速地将距离拉近。瓦特卢斯决定立刻抛掉副油箱，此时的速度已达 630 节（约合 1130 千米/小时），而 F－15 飞行手册上明确禁止在速度超过 600 节（约合 1080 千米/小时）时扔掉副油箱。悲剧随即发生了，由于高速飞行气流的影响，两个副油箱尾部都擦上了主翼，其中一个擦到了机翼下表面，另一个在那侧机翼的翼尖上划了 3 英尺长的伤口！不过瓦特卢斯上尉对于这一切竟然一无所知——在一心要取得作战成绩的狂热兴奋驱使之下，他疯狂地向前追赶着米格－23，甚至根本没发现自己飞机受伤。

雷达告警器发出的警报终于让两架米格－23 发现了后面的威胁！他们散开来各自朝着伊朗的领空逃去。鲍曼追赶的是一架老手，那架米格－23 降低高度、在蜿蜒的山区地形上玩命地左右机动、低空飞行，鲍曼的机载雷达无法在这种情况下锁定并发射导弹攻击他，最后，在一连串纠缠中，鲍曼眼看着这架米格－23 逃进了伊朗领空。为了不引发伊朗和美国之间的战争，多国部队命令本方战机不得追击进入伊朗边境。不过瓦特卢斯追赶的那架米格－23 就没这么好本事了，那是一个明显的面瓜。瓦特卢斯驾驶 F－15 很快就牢牢锁定了那架只知慌作一团逃跑的米格－23。进入 AIM－7 "麻雀" 中距空对空导弹的射程后，瓦特卢斯急切地向对手发动攻击，不过不知是否与瓦特卢斯紧张过度在操作中违反了相关规程有关，他机翼下挂载的先后 3 枚 AIM－7 导弹都点火失败、未能发射出去（虽然在海湾战争中 AIM－7 系列导弹经常有点火失败的故障情况，不过瓦特卢斯一人一次就接连赶上 3 枚，还是有些很不寻常）！不过早已紧张得不能自制的瓦特卢斯忘记了看平视显示器上的提示，他甚至不知道导弹失效并没能锁定目标，也忘记了更换另一种导弹武器，只是焦急地等待机载外挂武器管理系统按顺序再自动轮转到发射下一枚 AIM－7 导弹！这样，这架米格－23 已经越来越接近伊朗，这个技术很差的伊拉克飞行员似乎感觉自己就要安全了！这时候，瓦特卢斯上尉的第 4 枚 AIM－7 终于能够正常发射，随着砰的一声巨响，导弹直着飞出去击中了那架还在逃跑中的米格－23，那个伊拉克飞行员的狗屎运也到头了。飞机的残骸落在了伊朗境内。不过，瓦特卢斯没有在这一空域久留，而是迅速回到了确凿无疑的伊拉克空域。这是索恩斯特堡联队在海湾战争里第一个空战战绩。

　　在追击过程中，鲍曼和瓦特卢斯在很长时间里都兵分两处，各自追逐着自己的对手。不过伊拉克空军的羸弱，让他们违反空战原则的长僚机分兵各自作战没有任何风险。干掉对手后，瓦特卢斯知道自己马上要去找空中加油机，因为油量已经不多了。瓦特卢斯顺利地与空中加油机会合，加油机飞行员和加油操作员震惊地发现瓦特卢斯的座机一边机翼有明显的擦伤，另一边机翼的翼尖 3 英寸长的部位已经不知什么时候不堪过载、彻底飞走了！由于还沉浸在刚才的高度紧张和击落敌机的兴奋里，瓦特卢斯上尉竟然没有发现自己的座机已经受伤。这时候他才醒悟过来，连忙中断预定的巡逻任务、马上返航。他成功地将战机降落在了土耳其因契尔利克空军基地，在那儿受到了一阵欢呼。但这架编号为 79－0022 号的 F－15 因机翼结构受伤，被判断为需要大修，因而在整个战争期间都没有再次飞行。

　　勇猛的瓦特卢斯上尉年轻而充满斗志，但他的经验和临战处置都不是十分妥当。但是，在紧张得忘记许多事情而犯了一连串错误后，他还是取得了击落一架敌机的战绩。他这一击落敌机的过程充满戏剧色彩，富有争议，紧张过度的瓦特卢斯干出了一系列令人难以置信的事情，但这一切过程最后有一个令人难以置信的好结果，创造了一个愣头青飞行员能够获得的最好结果。其实，美国空军的飞行员并非就强大不可战胜，也绝非美国空军在战斗中就不犯错误。但是，当伊拉克空军连与敌手一战的勇气都没有，那么美国空军是否并非不可战胜、是否也犯错误，就都对战局结果没有影响了。虽然瓦特卢斯上尉的表现有许多值得回去总结提高的地方，座机也需要大修，但是索恩斯特堡联队还是对他的表现很高兴，因为这个愣头青的一架战绩使索恩斯特堡联队避免了在海湾战争中剃秃子（没有一架空战战绩）的尴尬境遇。这一架击落战绩是索恩斯特堡联队在海湾战争中唯一的战绩。

1月29日，美国空军第59中队的大卫·罗斯驾驶一架F-15C又获得了美国空军F-15在海湾战争里的第21个战果，他用2枚AIM-7中距空对空导弹击落了一架向伊朗逃跑的米格-23。

从1月26日发现伊拉克空军开始向伊朗逃跑，到1月29日暂时算一段落，美国空军共击落伊拉克战机9架，自己无一损失。这9架伊拉克战机全部是在向伊朗逃跑过程中被击落的，而且全部是只顾逃跑，没有一架做出过战斗和反击动作。

在多国部队空中力量严厉打击之下，伊拉克空军已经基本完全失去了战斗力，所剩的部队也因其严重的消极避战心态变成了一支接近不存在的军事力量。1月27日，美中央司令部总司令施瓦茨科普夫将军公开宣布：

"伊拉克空军已经失去战斗力，多国部队已经完全掌握了制空权！"

## 第三节  本应何为

从1月26日到1月29日，多国部队空中力量共击落9架伊拉克战机，全部是逃跑中被击落。除了被击落的这9架飞机以外，伊拉克空军还有大约90架飞机逃过边境，逃向伊朗作阶下囚和战利品。伊拉克空军实际上等于在这几天之内损失了100多架战机。其中大部分是1月26日伊拉克空军外逃第一天逃出去的，从第二天后多国部队空中力量加强了对伊拉克外逃战机的拦截，伊拉克空军的技术水平连逃跑出境都有困难。从伊拉克空军的行动来看，他们绝不是小规模自发的三三两两外逃，而是外逃时间集中，行动整齐划一，外逃战机来自多个不同机场，很难认为是个别飞行员丧失了意志、临时起意、自作主张而外逃。这似乎是伊拉克政府高层授意的某种大规模外逃行动。伊拉克战机这样大规模地放弃职责逃向一个长期作战、有血海深仇的敌国，如果不是高层自以为某种策略的授意，那就是伊拉克空军此时已经崩溃，军纪和组织性荡然无存了。而且这些外逃飞行员还要同时一起脑子出问题，自以为跑到血战了8年、仇深似海的伊朗会得到好下场。从种种情况来看，这种做法更可能是伊拉克高层某些人的决策。

综合来看，伊拉克空军的这种消极避战策略实在令人费解，规模不小的伊拉克空军不但对敌军毫无反击和威胁，连捍卫自己国家领空、与敌人一拼到底的勇气也没有，竟然采取这种将作战飞机逃往第三国的策略。不但彻底放弃了伊拉克的天空，而且飞机降落后即被伊朗就地没收，连保存实力的最低目标都没有实现。此后几天内，伊拉克飞机的逃往伊朗之路也被切断。不过再往后几天，伊拉克空军还要发动一次"大规模空中行动"，不过依然不是去作战，而是再次不顾挨打地向伊朗逃跑。

对于伊拉克空军的消极避战表现，很多人都提出了激烈的批评。但是也有某些人表示："面对差距如此巨大的强敌，伊拉克空军装备不如人，训练不如人，条件不如人，理所当然也确实无法打仗啊！逃向别国也是理所当然的选择，这是人性的体现。伊拉克空军那种做法，还保全了飞行员的生命，避免让飞行员白白送死，保留将来重建空军的资本，这种做法是符合人性的。这是一种健全、正常的思维方式。"有的人还进一步表示："美国空军有这么多高技术武器，有那么强大的作战系统；伊拉克空军既没有这个高技术武器，也没有那个完整的作战系统。这个仗怎么打下去吗？所谓坚持作战到底，不过是白白让这些军人送死而已，也增加国家的苦难！"

实际上，战争仅仅是通过"敌人有这个高技术武器，有那个高技术武器；我没有这个高技术武器，也没有那个高技术武器"来决定胜负结果的吗？我们一步一步来讲，如果伊拉克空军不采取大规模弃战外逃战略，会有怎么样的结果：

（1）如果这100多架战机还在伊拉克空军作战序列内，多国部队就依然还要对付它们，还要出动攻击机群去轰炸它们，还要出动战斗机为这些攻击编队提供护航，还要出动电子保障飞机（电子干扰机、SEAD飞机）为编队提供电子保护，还需要有一部分空中加油机为这些飞机提供加油支援。这就使多国部队空中力量的相当大一部分力量仍然要被牵制在伊拉克空军身上，而不能马上用于打击其他目标。也就大大减轻了伊拉克战略目标和伊拉克地面部队所受的压力，增强了伊拉克军队持续作战的能力。

（2）如果大量战机没有外逃，还在伊拉克空军作战序列内，就依然有可能突然伺机出动，对多国部队战机进行偷袭。多国部队空中力量在出动时，就依然还要有一部分美国战机被用在为攻击编队提供空中保护上，而无法任意地在伊拉克上空开展任何军事行动。自从1月26日伊拉克空军放弃战斗、向伊朗外逃之风开始之后，美国空军的行动也迅速大幅度大胆起来，大量无战斗机护航的攻击任务也增多起来。甚至一些自卫能力很弱、机动性也很差的A—10攻击机也采取双机编队，在无战斗机护航的情况下，在科威特纵深地区单独开展行动。这不但极大地解放了多国部队空中力量的行动，而且使空中打击可以更方便、更随时，覆盖时间更广泛、更随心所欲，更有效地执行空中遮断战役，极大增加了伊拉克地面部队和其后勤系统受到的打击。

（3）如果这些战机没有弃战外逃，就依然有可能突然伺机出动，对多国部队战舰进行偷袭。这就使得多国部队空中力量仍然要对伊拉克空军做必要的防范，不能心无牵挂地"放手全攻"，而要采取"大部攻，小部守"的策略。美国的航空母舰战斗群也需要与伊拉克保持一定的安全距离，不能肆无忌惮地靠近海岸来进行打击。航空母舰战斗群与敌国间距离的缩小，不只是造成伊拉克的预警时间更加变短，而且可以直接增加美国战斧式巡航导弹和海军战机对伊拉克的打击覆盖范围，加长海军战机在伊拉克上空的滞空时间，增强任务的灵活性。

（4）如果这些战机没有弃战外逃，哪怕是像玩具一样停在机场的加固机堡里，多国部队空中力量就依然需要用大量战机临空攻击。机场是伊拉克防空火力较强的设防目标，并且是利于防空火力坚固设防的点状目标，有利于集中部署多种防空兵器守株待兔。伊拉克战前在各个机场广泛设置了专门修复被炸毁跑道的快速修复工程队，所以其机场恢复开放的速度达到了令多国部队恼火的地步。根据美国空中力量联合指挥部自己的报告，伊拉克机场在受到多国部队空中力量打击后通常会在3~4小时内部分恢复使用，在24小时内通常可以基本恢复正常使用。这使得多国部队空中力量必须多次、重复性地打击伊拉克机场和机场附属设施。在之前的战斗中，有多架多国部队战机就是在空袭机场的时候被击落的。如果多国部队还需要这样高强度打击伊拉克机场，就依然会增加多国部队战机面临防空火力风险的机会。然而，伊拉克空军消极避战，摧毁伊拉克机场跑道就不那么重要了。1月26日伊拉克空军大规模外逃之风开始以后，霍纳将军和多国部队空中力量联合指挥部也清晰地看到：

既然伊拉克空军已经毫无战斗的意志，当然也就没有必要再对伊拉克机场进行全面的破坏。从这之后，多国部队空中力量停止了对伊拉克机场跑道及滑行道的轰炸，而将主要精力用在对机场上加固机堡里伊拉克战机的点名打击上，打击机场的任务大幅度下降，风险也大幅度下降。

（5）即使伊拉克空军囿于自己的训练水平和指挥水平，无法做到对美军有效的伺机出击，但只要这些战机还在伊拉克空军作战序列内，就依然可以消耗对方兵力和弹药。然而伊拉克空军主动的外逃，不但连消耗对手弹药都免了，而且极大地鼓舞了多国部队空中力量的士气，极大地打击了伊拉克地面部队的士气，使战争中双方的整个士气向对伊拉克严重不利的方向加速滑动。这种恶劣的后果，难以用文字来表述。

（6）就算退一万步说伊拉克战机留在伊拉克起到的作用不大，最后都被美国空军摧毁，这和伊拉克战机自己逃往伊朗、最后被伊朗全部没收又有什么区别呢？难道还能更糟糕吗?!

做为一支军队，伊拉克空军自己放弃战斗、逃往伊朗的行为，堪称世界军人的反面教材。

有的人看到这儿也许要说："光说不战斗是耻辱，问题是留下来战斗怎么能有较好的效果呢？打不了人家，留下来也不就是等死吗！"

战争，是像比较双方武器装备这样的格式化吗？

# 第四节　伊拉克空中力量使用得失

毫无疑问，像伊拉克空军和美国空军这样两支实力相差巨大的空军，实力弱的一方处于非常明显的劣势。海湾战争里这场空军对抗，一直有不少人说是"双方实力差距太大，根本没有参考意义，没有多少研究的价值。"实际上，海湾战争中的这场空中对抗不但不是像有些人说的那样"根本没有参考意义，也没有多少研究的价值"，恰恰相反，它正是值得认真研究和思考的一场战争。

对于研究高科技战争而言，美国空中力量在海湾战争里完整而清晰地展示了新技术条件下的现代化空袭作战的方法和模式，也展示了最新的军事科技对于战争形态的改变。而伊拉克空军也给世界其他国家的空军提供了一个反思范例和反面教训，足以让别人在它身上看到许多对自己有意义的东西。

在一部分人看来，海湾战争这样悬殊的技术和数量差距，完全是"自己怎么跟人家打都打不了，人家想怎么打你就能怎么打，还能怎么办？"诚然，双方武器科技水平的巨大差距和总体实力的悬殊差距，确实对战争走势起到了重要决定作用。但是，这些人往往忽视了军事指挥水平对战争起到的作用。他们忽视了一条最基本的军事原则：

在条件不利的情况下，面对强敌，就必须遵循"不对称对抗"原则。即应依据自己的现有条件，打发挥自己特长、避开敌人特长的仗。尽量以自己的特长，去打击敌人的短处。形成"敌人用他擅长的方式打仗，我绝不去跟着用敌人擅长的方式打仗，而是用我擅长的方式专门打敌人的一些弱项，从而扳回一部分主动权"。这就是"你打你的，我打我的"原理。

现代战争从来就不是各个武器、各个人员拉出来按同等方式进行 PK。不论在系统上存在差距，还是在单项作战能力上存在差距，都应该另辟蹊径、寻求不对称交战手段的方法来进行作战。存在差距，不代表根本无法打仗。当弱

者大部分系统不如强者时，就更要遵循"你打你的，我打我的"这一来源于古老中国数千年文化内涵和智慧产生的军事原则。具体来说，审视伊拉克空军的行动，可以看到一些深刻的教训——做为劣势一方，虽然无法临时改变自己的差距，但伊拉克空军本来可以从以下几点做努力：

1. 集中兵力，有保有舍，力保关键要点

在局部制造兵力优势，来抵消一部分对方的技术优势，力争击伤或歼灭敌军一部。

做为劣势一方，要正视实力上的差距，清晰地知道自己不可能在强敌面前守住全部的区域和节点。就以海湾战争为例，伊拉克空军不但在战机、导弹性能及军事训练水平和整个体系上都比多国部队有很大差距，而且战机数量上还处于1：2.4的劣势。在这种情况下，坚持分兵四处守御是根本不可行的，只会造成本来就处于劣势的空军兵力更加分散而薄弱，处处防御而处处失败。这种不进行事先有选择的收缩、不放弃任何一处空域的做法，表面上看保卫着国家整个领空，气势上毫不示弱，最后是毫无军事价值的。

如果事先对己方防御区域进行重要程度和防御条件的分析，只在关键性、相对有利的区域集中投入兵力，对次要、不利的区域只投入少量牵制兵力，就可以避免处处分兵而处处薄弱的局面。经过周密策划后，可以集中一定优势数量的战机，突然以集中力量打击敌军一路攻击，争取将其击伤或歼灭。从而使敌军也付出一定的代价，令敌军也感受到战争的痛苦，避免出现"敌人随便打你，你对敌人几乎无损伤"的战争局面。与1999年美国对南斯拉夫战争不同，伊拉克有比南斯拉夫大得多的领土，有比南斯拉夫更多的战机，有比南斯拉夫广得多的纵深，有比南斯拉夫相对安全的后方区域和清晰的防御方向。多国部队战机不可能直接从宽广的伊朗和叙利亚边境以及约旦边境处飞入伊拉克境内，而只能从有限的沙特阿拉伯方向、50千米宽的伊拉克海岸线方向、土耳其边境飞来。其实对多国部队来袭重点方向，伊拉克有条件事先预测和重点防御。然而伊拉克空军却依然像平时一样，分散全国各处各方向进行分兵把守。

空中作战也要适当集中兵力，是因为根据世界各空军强国大量模拟对抗的结果，都得出了一个公认的结论：对于空战来讲，双方投入兵力越少，就越接近于双方飞行员技术水平和战机性能的PK，飞行员和战机差的一方就处于越明显不利的地位。双方投入兵力越多，空战局面就越复杂，越接近于混战，战局受到的复杂影响因素越多，双方飞行员和战机的影响就越被冲淡。在抗美援朝战争中，中国人民志愿军空军刚初建不久，飞行员只在战斗机上飞过几十小时，毫无作战经验，个人技术水平明显逊色于美国空军。而美国空军确实强大、经验丰富，中国人民志愿军空军就是坚持大机群多梯队多批次协同作战的战术思想，通过创造一域多层四四制的战法，努力巧妙协同配合，使美国空军飞行员单体的技术和经验优势发挥不出来，反而被中国人民志愿军空军也击落了不少。在米格走廊上空，美国空军始终不能达到自己的战役目标，就是这个道理的很好战例诠释。

然而伊拉克恰恰完全违反了这条原则。

2. 敢打敢拼，拼才能有希望，不要只顾保存实力

切记：战争中最好的保存实力方法，就是消灭敌人；单纯的保存实力，只能是消极慢性等死。

纵观整个海湾战争，伊拉克空军行动最大的特点就是消极保守，保存实力至上。在1月17日多国部队空中进攻伊拉克的第一夜中，伊拉克空军只零星地从不同机场起飞了数量很少的飞机，而且在每一场空战中经常只投入两架甚至一架战机，经常处于面对美军整个四机编队的状况。在战机性能和飞行员训练水平以及体系支持程度等都不如美国空军的情况下，连数量还都处于严重劣势。很明显，即使伊拉克空军的高层再怎么无能，也早已知道这样做根本就毫无获胜的希望。很显然，伊拉克空军高层或者萨达姆等人心里的真实想法是：

"不起飞战机应战显然说不过去，美军也照样放不过自己。但是起飞架次太多，万一被击落太多，岂不是代价太大。所以只少量出动一点儿战机，能蒙上一把就算捞了，就算被击落了，损失也不大，能接受得起。"

这种消极作战思想，不但毫无与强敌敢打敢拼的念头，而且毫无"我损一千也要让敌损二百"的决然，更毫无敢战胜强敌的念头。从一开始就立下了"畏敌如虎、一切以保存实力为上"的很坏基础。战略观念和指导思想上的落后和错误，比武器装备上的落后、训练水平上的差距更可怕，危害更大。诚然，军事战略上的另一个错误倾向就是不计长远、不讲战术方法、与强敌硬拼，那种倾向同样会带来严重的恶果。但是，在海湾战争中，伊拉克空军毫无"与强敌硬拼"，纯粹是走上了另一个极端。

如果说1月17日第一夜的空战是在夜间进行，伊拉克空军因训练水平不行和空情保障失灵，只投入零星兵力抵抗尚属可以理解。那么，到了1月17日白天和1月18日白天以及1月19日白天，伊拉克空军仍秉持这样的作战原则，就已经毫无质疑地说明伊拉克空军的消极和不敢作战。尤其是1月19日伊拉克空军精选了个别尖子飞行员或苏联教官出战仍遭失利后，整个伊拉克空军几乎已经失魂落魄，根本不敢再和美国空军作战。从此之后，一直是消极避

229

战，能躲则躲，靠加固机堡硬扛挨炸，不能躲就外逃，几乎不再有像样的空中作战。实际上，1 月 19 日伊拉克空军尖子失利，不止是装备性能的差距，更是缺少同伴战友最基本的策应和支持。以 4 架 F－15 对 2 架米格－25 之战为例，如果另 2 架米格－29 不要匆匆逃走，而是紧密配合 2 架米格－25，返回参战，战斗的复杂性和变化性就更多，那 2 架米格－25 未必会被击落。再以 2 架 F－15 对 2 架米格－29 之战为例，伊拉克空军在战机性能不如美国空军的情况下，仍不能集中优势数量，而与美机进行一对一交战，虽然过程上曾经一度相当有利，但最终很难占得上风。

虽然多国部队空中力量在数量上也比伊拉克空军有很大优势，但是，如果伊拉克空军能事先有保有舍，集中兵力，在局部制造兵力优势是完全有可能的。毕竟多国部队的空中力量是要打击伊拉克和被占科威特全境，不可能在每一局部战场上都占据优势数量。在每个局部战场上，都处于不但装备性能落后、人员训练水平差距，而且数量还落于下风，正是伊拉克空军不能做到"有保有舍、集中兵力"和消极战略思想的双重恶果。

这种"保存实力"的消极战略，不但不能消灭或削弱敌人，最后连保存己方实力都无法实现，属于彻底完败，只不过是一种消极慢性等死。伊拉克空军的表现，为世界其他国家提供了深刻的反面教训。

3. 想方设法提高本方 $C^3I$ 系统的工作状况，为作战提供最基本的保障

在海湾战争中，多国部队空中力量对伊拉克空军最具杀伤力的威胁，首先就来自大规模电子干扰、大规模使用反辐射导弹，以及使用隐身战机开道精确攻击伊拉克 $C^3I$ 系统重要节点，使伊拉克空军及防空系统处于眼瞎耳聋、晕头昏脑、指挥失灵、恐惧万分的地步。在 $C^3I$ 系统几乎完全失灵的基础上，任何一支空军也都难以作战。

然而，伊拉克空军及防空体系却犯了一系列错误。

（1）战前大部分雷达和无线电通信设备照常使用，为美国的电子侦察提供了最好的工作效果。直至 1990 年 11 月底，伊拉克大部分雷达和电子通信设备都在毫无反侦察意识地正常开机。此后，虽然伊拉克军事领导层对美国电子侦察机的活动开始有所注意，采取过一段时间大部分雷达和无线电通信设备关机，但是美国空军仅仅一采用 F－15 编队逼近伊拉克领空的假动作，就造成伊拉克雷达又大量重新开机，被美军重新定位。而且在关机期间，伊拉克大部分雷达设施并无机动转移，其位置仍然是早已被美国电子侦察手段确定的位置，这种关机是毫无意义的。

在新式战争中，空中较量早已不是双方战斗机在空中的单纯 PK，而首先

来自于双方 $C^3I$ 系统的工作抗衡。首先失去 $C^3I$ 系统正常工作能力的一方，就已经输掉了大半场空中作战。伊拉克这样的旧式空军，面对美国这样的新式空军，恰恰在这方面认识水平上存在巨大的缺陷。忽视 $C^3I$ 系统的综合生存力建设，忽视 $C^3I$ 系统与战斗力量之间的整合。旧式空军与新式空军的区别，决不仅仅在于武器装备的水平上，更在于战略战术思想的差异。

伊拉克军队在反电子侦察问题上犯下的错误，归根结底是因为对现代化武器装备缺乏知识，对电子战没有基本概念。这反映出一个最基本的事实：在现代化战争中，如果缺乏对现代化武器装备的知识，就不可能做到正确的指挥。任何战术战法和指挥，都离不开对敌我双方武器装备知识的掌握。如果连敌我武器装备的特点都不了解，也就不可能正确采用扬长避短、克敌制胜的战术。如果在脱离敌我双方武器装备知识、不了解双方武器使用方法的基础上谈战术，无异于新时代的一种坐而空谈论道。

（2）伊拉克拥有数量众多的防空雷达，面对美国空军强大的反辐射导弹攻击，本来可以采用同一地区不同雷达交替开机关机、接力汇报空情并有一定冗余备用的做法来对抗。只要开机时间得当，就可以大幅度削弱美国反辐射导弹的作用。虽然美国"哈姆"式反辐射导弹对付雷达突然关机的能力比起老型号"百舌鸟"、"标准"等已经大幅度提高，但在实战中还是暴露出面对在适当时机突然关机的雷达丢失目标的缺陷。如果伊拉克采用同一地区不同雷达交替开机关机、接力汇报空情的做法，每一部雷达的开机时间控制在经过计算的合理范围之内，其雷达站的生存能力和对整个空情的掌握，就有可能大为提高。虽然对空情掌握不可能像美军一样好，但不至于完全失控。

实际上，这并非空想空谈，根据美国媒体自己的报道，美国在 1999 年对南斯拉夫战争里，曾经出现对南斯拉夫一个空防区雷达先后发射一百余枚哈姆反辐射导弹仍未能将其空情监测能力摧毁的现象。该区域南斯拉夫雷达就是采取"不同雷达交替开机关机、接力汇报空情、每部雷达开机时间得当、并有一定冗余备用"的战法。这充分说明了即使同样处于劣势装备，不同的战术战法也会造成截然不同的结果。面对敌方高技术武器，要勇于动脑子探索，根据其工作原理摸索相应的对抗措施，而不是把战争看做纸上谈兵格式化的比较武器装备性能指标。

然而伊拉克事先却没有根据美国多次实战的战例来布置相应的战术，更是对美国反辐射导弹的技术特点、对抗原理缺乏基本的了解。在这一点上，伊拉克军队可以说是一支"关起门来自大，闭上眼睛自我感觉良好"的军队。实际上，美国的反辐射导弹已经在多次实战中投入使用，尤其是在 1986 年美国

对利比亚发动的"黄金海岸"空中打击行动，就以反辐射导弹开路，使利比亚遭到了严重失利。利比亚和伊拉克同属阿拉伯国家，两国虽然距离较远，但仍同样位于中东附近，两国同样大量使用苏制萨姆系列防空导弹和苏制雷达。既然利比亚的苏制防空导弹和雷达在美国 1986 年军事行动表现的新战术面前无法还手和自卫，那难道伊拉克就可以安然度过美国的空袭了吗？

伊拉克军队这种既不去认真研究别人的相关战例、更不去认真审视自己的缺陷、盲目自大、因袭守旧的做法，是整个反空袭作战必然失利的主观原因之一。这也再次说明，在现代战争中，如果不了解双方武器装备知识，是不可能有正确得当的军事指挥的。如果其他国家军队只是侃侃而谈伊拉克的失败教训，而不认真思考自己是否有类似的问题，那将是非常危险和可悲的事情。

（3）伊拉克拥有数量众多的防空雷达和地区指挥中心，却缺少机动部署，大多采取固定部署。其防空导弹阵地也是如此。在强弱分明的战争中，弱方灵活快速转移本方装备和阵地，正是减小损失、给敌人制造麻烦、甚至出其不意制造战果的办法。然而伊拉克在整个海湾战争中，缺乏根据战况调整部署、灵活应变的做法，只单纯注重 $C^3I$ 系统和防空节点的"藏"（用传统伪装手段进行伪装）和"扛"（加强防御设施坚固程度，扛打扛揍）。然而，对于新式的电子侦察手段而言，只要这些节点向外辐射电子信号，传统的伪装隐蔽方法就不起作用。而单纯依靠提高防御设施坚固性，却缺乏相应的还击能力，在敌军提高打击威力面前，就依然只有被摧毁。在战前伊拉克雷达站和 $C^3I$ 中心就已经被美国电子侦察确定位置的情况下，不进行机动转移、灵活部署，就等于坐以待毙。伊拉克只有以前两伊战争这样技术水平很低、双方几乎依赖拼人力、拼消耗的战争经验，对高技术现代化战争几乎毫无认识。在伊拉克军队熟悉的战争模式里，根本没有"对通信指挥节点和雷达站进行掏心挖眼式攻击"的模式，因此伊拉克军队在战争中漠视了对己方通信指挥节点和雷达站机动部署、灵活转移。这使得空中战争一旦进入了对伊拉克严重不利的局面就无法逆转，并越来越严重地发展下去，使伊拉克的对抗能力迅速枯竭，防空作战处于一面倒的状态。

（4）面对美国强大的电子干扰能力，伊拉克事先几乎毫无应对的准备。既没有紧急通过各种渠道从苏联重金引进不受电子干扰影响的新式光电瞄准火控系统，也没有对自己早已过时的 SA－2、3、6 等老式防空导弹进行改进，甚至没有对防空部队和空军部队进行任何高强度电子战环境下训练。在防空体系是如此，在通信保障上也是如此，既没有从国外引进一些新式通信装置，也没有在长达 5 个多月的战前时期做好准备、布设不易受电子干扰影响的军用保密有线通信体系，替代易受电子干扰的无线电通信。在现代空中战役中，制电磁权就是战役胜负的先决条件之一，就是胜负的决定保障之一。没有制电磁权，就没有空战战役胜利的基础。

其实伊拉克早就应该注意到：自己虽然有数量巨大、密度密集的各种防空导弹，但其中许多导弹的制导技术和工作频率对美国早已不是秘密。例如SA－2，早已在60年代的越南战争里就与美军多次交战，美军早已经相当了解这些导弹的工作频率和使用特点。SA－6也早已在中东战争里被美国的盟友以色列研究得很透彻。而面对这种严峻的形势，伊拉克在战前没有采取过具体措施来改变，只是对所有问题视而不见、继续自我感觉良好，说豪言壮语空话。

这种现象还反映了伊拉克军队在建设思想上的一个严重偏差：只注重花重金引进大量国外先进防空导弹，而不注重在使用过程中随着新技术的发展和新情况的变化不断改进升级。仿佛引进了大量防空导弹，就可以泰然处之地睡大觉了。对于世界上最新出现的技术和战例很少去研究，或者即使研究了，也不注重对自己的旧武器进行不断升级改造，只等着有了钱以后再去购买最新式武器。这样一来，手里的大量本可以升级改造的"旧式"防空导弹就成了没有多少作用的烧火棍。这种"只买新的，不改旧的，全靠购买新的，无力改造旧的"的国防装备体制，耗费高、浪费大、效果差、受人胁迫大、战时无法应变改造，是一种典型的不合理装备体制。

4. 布设圈套，机动设伏，不断变化，以柔克刚，以阴制狠

对于实力相差较大的两支空军来说，如果正面硬拼，弱方是没有出路的。因此就一定需要在作战中注意使用计谋，制造敌人的错误，创造己方的机会，以巧取胜。具体来说，可以事先对敌方空中力量一定感兴趣的目标进行分析排类，通过各种伪装欺骗手段（包括传统的和电子欺骗手段、假情报信息）让敌方获得假目标信息。同时暗中将防空兵器和空军力量部署在附近，形成兵力重点部署，设下圈套。并注意真假目标结合、真假信息混合散布，这样防御圈内既有真目标，又有假目标。如果敌机不来攻击，周围的空军战机和防空兵器也不至于白白浪费。如果敌军空中力量突入防御圈内，假目标可以将真目标的压力大部分吸引过来。在战争进行过程中，还可以灵活变换真假目标位置，将真目标搬到已遭到过轰炸的报废假目标处，将原真目标处改设假目标，也可以将新的假目标再次搬到已遭到过轰炸的报废假目标处，运用中国传统经典军事智慧三十六计中的"瞒天过海"、"无中生有"、"浑水摸鱼"等计策智慧精华，使敌更加无法分辨而犯下更多错误。

战前，即使敌方事先侦察发现这一目标附近有部分防空阵地和空军战机部署，也会认为这正是因为目标重要而采取的防御措施，难以引起怀疑。鉴于强大之敌一定会先对目标周围的防空体系进行挖眼式攻击，所以还应在战斗打响前或战斗进行中突然临时改变防空兵器部署位置，秘密补充新的雷达和兵器，不断改变部署，灵活应对。

高超的战略战术和指挥，在一定程度上可以改变战争的面貌和形势。

同时，在军事领域也应注意另一错误倾向，即对历史传承下来的经典思想和战略战术不加思索、不结合新时代高技术战争实践、不结合新时代新武器技术发展的特点、不了解新式武器装备的发展情况，盲目守旧，一切照搬旧历，自以为有了伟大战略思想和旧的经典战术就可以包打一切。那种做法也必然会沦为新时代的纸上谈兵、夸夸其谈，必然导致未来战争中的严重挫败。

5. 战前应大力搜集敌方新式武器的技战术性能，提高本方官兵应对能力

即使遇见自己不了解的敌方新式武器，也不应惊慌失措，而应冷静摸索敌方新式武器的强弱点。

只有让自己的广大官兵了解敌方新式武器的技战术性能，才能找到有效应对方法，才能防范惊慌失措的情绪。然而，伊拉克军队在海湾战争前没有进行任何针对性军事教育，更没有告诉过他们的士兵该怎样用手中的武器对抗美军的高技术武器。也许伊拉克军队领导人认为，士兵知道敌人高科技武器越多，越容易恐慌害怕。也可能是伊拉克军队领导人自己都不知道敌人的高科技武器是怎样，更不知该如何应对。但总之最后的结果，就是伊军在战争中面对美国的高技术武器完全是惊慌失措、恐慌畏战情绪极为盛行，最后发展为整个军队惊慌不安、一触即溃。

实际上，面对敌方最新式武器，即使尚不知道这种新式武器的工作原理和优缺点，也应该在实战中不断尝试和摸索对抗手段。例如在越南战争期间，秘密进入越南作战的中国防空兵面对美国反辐射导弹这一全新武器，初期遭到了重大损失，但很快就摸索出雷达突然关机、接力指挥、突然加高压、转换高低压、天线左右急剧甩头等多种对抗手段，使"百舌鸟"、"标准"等反辐射导弹作用大幅度下降，由初期 2 发左右就击毁一部雷达，下降到数十发才能击毁一部雷达，而美国空中战机的损失却相反上升。这其中很多对抗手段，都是一线部队在尚未了解敌新式武器工作原理和潜在缺陷的情况下，通过实践尝试摸索出来的。这就是典型的在实战中摸索对抗敌方新式武器方法的实例，绝非在战争中遇到对手新式武器就理所当然只有坐以待毙。当然，如果己方有较强的

科技实力，能够在较短时间内破解敌方新式武器的技术秘密，将对前线的作战产生明显的事半功倍效果！

在战争中，面对敌方新式武器，"面对新情况仍一再以旧方式作战，在实战中已经吃大亏，而不相应改变战术战法，片面讲求发扬不怕牺牲精神坚持到底，实际就是蛮干硬扛到底"和"觉得差距不可逾越，从而畏敌如虎，觉得自己理所应当毫无办法，只有消极避战以图保命和保存实力"这两种错误倾向，都值得警觉和抵制！

6. 在新时代新的技术条件下，武器装备优劣对空中作战的影响已经空前提高

自从海湾战争以来，各次现代化高科技战争已经充分说明了先进优良的武器装备对于战争的影响之大。必须看到，如果双方技战术水平和装备差距过大，那么即使弱方采用了各种指挥策略，空中作战的主动权也是难以扭转的。现代战争越来越清晰地证明，随着科学技术的高速发展，拥有高科技优势武器的一方在战争中占有显而易见的有利地位，在战争中的发挥越来越自如，可以有主动权地实现对己有利的"不对称作战"。而武器装备系统上存在代差的一方，越来越处于处处被动、处处受制、无法有效打击敌人的地步。各种有针对性的战略战术，可以帮助武器装备差一方缩小双方的作战效能差距，但只是一种补救性质的方法，难以从根本上改变战争中己方比敌方更吃力、更困难、处于更高危险环境中、损失代价更大。

所以一定要看到：

第一，绝不能坐视自己的武器装备和敌方实力差距过大。要适度投入，努力研制好用、管用的新式武器装备。

第二，指挥谋略上的措施虽不能完全决定战争主动权，但可以做到战局向比较均衡转化，避免"敌方随便打我，予取予夺，而我方毫无还手之力"的"单向打击"战争模式。在现代战争中，应充分重视武器装备和高科技的重大作用，在平时加强武器装备和高科技建设，提高部队的军事素质和科技素质，防止"一切武器装备和科技差距都是次要的，战略战术思想可以弥补一切科技差距"和"脱离武器装备技术，光谈战略战术思想"的绝对化倾向。这一点，纵使暂时不能像美国一样强大，也要努力大幅度缩小与美国的差距，使差距缩小。而如果这种差距达到了过大的地步，就无法再用战术战法来弥补这种差距。好的战术战法，乃至高超的战略思想，都可以在一定程度上弥补双方装备技术的差距，但不可能填平一切装备技术巨大差距带来的不利。所以，必须树立对装备技术水平、人员操作训练水平以及新技术发展对战争形态改变的足

够认识，避免"高超的战略思想和好的战术战法可以包打一切"和"只注重和研究战略思想，而不重视武器装备技术发展"的错误思想。同时也要看到，如果面对超级强敌，科技和武器装备上的差距一时难以完全追上，必须要充分钻研新时代新技术条件下战略战术思想，立足现有条件，打赢高科技条件下的局部战争。即使一时难以完全追上最尖端的科技和武器装备，也要大力追赶差距——武器装备和科技差一代，就比差两代好；差半代，就比差一代好；如果抱着"反正在武器装备和科技这方面也很难追上人家，还不如索性强调其他方面"思想，索性放弃装备发展，去单纯讲求不怕牺牲和精神思想，只会造成与强敌的武器装备和科技方面差距越拉越大，最后成为一支完全落伍的军队。

7. 密切协同配合，可以尝试对敌"牵头打尾、踹腰击臀、破坏敌之作战协同，重点打击敌位置不利的部分战机和各种保障飞机"

一般来说，如果面对敌方深入境内的战略空袭，防御方可以对敌空中编队先头锋锐部队采取"避其锋芒"的做法，只采用少量战机骚扰，牵制敌方的注意力，争取将其护航编队带离主要作战方向。利用其空中攻击编队通常都是将新锐战机和野鼬鼠飞机在前面开路，而将因挂弹多而笨拙的攻击机放在编队后部以便掩护的特点，将主力战机用于对其后续编队进行重点打击，争取有所收获。这就是"牵头打尾"的尝试。

防御方战机分批次不断从侧前面快速逼近敌空中攻击编队，有良机就果断进攻，无良机就骚扰牵制，再度分散敌剩余护航编队的精力，争取将敌护航兵力带开，或将敌攻击编队冲乱。防御方战机多批次寻找机会，找到机会就对敌机实施果断打击。这就是"踹腰击臀"的尝试。

防御方以多批次战机协同配合，互相掩护，紧密配合，明修栈道，暗渡陈仓，吸引敌护航编队注意力，掩护少数"杀手"战机高速接近敌电子干扰机、野鼬鼠飞机等特种保障飞机，争取将其击落或迫使其逃离战场，从而为己方作战制造有利条件。这就是"破坏敌之作战协同，重点打击敌位置不利的部分战机和各种保障飞机"的尝试。

如果尝试这一战法构想，要领在于首先各批次编队的行动应事先做好周密计划，做到密切协同、分清各编队任务和协同关系；其次各编队空中行动一定要高度灵活，一有战机立刻把握，避免犹豫不决、完全等待地面指示、贻误战机；第三各编队要有果敢坚定、高度英勇的作战精神，要有与敌奋力战斗的决心。并且要考虑到：实施牵制的编队有可能会陷入优势之敌护航编队围攻的危险局面，被敌围攻的编队应尽力脱离，并将敌机越带越远。在不便脱身的情况下，要英勇大胆地与敌作战，其他编队趁机攻击敌攻击编队。

要实施这一战法，还有一个前提是必须的：这就是己方在这一空域兵力起码不明显少于敌方。

# 后  记

不同于其他军种，空军战机和导弹可以在很短时间内由上百甚至上千公里外到达另一个地点，这种机动能力决定了空中力量可以迅速、突然、集中地使用于航程以内的任何一个地点，而给对手留下的反应时间却很短，对手很难做到完全没有破绽的空中防御。这是空中作战的一个重要特点，也是空中进攻的先天优势。在历次战争中，单纯空中防御的一方，无不是付出了巨大代价。

## 一、空中战斗的特点

具体分析，空中战斗特点如下：

1. 空中进攻，本身就是一种高效的争夺制空权的手段

制空权理论的创始人杜黑说过："最好的空中防御就是应该进攻到敌人机场上空将敌人的航空兵轰炸摧毁在机场上"。多次现代战争证明，通过突然的空中进攻，在敌方机场上毁敌方空军，或者通过攻击敌方雷达、机场、指挥所等设施来迫使敌方空军无法正常作战，远比在己方天空消极寻找和等待敌方来袭战机更高效。1941 年苏德战争中，德国空军在战争第一天就全力以赴地对苏联西部的机场进行重点攻击，短短几天之内就在机场上摧毁苏联战机 1600 多架，使苏德战场初期的制空权直接落入德军掌控。1967 年第三次中东战争中，以色列空军集中兵力偷袭埃及军用机场，在几个小时内将埃及空军力量基本摧毁，从而牢牢地掌握了制空权。世界空军在现代战争的广泛实践中，诞生了著名的"打鸟巢"理论，即通过空中进攻手段捣毁鸟巢、把鸟在鸟巢里歼灭，远比"任由这些鸟漫天飞行、不知到什么地方、然后被动拦截"高效和容易得多。即使不能完全在机场上摧毁敌方的战机，但通过空中进攻打瞎敌方部分雷达体系、击毁敌方部分指挥引导节点，也可以使敌方空军的作战能力大幅度下降，相当于成功地夺取了部分制空权。

之所以会产生这种普通规律，是因为空中进攻作战具有几个根本的特点和优势：

一是时间、地点、方式、兵力主动。积极进攻方在进行充分的准备后，可以根据对自己有利的原则，选择进攻的时间、进攻的地点、进攻的航线、进攻的兵力和编组。只要进攻方事先严格保密，防御方就难以高效地做好防御准备，只能把兵力铺开在广大领土上，长时间盲目地高度戒备，等探测到进攻方行动后再仓促应对。即使对于两支原本势均力敌的空军，也有可能造成防御方空军本区域兵力被歼灭、重要目标被摧毁、防空体系出现严重缺损甚至部分瘫

痪等后果，逐渐丧失对全局的掌控能力。

二是空中进攻可以根据防御方的雷达、防空火力部署和战场地形特征等，有选择地绕开其严密设防的路线，采用不利于敌方雷达和防空火力的航线和高度突防，使防御方的防空力量难以发挥作用。

三是空中进攻可以主动地制定计划、编组兵力，如：派出电子干扰编队干扰防御方雷达、预警机及通信联系；派出防空压制编队打击防御方防空指挥节点；派出佯动编队制造假象、诱使防御方做出错误的判断和错误的拦截；使用二炮导弹先行打乱敌方战机正常起降、为进攻方攻击机群争取时间；派出护航编队实施掩护，等等，防御方即使实力很强，但在局部空域仍有可能短时间被进攻方压制，最终将整个空中战局带向对进攻方有利的方向。

四是空中进攻的高速度、大范围、打击精确，使空中进攻战斗具有隐蔽神速、突然致命、难以提防、威力巨大的特点，防御方一旦出错难以有充足时间更改，进攻方一旦突防成功后果巨大。

易攻难守是整个世界空军界公认、经过实践反复证明的共同规律，对攻守双方都适用。谁选择空中进攻作战，谁就主动灵活，就易于达到战役目的；谁选择单纯国土防空作战，谁就处处被动，就受制于人，就更难于达到战役目的。过去，一些错误的传统观念常常影响着人们，越是弱方国家的空军，越愿意选择国土防空，越认为"防空相对容易，进攻更难"。然而，战争的实践却屡屡证明：越是防空一方，越被动；单纯防空色彩越重，空中作战局面越不利。

2. 空中反击才可以能避免击来战争向极度危险的"单向破坏型"转化

现代高科技战争，很多来袭目标甚至是巡航导弹、弹道导弹、空对地导弹、滑翔炸弹和无人机。如果采用单纯的国土防空，防御方即使全力拦截，也只是较多地击落了一些无人驾驶的高科技兵器，而难以给进攻方造成惨重的人员伤亡，更难以直接摧毁进攻方的军事力量根本。进攻方有充足的主动权不断发起攻击，防御方稍有失手就有可能造成本国遭受严重破坏和损失。而进攻方的战争机器、工业设施、国民经济、战争潜力仍能在其国土上继续良好地运行，而单纯防御方的军事力量、工业和基础设施、国民经济、战争潜力却有可能在敌国不断的空中打击之下逐渐衰竭，防御方的人民和国民经济处在越来越沉重的痛苦和严重危险中，战争具有极其危险的"单向破坏"性质。这种"单向破坏"之所以极其危险，就在于它给单纯防御方带来的损失和代价很大，而给进攻方带来的损失和代价相对很小，双方完全处于不对等消耗、不对等承受的境地。

国际上通行的观点认为：在空中力量建设中，如果把四五成经费用于空中进攻能力建设，实现攻防兼备，那么收到的国防效果、对潜在敌国的震慑和对潜在战争的阻止作用，都远远好于建设一支单纯防御空军。况且空中进攻所需要的大部分技术兵器，如空中预警指挥机、多用途战斗机、各种侦察机、空中加油机等，也是可以同时用于空中防御作战的。建设一支攻防兼备型空军，将战争由"单向破坏"转变为"相互都能确保破坏"，对潜在敌人的威慑力和对战争的遏止作用远大于一支只有国土防空能力的同等规模空军。

## 二、空中战斗的认识误区

过去，存在一种认识误区：把对敌境内进行空中反击看作"是否构成空中侵略"，把对敌境内进行纵深空中攻击行动看作政治路线和军事路线上的错误。

然而，敌方在动用空中力量时却无需顾忌那些教条，可以根据军事需要，按照最合理的战略战术来进行打击。不管被攻击方是否没有对攻击方境内发起过空中反击，都不会影响攻击方进行全方位空中攻击行动。

因此，在空中力量的使用上，一个国家应该坚持一个大原则：首先，决不对外发动侵略战争，决不首先侵略别国。在此基础上，如果遭到别国侵略，就应毫不犹豫地动用自己的空中力量，对敌国领土、敌国军舰编队、敌海外军事基地、敌海上交通贸易进行空中反击，使敌方必须面对极其高昂、难以接受的代价和成本。这是对战争野心的最好遏制，是保护和平、避免战争的最佳手段。

有人担忧："如果一支空军实力不如对手，都用于防御还不见得够，再出去反击，会不会损失太大？"必须看到：空中作战便于集中优势兵力突击某一区域，以及空中作战的复杂性、防空体系受雷达盲区、各种地形和天气对雷达工作效能、现代战争电子战和反辐射导弹广泛应用等各种因素的影响，都是有利于空中进攻，而不利于空中防御的，完全没有漏洞的空中防御是不存在的。这一点对敌我双方都是如此。同时，还可以运用电子佯动、电子欺骗的手段制造敌人的错误，从而达成对我有利的空中局面。因此更应该敢于反击，发展空中进攻能力。

# 参考文献

[1]  军事科学院外军部译．美国国防部报告——海湾战争．北京：军事科学出版社，1991.

[2]  军事科学院外军部译．海湾战争——美国国防部致国会的最后报告．北京：军事科学出版社，1992.

[3]  军事科学院外军部译．海湾战争——美国国防部致国会的最后报告附录．北京：军事科学出版社，1992.

[4]  军事科学院外军部译．海湾战争——L - 阿斯平与 W - 迪金森的研究报告，美国战略与国际问题研究中心的研究报告．北京：军事科学出版社，1992.

[5]  诺曼·施瓦茨科普夫上将．并非英雄（台湾译名：《身先士卒》）．台北：台北麦田图书公司，1993.

[6]  科林·鲍威尔上将．我的美国之路．昆仑出版社，1996.

[7]  哈立德·本·苏尔坦，帕特里克·希尔．沙漠勇士——联合部队司令官对海湾战争的己见．北京：军事谊文出版社，1996.

[8]  鲍勃·伍德沃德．800 天三次出兵——布什领导核心决策揭秘．北京：军事谊文出版社，1996.

[9]  科恩·罗杰，加蒂·克劳迪奥．风暴之魂：海湾战争多国部队总司令施瓦茨科普夫将军传．北京：军事科学出版社，1993.

[10]  托马斯·A. 基尼，艾略特·A. 科恩．战争的革命：海湾战争的空中力量．北京：国际文化出版公司，2001.

[11]  马塔尔．萨达姆·侯赛因．北京：世界知识出版社，1991.

[12]  哈利勒．萨达姆的伊拉克．北京：西北大学出版社，1991.

[13]  李成刚．第一场高技术战争：海湾战争．北京：军事科学出版社，2008.

[14]  张相元，王勇，胡东华．海湾战争纵览．北京：海潮出版社，1992.

[15]  军事科学院军事历史研究部．海湾战争全史．北京：解放军出版社，2000.

[16]  舒涵．海湾战争演义．北京：中国档案出版社，1998.

[17]  王保存．世界新军事变革新论．北京：解放军出版社，2003.

[18]  刘义昌．高技术战争论．北京：军事科学出版社，1993.

[19]  李庆山．新军事革命与高技术战争．北京：军事科学出版社，1995.

[20]  徐根初．跨越——从机械化战争走向信息化战争．北京：军事科学出版社，2004.